·世界帝国史话·

亚历山大帝国

夏遇南 著

中国国际广播出版社

腓力二世雕像

英国著名历史学家乔·韦尔斯曾说：『亚历山大的故事里真正的英雄与其说是亚历山大本人，倒不如说是他的父亲腓力。』腓力在位 20年，在马其顿军事、经济等方面积累了巨大的潜力，为亚历山大东征奠定了坚实的基础。

亚历山大大帝雕像

亚历山大是亚历山大帝国的缔造者，他雄才大略，战无不胜，堪称世界的征服者。拿破仑曾赞誉他为“历史上最伟大的军事天才。”

亚历山大的老师亚里士多德

亚历山大拜亚里士多德为师意义重大，不仅是因为一位古希腊最伟大的贤哲成就了一位最伟大的军事天才，还因为亚里士多德以后的学术研究都是在亚历山大和他父亲的帮助下完成的。

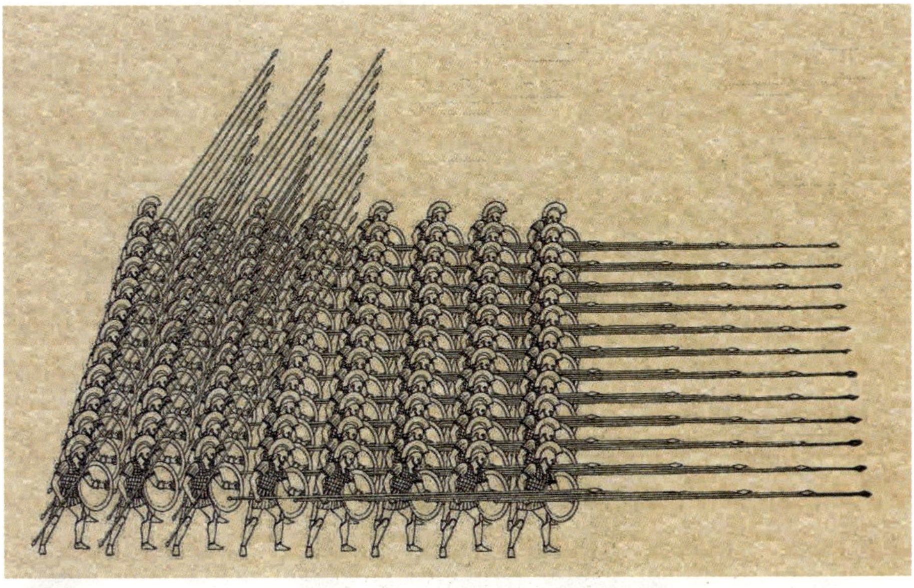

马其顿方阵

此方阵是马其顿国王腓力二世及其继承者亚历山大为世界军事史献上的重礼，它的威名曾传遍古地中海地区，它使亚历山大大帝成为一个不可战胜的神话。

亚历山大的战马布斯法鲁斯

这匹马是亚历山大的专属坐骑，它随亚历山大征战一生，为亚历山大分担了许多劳累和危险，最后在印度筋疲力尽而死。为了纪念这匹战马，亚历山大在它死去的地方以它的名字建了一座城。

亚历山大东征壁画

亚历山大在短短的13年时间里建立了当时世界上版图最大的帝国。这个帝国几乎囊括了当时人类的主要文明——波斯文明、埃及文明、犹太文明，甚至印度文明。通过亚历山大的东征，希腊文明得以传到东方、东方文明得以影响希腊。

埃及的亚历山大灯塔

亚历山大攻占埃及后在地中海南岸建立了著名的亚历山大城。亚历山大灯塔堪称这座城中最璀璨的明珠。从公元前 281 年建成点燃起，到公元 641 年阿拉伯大军征服埃及火焰熄灭，它日夜不熄地燃烧了近千年，为黑夜中的船只们指引航线。

带有亚历山大头像的钱币

此钱币由利西马科斯发行。利西马科斯是亚历山大的后继者之一。在亚历山大死后的希腊化时代，亚历山大仍是世界秩序和权力的象征，他的头像经常出现在那些自认为是他后裔的人所铸的钱币上。当然，他的影响还不止于此，直至今天，亚历山大仍以“伊斯坎德尔”这个名字在波斯—阿拉伯地区闻名遐迩。

《苏萨集体婚礼》(The weddings at Susa)

公元前 324 年，亚历山大在苏萨举办了一场特殊的集体婚礼。新郎是亚历山大的 80 名军官和大臣，而新娘无一例外都是波斯名门的千金，亚历山大本人也在这场婚礼中迎娶了大流士的女儿斯塔泰拉。这是一场盛大的种族联姻，亚历山大借此成为波斯的合法统治者。

雕塑《萨莫色雷斯的胜利女神》

这尊雕塑与《米洛斯的阿芙洛蒂忒》、达·芬奇的《蒙娜丽莎》共称为法国卢浮宫镇宫三宝，而这三宝中的前两宝均创作于亚历山大帝国开启的希腊化时代。正是亚历山大帝国促成的东西方文化交流，才使整个古希腊最辉煌的两件作品得以问世。

前　言

亚历山大帝国是后人给取的名称，因为这个帝国的兴衰和亚历山大个人的人生历程紧密地联系在一起，亚历山大的辉煌，就是帝国的辉煌，亚历山大生命的终结，也就是帝国的终结。这样的一个帝国，一个地跨欧、亚、非三大洲的庞大帝国，本身就是一个奇迹，历史上只有一个拿破仑帝国与它有点类似。不过，拿破仑帝国的灭亡却不是由于拿破仑的死亡，而是由于他军事上的失败。拿破仑是被人赶下皇帝宝座的，而亚历山大在他的那个时代，似乎是位战神。他在战场上是攻无不克、战无不胜的。除了公元前326年在希发西斯河畔由于士兵的抗命，他放弃了向恒河地区进军的计划外，亚历山大在建立他庞大帝国的过程中，没有他克服不了的困难，没有他征服不了的地区，更没有他打不赢的仗。他征服世界计划的中断，不是由于在军事上或政治、经济上的失败，而是由于他的生命突然终止了。如果他不是英年早逝，他的帝国会发展成什么样子？这是一个令人感兴趣的，也是令人产生无尽遐想的问题，当然，这也是个无法找到答案的历史之谜。

不过，亚历山大帝国虽和亚历山大连在一起，我们仍然力图把本书写成帝国的兴亡史，而不是亚历山大个人的传记。对于亚历山大帝国兴起的历史背景我们作了较为纵深的叙述。我们没有把亚历山大帝国仅仅看成是亚历山大或马其顿人军事征服的结果，而是把它作为希腊史的一个阶段，正像马克思所说的，亚历山大时代是希腊外部极盛时期。世界上的古代文明，如果不是被外来力量毁灭，都会发展成帝国。埃及、两河流域、印度和中国无不如此。伟大的希腊文明如果没有孕育出一个亚历山大帝国，那它可能就无法和其他伟大的古文明并列，它的影响也可能不会像它后来那么大。亚历山大和他父亲腓力都深受希腊文化的影响，腓力曾受教于希腊最伟大的军事天才伊巴密浓达，而亚历山大则是希腊最伟大的学者亚里士多德的学生。他们父子俩都是在希腊文明的哺育下成长起来的。可以说，没有希腊文明，就没有亚历山大。尽管许多希腊人仍把马其顿人看成是野蛮人，近代西方有些历史学家也认为马其顿只有一些希腊的皮毛，基本上还是野蛮人，然而野蛮的马其顿却是希腊的希望。许多希腊人也把在希腊建立和平和秩序的希望寄托在马其顿的国王身上。落后的接受了先进的文明，就会产生超越老师的巨大活力。马其顿就是这样的，中国春秋战国时代的秦也是如此。

其实，亚历山大帝国的兴起不仅是希腊文明发展的结果，也是和埃及、两河流域文明的影响分不开的。在某种程度上，亚历山大帝国是步波斯帝国的后尘，波斯帝国的创立者居鲁士就是亚历山大所力图模仿的对象，当然，亚历山大不只是追随他，而是要超越他。亚历山大就是要占领整个波斯帝国。希腊文明和希腊的衰落造就了亚历山大和亚历山大帝国，也可以说，波斯文明和波斯帝国的衰落为亚历山大帝国的兴起创造了条件。就像没有希腊就不会有亚历山大帝国一样，没有波斯帝国，可能也没有亚历山大帝国，腓力和亚历山大统一了希腊，使希腊产生新的活力，使希腊文明得到更广泛的传播；亚历山大征服了波斯，使东西方文明进一步交汇融合，从而使历史进入一个新时代——希腊化时代。亚历山大的征服灭亡了波斯帝国，却并没有摧毁波斯的政治制度，没有摧毁波斯的经济文化，亚历山大帝国在一定程度上是波斯的继承者，在埃及、在原波斯帝国的亚洲地区，由于亚历山大的征服和亚历山大帝国的建立，经济文化得到进一步的发展。甚至亚历山大帝国崩溃后，由亚历山大的部将托勒密和塞琉古建立的托勒密王朝和塞琉古王朝都曾繁荣昌盛一时。这些政权与其说是马其顿的或希腊的，还不如说是埃及的或波斯的。他们其实是亚历山大所倡导的东西融合的继续。

当然，一本讲述亚历山大帝国的书主要还是要讲述亚历山大，而一提到亚历山大首先想到的就是他那无与伦比的军事才能和无比辉煌的军事成就。他在这方面是举世公认的。拿破仑赞誉他为“历史上最伟大的军事天才。”恩格斯也说“亚历山大是世界上最伟大的军事家、杰出的天才将领。”本书将通过对一系列具体而生动的战斗场面的叙述来展现亚历山大作为伟大统帅的真实形象。对于亚历山大的军事成就也有人持否定态度，认为亚历山大杀戮太重，他所进行的战争是侵略战争。其实古人对战争的看法是和今人不同的，在战争中夺取敌人的一切，包括人和物，是理所当然的。没有一个帝国不是通过一系列的兼并、扩张战争形成的，没有侵略，就没有帝国，中国的秦帝国也是通过灭亡东方的六国形成的。亚历山大正是在他的扩张战争中，显示了他无比的军事才能和军事成就，正是通过他的扩张战争，才使希腊文明和波斯境内的古文明在衰落中又出现了一个文化、经济都达到更高水平的希腊化时代。

有人认为亚历山大的才能仅是军事策略和组织能力方面的，其实亚历山大的才能是多方面的，拿破仑就曾表示他特别羡慕亚历山大的地方，不是那些战役，而是亚历山大的政治意识，他认为亚历山大具有一种赢得人民好感的艺术。他既是个战争艺术大师，也是一位聪颖智慧、具有非凡勇气和魅力的人，他精力旺盛，抱负不凡，他征战一生，是要建立一个统一和谐的世界帝国。他对人类历史的贡献既是巨大的，也是多方面的。

亚历山大是个传奇人物，他的许多传奇故事流传很广，深入人心。有不少地区的人尊他为自己的祖先，甚至一些地区的良马都被说成是亚历山大的坐骑布斯法鲁斯传下来的纯种。在《古兰经》中他是双角王，在埃塞俄比亚他是基督的圣徒，在中世纪的法国他是骑士。到处都流传着他的神奇故事。这反映了他的影响的巨大和人民对他的热爱。本书是本历史书，书中叙述的一切都尽力做到有根有据，真实地再现亚历山大和他的帝国的原貌。

目 录

第一章　希腊城邦：亚历山大帝国的前因

叙述亚历山大帝国时必须从希腊城邦开始。亚历山大是马其顿人。马其顿在希腊北边。就像中国古代把边境的一些民族称作蛮夷一样，马其顿也被希腊人看作是蛮族人。其实马其顿人和希腊人同族，宗教信仰一样。除文化上落后外，没什么不同。马其顿人也自认是希腊人。历史学界一般都把古马其顿史放在希腊史中。正如马克思所说的："希腊的内部极盛时期是伯里克利时代，外部极盛时期是亚历山大时代。"在马克思看来，亚历山大时代是古代希腊史的一个阶段，一个重要阶段。伯里克利时代是希腊城邦发展的顶峰，亚历山大时代虽是希腊城邦的终结，却也是希腊城邦发展的必然结果，是希腊历史的一个新阶段。因此，没有希腊城邦就没有亚历山大帝国。

一、人类奇迹：希腊城邦的诞生

1. 地理是历史之母：希腊的地理位置

希腊城邦是人类历史的奇迹，它的出现，不仅极大地影响了人类历史的进程，也使人类社会更加丰富多彩。希腊城邦是独特的人文地理环境的特殊产物，在人类历史上是独一无二的。

古希腊由伸入地中海的巴尔干半岛南端的希腊半岛、爱琴海诸岛和爱

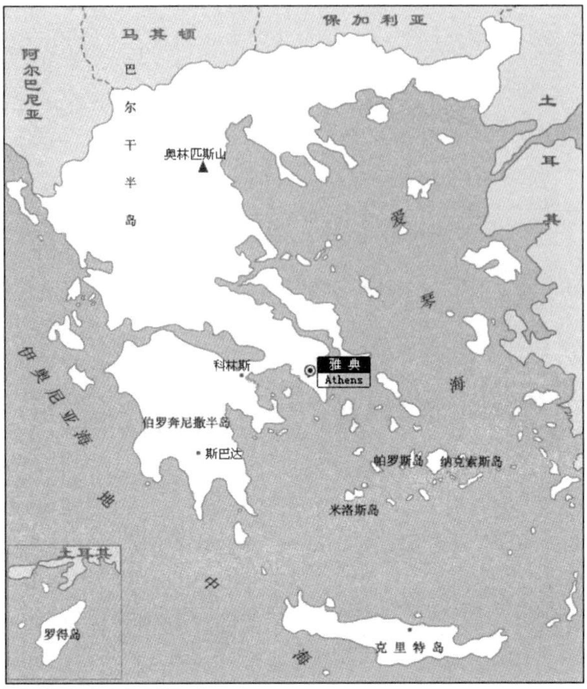

希腊的地理位置

奥尼亚群岛组成，小亚细亚西部海岸和意大利南部也是希腊移民建立城邦之地。古希腊得天独厚地处于埃及和两河流域两个古文明之间，通过小亚细亚和两河流域连在一起，而爱琴海诸岛又和埃及隔海相望。这为希腊地区的人民和埃及、两河流域的人民相互学习、交流提供了优异的条件，而中国和印度就没有这样的条件。希腊三面环海，拥有世界最长的平均海岸线。境内多山少河，更没有大河，这和埃及、两河流域、印度、中国等地大不一样。埃及、两河流域、印度、中国等古文明都和大河分不开，而希腊文明则和大河无关。希腊文明和大海连在一起。希腊也没有大的平原，境内被众多的山脉分割成相对独立的山地、山谷和小块平原，这为建立小国寡民的城邦创造了条件。希腊的城邦一般都有山地和小块平原，山坡地可以放牧，平原可以种庄稼，这有利于城邦自给自足。希腊多良港，为交通海外提供了方便。希腊的气候为典型的地中海型，夏季干燥，很少下雨，冬季温和。希腊人喜欢室外活动是和这样的气候条件分不开的。

2. 早期文明：克里特和迈锡尼

希腊人是从公元前 15 世纪开始陆续来到希腊地区的。在希腊人来到之前，希腊地区已经有高度发达的文明。历史学家称之为克里特文明，因为它的中心在地中海的克里特岛。创造这一文明的是爱琴人。公元前16世纪克里特文明进入全盛时期，手工业发达，商业繁荣，沿海兴起许多城市，有百城之称。《荷马史诗》是这样描述克里特的：

有个地方叫做克里特，在酒绿色的海中央，
美丽又富裕，四面是汪洋，那里居民稠密，
有数不清的数量，九十个城市林立在岛上。

克里特实行君主制，克诺索斯建有巨大的王宫，内有带巨大廊柱的大厅，有很好的楼梯，有琳琅满目的壁画，有武库粮仓。王宫里数不清的宫室，层层相连，组成一个令人扑朔迷离的"迷宫"。居住在这"迷宫"里的克诺索斯王，据希罗多德说："是一个征服了许多土地并且是一个在战争中经常取得胜利的国王。"不仅爱琴诸岛，而且希腊大陆也深受克里特的影响。克里特成了除埃及和两河流域之外东地中海地区的第三个文明中心。

希罗多德说克里特国王后来远征西西里，兵败身死。克里特衰落了。公元前14世纪，位于伯罗奔尼撒半岛上的迈锡尼兴盛起来了，迈锡尼取代克里特成了这一地区的文明中心。迈锡尼王朝国家是早期希腊移民亚加亚人建立的。迈锡尼的崛起和克里特的衰落，反映了希腊人对非希腊人的胜利。《荷马史诗》中攻打特洛伊城的希腊主帅阿加梅农，就是迈锡尼的国王。考古学家在迈锡尼发掘出用长3公尺、宽1公尺的巨石垒成的城墙和"狮子门"，发掘出规模宏大的陵墓，有坑冢、圆冢，圆冢作蜂巢形，高18公尺，直径也是18公尺，还有宽广的长达35公尺的墓中廊道，在里面发现了精良的武器、金质面具、金质的巨型精美酒杯等。迈锡尼统治着整个伯罗奔尼撒半岛、阿提卡（雅典）、彼奥提亚、优卑亚岛和爱琴那岛，特萨利亚、爱奥尼亚诸岛和埃托利亚等地也受迈锡尼控制。

在新的希腊人来到之前，以克里特、迈锡尼为代表的爱琴人和亚加亚人，创造了灿烂的爱琴文明，并与古老的东方文明，特别是尼罗河文明进行了几个世纪的交汇，为人类历史作出了不可磨灭的贡献。

克诺索斯王宫遗址

3. 希腊人：爱琴文明的破坏者

亚加亚人的迈锡尼王朝为时不长，就被从北方不断南下的多利安人摧毁了。多利安人是北方的希腊人，早在公元前 15 世纪就开始小股地移居希腊，后来成了最后、最野蛮也最强大的一股移民浪潮。这些后来的希腊人征服和摧毁了这里原有的爱琴文明，使象征爱琴文明的繁华的城市、宏伟的宫殿都化为灰烬，手工业、商业也随之衰落了，文字也消失了。希腊人后来称其他民族为野蛮人，他们来到希腊时，才是不折不扣的野蛮人，是文明的破坏者。

多利安人等希腊人的侵入，中断了原来希腊地区文明的发展，并在其废墟上重新发展新的文明。这种发展轨迹和中国完全不同。中国的发展从来没有中断过，中国文字的发展便是一例。发展的中断是西方文明发展的一个特点。

随着多利安人的入侵，形成了几个世纪的大移民。开始是希腊人南下希腊半岛和爱琴海诸岛，还有一些希腊人侵入小亚细亚。一些爱琴人则被迫逃亡他乡，有些爱琴人甚至在巴勒斯坦建立自己的国家。随后希腊人又大肆向海外移民，东北到黑海沿岸，西到意大利半岛、西西里岛、西班牙的东南岸，南到尼罗河、利比亚，都成了希腊移民之地。

原来过着游牧生活的希腊人，在迁徙过程中逐渐定居下来。多利安人在希腊南部定居，爱奥尼亚人在中部定居，伊奥利亚人在北部定居。居住在希腊东北的是和希腊人同种的马其顿人和色腊基人。进入小亚细亚的是弗里吉亚人。

定居下来的希腊人同时从游牧转向农耕，终止了流浪生活，建造起房屋，过起稳定的居家生活来。不过游牧生活的习性仍长期保存着，战争和放牧仍是男子的职业，种田起初只是妇女的活儿。在从事农业生产好几个世纪以后，希腊人仍然把牲畜和家禽当作主要财产。

游牧的部落就这样定居下来，成为一群村落，周围的土地按家族分配。由于定居生活和占有土地，社会分化加剧，富人和穷人的差别日益扩大，社会阶级产生了，出现了贵族和平民两个阶级。

4. 小国寡民：希腊城邦的诞生

一些村落联合起来，最后合并为城市。希腊城邦国家就这样产生了。由于希腊境内多山，平原与高山相交错，一个城市和与它连在一起的耕地、牧场就是一个城邦。每一个城邦都是独立的、自给自足的。希腊本土有许多这样的城邦。同时，由于海外移民，从公元前 8 至前 6 世纪，希腊人在爱琴海、黑海和地中海沿岸以及海上的岛屿建立了数以百计的城邦。

希腊城邦都是寡民小国，有的只有几平方公里，最大的也只有中国的一个大县那么大。人口很少有超过 5 万的，其中的一半或一大半是奴隶和异邦人，自由人中还有 2/3 是妇女和儿童。希腊最大的城市之一雅典，全盛时期也只有大约三十几万人口。中国也有小国寡民时期，据老子说，当时，国与国之间，鸡犬之声相闻，却老死不相往来。不过，在中国，这样的小国，很快就被兼并成大国了。而希腊诸城邦却始终没有统一过。这种情况的产生，除地理因素外，希腊的城邦制度是一个重要原因。

希腊的城邦制度相当复杂，有贵族统治的，有民主的，也有寡头统治的，有由选举产生或世袭的国王管理的，也有由非法手段夺权的僭主统治的。一般地说，开始时，受爱琴文明影响，实行国王统治，当然，这里的国王并不是专制君主，他的权力受到很大的限制，他和他的家属有时还参加生产劳动。到公元前 6 世纪，大多数城邦便都早已成为贵族共和国了。不过，斯巴达却仍实行一种特殊的双王制，有两个国王，这让我们想起罗马共和国的两个执政官。两个国王权力相等，这种二元性显然是为了限制权力过分集中。国王每年一选，可能是用抽签的方式从不同的家族中选出。国王的权力受到很大的限制，只有一定的审判权、主持祭祀权和领兵打仗的统率权，他们还要受选举出来的监察官的监督。

斯巴达的最高权力机关是元老院，元老是从有势力的斯巴达氏族中选举出来的。斯巴达还有全体公民（不包括女性，妇女没有公民权）参加的公民大会，但大会不能争论，表决不是投票，而是欢呼，哪个动议获得的欢呼声最响亮就通过哪个动议。宣战媾和等重大决定要由公民大会通过。

5. 斯巴达：城邦的特例

斯巴达是多利安人建立的城邦，是一个非常特殊的城邦。它曾两次发动兼并战争，占领了伯罗奔尼撒大部分地区。它的面积比一般城邦要大得多。

斯巴达有三种人，或者说，有三个阶层，顶层是“斯巴提亚人”，他们是多利安人，是真正的斯巴达人；第二层是边民，他们是早期被征服地区的人，是自由民，但没有政治权利；最下层是希洛人，他们是最后被征服的美塞尼亚地区的人民，他们不是斯巴达人个人的奴隶，而是整个斯巴达城邦的奴仆。斯巴提亚人不从事任何生产劳动，他们是职业军人，完全靠希洛人供养，希洛人耕种份地，要将收成的一半交给指定的公民，即指定的斯巴提亚人。斯巴提亚人的成年男子，也就是说，斯巴达的全权公民，只有一万来人，到公元前 5 世纪时，便只有不到 6000 人了。以这样少的人统治人数多得多的、时刻想反叛的希洛人和进行不时发生的对外战争，显然十分困难，但斯巴提亚人办到了。他们把全国变成了一座兵营，斯巴提亚人是职业军人，构成了斯巴达的常备军，这在希腊城邦中是绝无仅有的，边民也要从军，组成辅助部队，希洛人则要在军中服杂役。

斯巴提亚男人从小就处于严峻的军营生活之中，新生儿要送给长老，经过检查，如果判定不够强健，就要被抛到山峡的弃婴场。男童只能在母亲身边住到 7 岁，从 7 岁到 30 岁就要过集体生活，在公共食堂吃饭，接受严格的军事教育，从事体育锻炼和运动，他们还要奉命做苦工，并且必须绝对服从、绝无怨言地去完成。他们不要文化和艺术，只要服从与勇敢，勇敢是最受赞颂的美德。有一个广为流传的故事，说的是一个斯巴达女人，在送她儿子上战场时对他说："回来时带上你的盾牌，要不就躺在盾牌上回来。"在战场上，不获得胜利，就只能战死疆场，否则，会受到全民的蔑视。斯巴达的女童也同样要接受精心安排的体育锻炼，以便将来有强壮的身体生育强壮的小孩。

斯巴达是希腊城邦的一个特例，一个变种。它的制度既不是君主制，也不是贵族共和制，更不是民主制。而希腊其他城邦大都先后废除了王，实行贵族共和制，有的还发展到民主制，雅典是其典型的代表。

6. 雅典：民主的典范

雅典在阿提卡半岛，阿提卡的面积大约有两千多平方公里，只相当于我国纵横百里的一个大县，但在希腊这已是相当大的一个地区了，它分割成几块小平原和几个山区。据修昔底德记载，阿提卡很早就有人居住，有一个名义上的国王，实际上分成许多独立的小邦，每一个都有自己的议政厅和长官，每个小邦都自己掌管自己的事务，不到危险时刻，不会找

雅典帕特农神庙

国王商量，甚至偶尔还向国王开战。后来，由于手工业和商业的发展，各小邦，或者说，各部落的联系加强了，出现了一个“联合运动”。各邦的贵族逐渐集中到雅典，大约在公元前700年前不久，“联合运动”结束，阿提卡境内的小邦统一成雅典城邦。阿提卡之所以能和平统一，一方面是由于强敌的威胁，另一方面也反映了雅典人的政治智慧。

这个雅典的新国家，没有了国王，除奴隶外，公民中分成贵族、农民和手工业者三个阶级，其中只有贵族有权担任公职。三个阶级的形成和划分，打破了按血缘分成各个氏族或部族的传统，而是按财产关系划分人口了。但是，贵族在新国家中占有优越的政治地位，完全由贵族组成的长老会，掌有审判、监察和决定国家大事的权力，国王也被由贵族推荐并从贵族中选出的执政官所取代。执政官开始是终身制，后来规定任期10年，最后变为一年一任。开始执政官只有一人，后来增加到9人。执政官任期越来越短，人数越来越多，说明其地位越来越不重要。国家的权力完全掌握在长老会手中，长老会不仅左右执政官，也控制了公民大会，大会的议程由长老会安排。

权力造成腐败，贵族利用自己手中的权力贪赃枉法，侵占农民的土地，增加自己的财富。公元前7世纪阿提卡的土地兼并达到空前严重的地步。据亚里士多德《雅典政制》记载，这时的阿提卡到处都竖立着田产出售的标志。“（雅典的）贫民本身以及他们的妻子儿女事实上都成为富人的奴隶；他们被称为‘被护民’和‘六一汉’（必须把收成的5/6交给地主的分成佃农），因为他们为富人耕田，按此比率纳租，而全国土地都集中在少数人手里，如果他们交不起租，那么他们自身和他们的子女便要被捕；所有借款都用债务人的人身为担保，这样的习惯一直流行到梭伦时代为止。”土地兼并使农民情况恶化了，平民与贵族的矛盾加剧了，平民愤而反抗了。

但是，希腊的阶级斗争的进程和结果，和中国古代的完全不同。中国的阶级斗争从来也没有以党派的形式进行，其结果往往是一个王朝的结束和一个新王朝的开始。而希腊平民与贵族的斗争，常常以党派斗争的形式进行，其结果不是改朝换代，而是平民权利受到尊重，平民的状况得到改善，政治制度逐渐完善，贵族共和制转变为民主制。其原因很多，小国寡民可能是最重要的一个原因。正是小国寡民才会有希腊的民主制，而对小国寡民的热爱又限制了希腊的进一步发展。

领导平民进行斗争的是一个新兴的富裕阶层。公元前7到前6世纪，雅典的手工业和商业有了很大的发展。特别是制陶业，不仅有专门的制陶区，而且制陶规模大，产品精良，驰誉地中海地区。今天，考古学家还能在远离希腊的小亚细亚地区的墓穴中发现雅典制造的陶器，可见雅典陶器行销之远。这和商业的发展是分不开的。商业和手工业的发展，使一些人发了财，一个富裕的工商业中间阶级兴起了。他们是金钱造就的人，有钱但没有权，地位不高，因而对贵族独揽政权十分不满，要求在政府中有一席之地。他们往往成为平民与贵族斗争的领导者。

不过，工商业的发展并没有使雅典成为现代意义上的大城市，雅典仍然只有2.5万人，工商业虽然繁荣，农业仍然是雅典人最大的收入来源。但是，由于商业的刺激，一些地主贵族也开始把原来种粮食的土地，改种收入更多的橄榄和葡萄等供应油酒业的原料。这样一来，粮食就供不应求，从而促进了粮食贸易，但却破坏了城邦自给自足的原则，对雅典今后的发展有重大的影响。

平民斗争的第一个成果，是争取到了一部法典。这部法典是由一个叫德拉古的人编写的，在公元前621年公布。这部法典非常严厉，偷窃蔬果这类小过失，也规定判处死刑，但它是第一部成文法典，对执法的贵族，或多或少起了限制作用。法典废除了氏族私斗，规定法律上的争讼必须由国家机关审理，这是对传统氏族制度的胜利。

这时，雅典与邻国的冲突使情况变得复杂了，麦加拉商人占领了俯瞰雅典港的萨拉米斯岛。萨拉米斯的失守和贵族收复的失败，引起了雅典人的强烈愤怒。在这种情况下，在公元前594年，雅典发生了一次革命性的改革——梭伦改革。

7. 雅典的革命：梭伦改革

梭伦出身于一个古老的破落贵族家庭，靠多次海上商业冒险发了财。他用激昂的诗歌唤醒他的同胞，号召他们奋起收复萨拉米斯，结果成功了。梭伦因此获得极大的威信，受到雅典各阶层的广泛爱戴，被选为公元前594年的执政官。

梭伦雕像

梭伦是一个代表新兴的工商业富裕阶层利益的有新思想的政治家，他一上任就为改善农民的恶劣处境，为满足新兴的富裕阶层的政治、经济要求，进行了改革。他一举废除了债务奴役制，宣布不得以土地作抵押，债主的要求不得危害公民的人身自由。他没有答应重新分配土地，但限定了贵族可以占有土地的数额。如果我们联想到今天还有人认为杨白劳以喜儿抵债是有理的，便知道梭伦废除债务奴役制有多么进步了，不过，梭伦的废除债务奴役只限于雅典公民，奴役奴隶，实行奴隶制，在当时来说则是天经地义的，这和我们今天要消灭人身奴役是不可同日而语的。

为了促进雅典的工商业，梭伦采取了一系列的措施。他鼓励外国的手艺工匠移居雅典，规定父亲必须教儿子学会手艺。他限制谷物出口，降低了谷价，减轻城市居民的粮食困难。他颁布法令，促进林木的培植和水利灌溉的改善，这一方面有利于种植橄榄和葡萄等经济作物的经营，另一方面又可保证油、酒业原料的供应。

在政治方面，梭伦颁布法律，规定所有的自由民在法庭上都有平等的权利。他建立了一个四百人会议和公民陪审法庭。四百人会议的主要职能是为公民大会准备议程，预审提交大会的重要议案。其成员由选举产生，被选的成员只需一定的财产资格，不必一定是贵族，四百人会议也分得了长老会的司法权力。这两个机构的建立大大削弱了贵族长老会的权力。梭伦还用宪法形式，按财产的多少，把公民分成四个等级。所有的公民都能参加国家的管理，但只有第一或第二等级才能担任最高职务，第三等级只能担任次要职务，贫穷的公民只能参加公民大会和陪审法庭。

梭伦改革获得了巨大的成功，缓和了阶级矛盾，促进了工商业的发展，也使他个人赢得了巨大的威信和众人的爱戴，他有可能因此而成为“僭主”。“僭主”也就是事实上的专制君主，但却没有国王之名。国王是合法的统治者，而僭主却是不合法的。希腊在公元前 650 年始出现这种统治者，而公元前 6 世纪（公元前 600~ 前 500 年）被称作僭主时期。在这种情况下，梭伦的朋友们都劝他自立为僭主，建立僭政。但梭伦却不为所动，毫不犹豫地辞去已超过期限的执政官之职，离开雅典，到海外漫游去了。在僭主盛行的时代，有机会建立僭政，而主动放弃权力的，并不只有梭伦。他们都受到人们的称赞，梭伦就被列为“希腊七贤”之一。

8. 僭主政治：庇西特拉图政变

梭伦改革虽取得了极大的成功，问题仍然存在，不仅贵族不满，平民也不满。梭伦离职后，雅典长时期陷入党争之中。占有平原土地的贵族组成了“平原派”，以工商业者为主的阶层组成了“海滨派”，无地少地的山居平民则组成了“山地派”。各派都提出了自己的要求。平原派要求恢复传统制度，海滨派希望维持梭伦改革，山地派要求重分土地。有意思的是三派的领袖都是贵族分子。经过反复斗争，山地派领袖、贵族庇西特拉图，得到海滨派的支持，在公元前 541 年发动政变，获得成功，控制了雅典城邦，建立起僭主政治。庇西特拉图成了雅典历史上的第一个僭主。

庇西特拉图的僭主政治，遭到回国的梭伦的反对，但庇西特拉图的僭政，实际上贯彻了梭伦改革的主要精神。除了取得政权的方式不合法外，庇西特拉图的统治明智而又成功。他没收逃亡贵族的土地，分给贫苦公民，部分满足了农民的土地要求；他实施农贷制度，资助贫苦农民发展橄榄和葡萄种植；他组织巡回法庭到农村去处理诉讼事宜，节省了农民的时间和精力。他特别致力于工商业的发展。在他统治期间，雅典的手工业和商业达到了前所未有的繁荣。他大力发展造船业，并建造了一支约有48艘船的海军舰队，夺取了赫勒斯滂海峡（达达尼尔海峡），控制了黑海门户，这对雅典的发展大有裨益。他对雅典的许多公益事业进行了改进，把农民在春季举行的酒神节引进城市，由此而带来了剧院和精彩的戏剧。

庇西特拉图的统治，得到许多雅典人，特别是工商业者的真诚支持，为雅典今后的发展壮大奠定了基础。

公元前528年，庇西特拉图死了。继任的他的儿子既没有他的才能，也没有他的威信，而更为重要的是雅典人不能长期容忍不是由自己授权的统治者。因此，公元前514年，两个青年刺杀了僭主庇西特拉图的次子。这一行动受到希腊人的称赞，被誉为爱国之举。庇西特拉图的长子心怀疑惧，大肆迫害政敌，成了真正的暴君。为了维持摇摇欲坠的统治，他又与波斯勾结，更激起了雅典人的愤怒，为时不久，他就被迫逃亡国外。雅典的僭主统治结束了。不久，代表新兴力量的克里斯提尼走上了雅典的政治舞台，并在公元前508年进行了意义深远的改革，克里斯提尼也因此被誉为雅典的民主之父。

9. 民主之父：克里斯提尼

克里斯提尼改革是雅典民主政治的开始。他的改革扩大了人民的权力，进一步削弱了贵族的势力。他把原来按血缘关系划分的四个部落，改分成完全按地区划分的十个部落，每个部落又设有三个“三一区”，每个区都包括一个平原地区、一个山区和一个滨海区。这样就使贵族分了开来，并在每一区都是少数，从而瓦解了他们的势力。他又把各个区分成许多自治的村社，村社有政治和军事职能，其中包括登记本村社的公民，据亚里士多德说，他把“许多曾是外人和奴隶的外来居民登记在他自己的部落之内”，这样就增加了许多新的公民，从而使旧的血缘关系愈益失去意义。

克里斯提尼创立了一个新的五百人会议，取代过去的四百人会议。五百人会议的成员由新设立的区选举产生，每区50人，共500人。后来形成会议成员分成十组分期管理国事之制，并由每一部落选出一个司令官的十司令官制。

写有名字的陶片

为了防止新的僭主产生，克里斯提尼创立了所谓的“陶片流放制”，规定在每年春季的公民大会上，人民可以通过投票，宣布任何突出的公民为危害城邦安全的人，并把他放逐十年。一个公民要投票反对某人时，只要拾起一片散布在市场上的碎陶片，在上面写上所要放逐的人的名字，再把陶片投入投票罐里就行了。如果得到大多数人的票决，这个人就要被放逐十年，期满才能回来。陶片流放制的实行，表明雅典人都识字，对于防止僭主政治的再现，起了极大的作用。

克里斯提尼的改革，使雅典的民主制最终确立下来，也是希腊城邦制度最后完成的标志。雅典民主制有两个鲜明的特色：一是“主权在民”，尽管高级职务仍只能由贵族担任，其他公民却也享有重要的政治权利。当然，这里说的“民”是有公民权的公民，不包括大量的奴隶和外国人。主权在民的制度在伯里克利时代发展到顶峰，雅典的全体公民都要出席公民大会，公民大会每月举行两至四次，解决城邦的一切重大事件：宣战与媾和，解决城邦的粮食，听取负责人员的报告，掌握国家的最高监督权，审查终审法庭的讼事等。每个公民在公民大会中都有选举权，每个公民都有可能被选为五百人会议成员，每个公民都要轮流参加陪审法庭。陪审法庭的成员多达六千人，而当时的雅典公民最多也不会超过六万人。最高官员离任时要接受审查，有诸如叛国等重大问题的，法庭和公民大会可没收其财产、放逐或处死等。二是“轮番为治”，也就是说，“公民是轮流统治或被统治”，官吏由公民轮流当。这样的民主制，只有在希腊雅典这样的领土狭小的城市国家中才有可能。中国从来没有，也不可能有这样的民主制。不过，希腊的民主制是完全把妇女排除在外的，妇女的唯一任务就是生儿育女。希腊对妇女的卑视和东方民族相比，有过之而无不及。亚里士多德就认为，男人天生比女人高一等，因此，男人治人，而女人治于人。

10. 非常态政体：希腊城邦制度的形成

克里斯提尼之后不久，爆发了希波战争。战后，雅典在经济实力和军事实力上都居希腊首位，它事实上成了全希腊的楷模，它的民主制度也成为各城邦效法的榜样。例如，雅典的陶片放逐制就有好几个城邦仿行。希腊诸城邦的政制五花八门，而“主权在民”和“轮番为治”却是它们共同的特点。

希腊城邦的民主制还有一个鲜明的特点，即法律高于一切，人人都尊重法律，按法办事。古希腊最著名的历史学家希罗多德在他的《历史》一书中，用一位希腊人对波斯国王说的一段话来赞扬希腊人的，或者说，希腊城邦的这一特点。这位希腊人在说起自己的同胞时说：“虽然他们是自由人，但并非在各个方面都是自由的；法律是他们的主人，他们畏惧这位主人甚于你的臣民害怕你。法律规定他们做什么，他们就做什么，法律的条文始终如一。法律禁止他们临阵脱逃，不管遇到的敌人有多少；要求他们作战时坚如磐石，或者战胜敌人，或者死于敌手。”这种把法律看得高于一切的精神是城邦民主政体得以建立的必不可少的条件，没有这种精神、这种传统，民主是根本不可能的。古今中外的民主都离不开这一条件。可以说，没有法律，没有把法律看得高于一切的精神或制度，就不会有希腊城邦的民主。当然希腊各城邦的法律是公民自己制定的，而不是别人强加于他们身上的。希罗多德这里虽说的是希波战争时的希腊人的情况，其实是希腊城邦的普遍特点。

希腊城邦的产生及其城邦制度的最终完成，是人类社会的一个特殊现象，是一种变态，而不是常态。人类社会从军事民主制发展到君主制是普遍规律。中国、埃及和两河流域的古文明都是如此。希腊城邦的产生有其独特的条件和原因。地理条件的独特是一个不可忽视的原因。希腊如果不是被群山分割成一块一块彼此分离的，既有平原又有山地的相对独立的地域单位，城邦的建立是不可能的。在希腊城邦建立的几个世纪，没有足以威胁希腊生存的强大外敌，也是一个原因。埃及和赫梯王国都衰落了，欧洲大陆还是蛮荒之地。当然，最重要的原因还是希腊内部阶级斗争的独特形式和走向。雅典的平民与贵族的斗争以党派斗争的形式进行，这在中国等古文明地区是不可能的。

希腊虽分割成许多独立的城邦，却是一个种族，有共同的宗教信仰，有共同的风俗和传统，有共同的源于腓尼基字母的希腊文字，还有显示了希腊人精神面貌的体育比赛——奥林匹克运动会。这是一种为神的荣誉而举办的体育竞赛，早在公元前776年就开始举行。竞赛会的地点在奥林匹亚，这里是希腊最高山峰所在地，四年举办一次，它成了全希腊人的共同节日，引起了全希腊人的兴趣和参与。被视为蛮族的马其顿被荣幸地准许参加这一比赛。这些共同的因素，使希腊人有一种民族联合的情结，他们逐渐称自己为“海拉斯”（hellenes），因为他们自认为是赫楞（hellen）的后代，并引以为荣。他们把非希腊血统的人都称为“野蛮人”。

但在政治上希腊完全没有联合的倾向。各城邦之间，纠纷不断，战争不断，每个城邦都有强烈的排他性，其公民权决不轻易授予外来人。没有一个城市的商人在别的城市拥有合法权利，只要他不是那个城市的公民，甚至他的生命安全也没有保障。没有一个城邦制定了保护外来人的法律。商人们为了在别的城市寻求保护，只有让那个城市的一位友好公民接收自己为客人，如果他找不到“主人”，城邦政府要接受他，就会指定一位公民做他的“主人”。每个城邦都极力保持自己的地方特点。由于这样的一些原因，希腊各城邦自始至终也没能联合成一个包括全希腊的大国。

二、希波战争：两种制度的较量

1. 波斯帝国：希腊的强大对手

公元前6世纪中叶，在希腊诸城邦，特别是雅典蓬勃发展的时候，在东方，在亚洲兴起了一个强大的帝国——波斯帝国，成了希腊强大的竞争对手，成了希腊进一步前进的难以逾越的障碍。

波斯人是伊朗人部落的一支，是山地民族，过着定居的农业生活，公元前 6 世纪中叶，在其国王居鲁士的统治下强大起来。波斯人是优秀的弓箭手，波斯军队主要由弓箭手组成，密集的箭阵使敌人还没来得及进行近身搏斗，就已经中箭倒下了。而波斯骑兵这时才从两翼发动进攻，给敌人以毁灭性的打击。公元前 546 年，波斯军队灭亡了吕底亚王国，占领了小亚细亚的南部沿岸。过了 4 年，又占领了沿爱琴海东岸的希腊人的城邦。短短的 5 年时间，波斯就从埃兰山区的一个小王国，变成东方世界的一个霸主。公元前 539 年，波斯军队不费吹灰之力就占领了名城巴比伦，灭亡了迦勒底王国。公元前 528 年，居鲁士在一次战斗中阵亡。居鲁士的死亡并没有使波斯扩张的步伐停下来，公元前 525 年居鲁士的儿子冈比西斯征服了埃及。征服埃及是波斯帝国最终建成的标志。

这个仅仅用了 25 年就建立起来的强大帝国，占领了这一地区的所有文明古国，其领土西边从尼罗河三角洲开始，环绕整个地中海东端直到爱琴海，东边则几乎扩展到了印度。

波斯帝国完全不同于希腊城邦。它广阔无垠的疆土是希腊城邦无法比拟的，甚至是希腊人无法想象的，在希腊人心中，他们国家的大小才是最

古波斯人物雕像

合适的。

波斯帝国的统治方式也完全不同于希腊。波斯帝国实行专制君主制，全国都要听命于国王一人，正如波斯国王大流士（公元前521～前485年）所说："凭借胡腊玛达神的慈悲，这些土地听命于我的法令；当我向他们发令时，他们将遵从。"国王的话就是法令。这和中国古代是一样的，是一人统治全国，而和希腊的由公民集体统治或由贵族寡头统治完全不同。大流士被称为"伟大的国王"。他把全国分成20个行省，行省由他所任命的总督管理。这种行省制和中国古代的郡县制有点类似，不同的是中国的郡县完全受皇帝控制，而波斯的行省则有较大的独立性，只要按期交纳贡物和为"伟大的国王"的军队提供士兵，总督就可自行其是。但是，如同中国汉代派刺史监督地方官员，波斯国王也派出一些被称为"国王的耳朵"或"国王的眼睛"的官吏，监督总督的言行，向国王汇报他们的一切反对国王的行为。

波斯的首都设在苏萨，以首都为中心，在广大的帝国境内修建了许多大道，大道设有保证讯息传递的连绵不断的驿站，以便帝国军队能及时赶赴战场，包抄敌人。

波斯帝国的兴起，对希腊，特别是对雅典的威胁是致命的。公元前520年，大流士就曾率军横渡赫勒斯滂海峡，向黑海北岸的斯基台人部落进攻。这是波斯帝国的军队第一次袭击欧洲地区。尽管这一次侵略没有取得预期的胜利，却夺取了爱琴海北岸的色雷斯和马其顿。雅典通向黑海的商路遭到严重威胁。在当时，黑海沿岸不仅已经是雅典手工业品的重要市场，而且是雅典的粮食供应地。威胁这条商路，就是威胁雅典的生命线。因此，争夺赫勒斯滂海峡就成了希腊和波斯两大势力的前哨战。

2. 小概率事件：波斯的两次失败进攻

公元前499年，趁大流士进攻斯基台人失利之机，小亚细亚的希腊城邦，不甘心失去自由、沦为波斯这一东方专制国家的臣民，在米利都的领导下，举行了反抗他们的波斯主人的起义。起义过程中，米利都曾派使者到希腊本土的两个强国——斯巴达和雅典，去求援。斯巴达对海外发展毫无兴趣，一听说波斯的首都离爱琴海东岸还有三个多月的路程，便立即谢绝了来使。

雅典的态度和斯巴达不同，出于自己海外贸易利益的考虑，它关心小亚细亚沿海希腊城邦的命运，因此雅典人派出了 20 艘战船去援助他们的同胞，对威胁他们商路的波斯，公开采取敌对行动。这次战争延续了五六年，最后以希腊各起义城邦的失败而告终。

这次战争招致了一场更大的战争。公元前 492 年，大流士以雅典人帮助了起义者为由，亲率大军入侵欧洲。其实，希波战争是一定会发生的。大流士号称“万王之王”、“从日出处到日落处之王”，好大喜功，他是不会容忍希腊处在他统治之外的，必欲侵占之而后快，而且，占领希腊既可扩大领土、增加财富，又可起威慑作用，使希腊人不敢再反抗他的统治。

对于雅典人来说，如果不对波斯的侵略奋起反抗，就会失去爱琴海的商路，失去通向黑海的生命线，就不可能保持和扩大经济的繁荣，甚至会失去自己的独立和自由。

因此，对于双方来说，战争都是不可避免的。

但是，大流士对希腊的第一次进攻，半途而废，夭折了。打败他的不是希腊军队，而是爱琴海上险恶的风暴和所选进军路线的艰难险阻。他的陆军在穿越赫勒斯滂和色雷斯时，人员损失严重，而他的海军舰队又在试图绕过阿陀斯山的高大海角时遇到了飓风，被打得七零八落。就这样，他的水陆并进计划落空了，不得不在半途撤兵回国。

公元前490年初夏，大流士发动了第二次进攻。这次他改变了进军路线，率领一支由运输船和战舰运载的波斯大军，驶过爱琴海中路，直扑雅典。

出发前，他派使臣传檄希腊，要求各个城邦进贡当地的水和土，表示对他降服。他想用这种办法使敌人不战而降。然而，希腊人虽然对波斯征服和屠杀他们的小亚细亚同胞心存恐惧，却具有高昂的爱国心和自豪感，热爱独立和自由。他们是不会被波斯人吓倒的。雅典的回答是把使者投进了洞坑，斯巴达则把使者推下了水井。

9 月，波斯军队从雅典东北的马拉松海湾登上了阿提卡的海岸，并在距雅典不远的地方安营扎寨。在这生死关头，雅典人一面派出信使向外求救，一面在一个富有谋略、通晓波斯战术的将军——米尔提亚斯的率领下，武装起来。米尔提亚斯针对波斯军队利于平地作战，并惯于中央突破的特点，率领雅典军队前往马拉松山坡上扎营，阻止波斯军前进。但是，雅典军的人数还不到波斯的一半，这时，有一支普拉提亚的数千人援军及时赶到，大大提高了雅典人的士气。米尔提亚斯把重兵布置在两翼，而把较弱的部队放在中央。战斗一开始，雅典中央一线且战且退，引诱敌人深入，等敌人追远时，两翼的精锐部队才从后包抄猛攻。波斯军队陷入两支雅典部队的夹攻中，一片混乱，溃不成军。波斯的弓箭在这种近身搏斗中，毫无用处，而希腊人的长矛却大显神威。波斯人留下了6000具尸体，逃回船上，而希腊只损失了192人。波斯人虽想再战，但在雅典军队严阵以待下，无法在雅典的海港登陆，大流士只好下令撤军。波斯人的第二次入侵又失败了。

马拉松战役获胜后，雅典将领立即派了一名战士去雅典城报捷，这个战士一口气从马拉松跑到雅典城内，说了句“雅典得救了”，就倒地而死。今天的马拉松赛跑，就是为了纪念这一历史事件，其距离就是马拉松到雅典的距离。

马拉松战士宣告胜利

3. 建立海军：雅典势在必得

战争并没有结束，希腊人的胜利带有一定的偶然性，波斯人不会就此罢休，他们会再来，更大的考验在等待希腊人。这次战争给了雅典人一个教训，由于没有一支强大的海军，无法阻挡波斯人渡海而来，因此，建立强大的海军就成了雅典的当务之急。

幸运的是，埃及的反叛和大流士的死亡（公元前 485 年），延缓了波斯人再次入侵的时间。同时，在雅典境内发现了一条储量丰富的银矿脉，这为雅典建立海军舰队提供了必需的资金。

雅典的舰队建立起来了，大约有 180 艘三列桨战舰，这既是为了对付波斯人的威胁，也是称霸爱琴海的需要。

在雅典建立舰队的过程中，一个叫地米托克利的雅典人起了很大的作用。他曾担任执政官，主张雅典必须向海外扩张，必须建立一支舰队。他认为雅典只有增强海军的力量，才能抵挡波斯人的入侵，才能保证雅典的经济不断发展。

4. 精诚合作：雅典与斯巴达共同御敌

公元前 480 年，大流士的儿子薛西斯再一次发动了对希腊的入侵。这是一次全面的入侵，薛西斯动员了波斯帝国的全部兵力，据说有各色兵种共 528.32 万人，兵舰 1207 艘，其他附属船只 3000 艘，志在必得。这一次薛西斯采取了大流士的第一次进兵路线，取道赫勒斯滂，水陆并进。与此同时，希腊人也在为迎击波斯人的入侵作准备。希腊各城邦在科林斯召开了泛希腊会议，决定以在军事上负有盛名的斯巴达做联军的首领，联军的陆军以斯巴达为主，海军以雅典为主，分别在通向中部希腊的要道德摩比勒和附近的海面设防。

公元前 480 年夏天，波斯军队抵达温泉关隘口。波斯军队的人数大约超过 20 万，而随军家属也有这么多，有 1000 艘船，其中 2/3 是战船，但被海上的风暴毁坏了数百艘，只有大约 500 艘可以作战。斯巴达国王李奥尼达率领大约 5000 人在温泉关阻击波斯陆军，同时，有不足 300 艘三列桨战舰的希腊舰队，其中 2/3 是雅典的，在优卑亚北海岸的阿特米斯乌姆附近水域阻击波斯海军。

战争一开始，希腊人处于守势。波斯人从陆上和海上同时发动进攻。斯巴达国王李奥尼达在人数上处于绝对劣势的情况下，英勇奋战了一整天，守住了温泉关。第二天，一支波斯军队翻过山脉从后面进攻，由于腹背受敌，温泉关失守，李奥尼达和他所率领的5000战士全都战死疆场，用鲜血写下了悲壮的一页。

海上的战斗，开始时，希腊舰队灵活而又有效地抗击人数和船数占优势的敌人。波斯人派出另一支有200艘战船的舰队，绕过优卑亚，从背后进攻希腊舰队。但这支舰队遭到风暴的袭击，损失很大，波斯人在海上前后夹击的计划落空了。不过，由于陆军的失败，希腊海军也遭受了严重的损失，不得不撤退到萨拉米斯湾。雅典人被迫放弃阿提卡并把不参战的人员和所能转移的财产运送到萨拉米斯岛。雅典人在岛上看着自己的城市被波斯人焚烧，悲愤填膺。不过，雅典人此举是明智的，他们虽放弃了城市，舰队却没有受到多少损失，可以更机动灵活地继续和波斯人战斗到底。

这时，斯巴达的主力部队和其盟军退到了科林斯地峡，准备在这里阻击波斯人，保卫伯罗奔尼撒半岛。斯巴达还主张把在萨拉米斯的联合舰队也调到科林斯地峡来。斯巴达的主张遭到雅典的反对，雅典的统帅地米托克利认为，被动防守只会招致失败，“后发者无赏”，必须主动出击，萨拉米斯水域狭窄，不利于波斯的庞大舰队活动，而有利于较灵活的希腊舰队。在地米托克利的坚持下，希腊舰队留下了，而且经过整修，战舰数超过300艘，力量得到加强。

（法）大卫《李奥尼达在温泉关》

地米托克利的主张可能是当时唯一可以使希腊反败为胜的策略。他巧妙地设计了一个圈套让薛西斯来钻。就像中国古代周瑜骗曹操那样，他派他的私人奴隶到波斯人的营地去诈降薛西斯，传递一个假情报，说他从地米托克利处来，地米托克利私下是站在波斯人一边的，希腊舰队将要偷偷地夺路溜出海湾，让波斯人及时阻截。薛西斯果然中了地米托克利的诱敌之计，不顾萨拉米斯海湾是否有利于波斯舰队作战，就贸然下令出击。

9月20日，波斯海军开进萨拉米斯海湾，拦截希腊海军。正如地米托克利所料，波斯舰队由于船大、数量多，挤在狭窄的水域，互相碰撞，根本无法调动，希腊人还没发动攻击，就已经乱成一团。而雅典舰队行动自如。这样一来，波斯舰队只有挨打的份，连逃跑的空隙都没有。薛西斯坐在可以俯瞰萨拉米斯湾的山顶上，看着他的舰队被希腊人摧毁，束手无策。

战斗持续了一整天，当夜幕降临萨拉米斯湾时，波斯舰队几乎被全歼。这是一次令人震惊的决定性胜利，波斯人失去了制海权，雅典成了海上的霸主，可以说，雅典的海军拯救了希腊，地米托克利也使自己成为希腊最伟大的政治家。

萨拉米斯战役的结果，实际上也显示了希波战争的结局，失去制海权的波斯人已无法打赢这场战争。但波斯人仍不甘心，虽然由于给养不足和疾病，薛西斯被迫撤退到赫勒斯滂，接着又退回亚洲，却把他的大将马都尼斯和一支约5万人的军队留在希腊境内，仍对希腊各城邦造成很大的威胁。马都尼斯知战争无望，便想用外交手段获取胜利，他向雅典提议，波斯交还雅典原有的土地，重修庙宇，免除惩罚，并接纳雅典为波斯帝国的一个自由盟邦。有个雅典人表示赞成这个提议，结果，不仅他本人被愤怒的群众杀死，他的一家人也被大家用石头砸死了。公元前479年，希腊联军和波斯军队在陆地进行了决战，波斯军大败，统帅马都尼斯阵亡，靠骑兵的掩护，才有一些残余部队逃出了希腊，回到亚洲。同时，希腊海军在米利都的麦加拉半岛摧毁了波斯的残余舰队，波斯的威胁彻底消除了。

公元前478年，雅典海军独力夺取并占领了赫勒斯滂海峡的重镇塞斯图斯，从而控制了欧洲到黑海的通道。对于雅典来说，塞斯图斯战役胜利的意义不亚于萨拉米斯战役，因为占领塞斯图斯，为雅典的对外扩张铺平了道路。被西塞罗誉为“历史之父”的希罗多德的名著《历史》一书，正是以雅典人攻陷塞斯图斯作为全书的结尾的。至此，希波战争实际上结束了，希腊人不仅解放了全希腊，彻底解除了波斯的威胁，而且把小亚细亚的希腊城邦也从波斯人的统治下解放出来了。但是，直到公元前 449 年，雅典及其同盟的军队在塞浦路斯大败波斯军，波斯才同希腊缔结了和约，承认小亚细亚各希腊城邦的独立，希波战争才正式结束。

5. 民主对专制：希波战争的意义

希波战争可能是历史上最为重要的战争，其历史意义怎么估计也不过分。这是一场两种制度的较量，是希腊城邦制度和东方君主制度的较量。古代文明，不管是埃及、两河流域还是中国和印度，都是在君主制下创造的，城邦制，在希腊兴起前，从来没有成为历史的主流，从来没有，也不可能在历史上起什么积极主动的作用。在希腊城邦兴起前，城邦国家不是被大国兼并，就是成为大帝国的附庸。因为，这样的国家都是小国寡民的，根本无力抵抗大国的侵略，而它们的“老死不相往来”或自治、自足的特点，又使它们有一种自满感，无法发展成大国。中国的老子和希腊的亚里士多德都把这种小国寡民看成是最理想的国家形式。老子的观点在中国没有代表性，而亚里士多德却反映了希腊大多数人的观点。这正是中国与希腊的不同之处。希腊城邦的兴起，得力于天时、地利和人和。独特的地理环境，使希腊地区既适合城邦又便于向东方的古老文明学习，希腊周围地区几个世纪都没有大国和强国，更给希腊城邦的发展提供了绝无仅有的天赐良机。但是，希腊如果没有希波战争的胜利，希腊城邦的历史就会终结，希腊以至人类历史都要重写。正是希波战争的胜利，才显示出希腊城邦的优越性，才激发了希腊人更大的自豪感，希腊城邦才会发展到它的顶峰，希腊人才能继续创造他们令人惊叹的文明。

希波战争的结果证明，新兴的希腊城邦制要优于古老的君主制，希腊文明正在发展，而以埃及、两河流域为代表的东方古文明，到波斯帝国时已停滞不前。

希腊人一直认为，只有他们才是文明人，其他民族都是“野蛮人”，他们要比“野蛮人”强得多，他们的自由民主制度，要比亚洲的君主制好，亚洲的君主靠专制权力、靠折磨和鞭笞迫使人们服从，而他们却靠辩论和劝说来作出决定。希波战争强化了他们的这种观点，事实也是如此。但是，希波战争的胜利却也正是克服了城邦制的一些固有缺点，才取得胜利的。如果希腊各城邦在战时仍互相敌视，彼此争夺，他们是无法取得胜利的，如果它们仍像在小亚细亚希腊城邦掀起反波斯统治的起义时，除了雅典出兵援助外，其他希腊城邦都认为事不关己，而置之不理那样，结果可能是另一个样子。如果不是在强敌入侵下被激起的高昂的爱国热情，使全希腊团结起来，结成联盟，如一人似的协同作战，希腊人是无法打败波斯人的。不幸的是，这样的团结一致，以后再也没有出现过。希波战争一结束，希腊各城邦就卷入互相争霸的漩涡中，而不能自拔。

三、争霸泥潭：两极格局的形成

1. 雅典的阵营：提洛同盟

希波战争中，雅典的作用和贡献最大，所受的影响也最大。雅典人被战争所激起的爱国热情和胜利后的自豪感，是任何其他希腊人所无法比拟的。斯巴达一直是希腊最强大的国家，希波战争中也一直是希腊联盟的领袖，联军的统帅，但由于斯巴达所固有的传统保守的特点，由于它是个纯粹的自给自足的农业国家，在希腊本土解放后，它对解放小亚细亚的希腊城邦毫无兴趣，不愿意出兵亚洲，因而自动放弃了对希腊联军的领导权。这样，反波斯、解放亚洲希腊城邦的责任就落在雅典身上。

雅典在希波战争中赢得了巨大的威信，拥有了强大的海军，俨然成了可以和斯巴达并列的领袖。因此，为了完成新的任务，为了向海外扩张，公元前 478 年，雅典组织了一个新的同盟。由于同盟国家开会、集合的地点设在爱琴海上的提洛岛，故称提洛同盟。

参加同盟的有爱琴海上的所有岛屿和赫勒斯滂海峡以及亚洲的所有希腊城邦。同盟的成员国最多时有将近 300 个大大小小的城邦。同盟继续对波斯作战，有联合海军，有共同的金库，金库设在提洛岛上的阿波罗神庙中。

在形式上，这是一个平等自由的同盟，所有成员国的地位都是平等的，在同盟的会议上有同等的发言权。参加同盟的城邦按国力的大小为同盟提供一定数额的船只和人员，如果愿意也可用同等价值的金钱来替代。但实际上，这个同盟是雅典的同盟，雅典在其中占有突出的地位。雅典拥有由300 艘船组成的舰队，这个舰队超过同盟中所有盟邦舰队的总和。雅典的威信和作用是其他城邦无法比拟的。因此，有的史学家认为，同盟一开始就有雅典帝国的倾向，这是很有见地的。这种帝国倾向不是指雅典在同盟中的突出地位和重要作用，而是指：一是盟约是以雅典为一方，而以雅典以外的一切盟国为另一方订立起来的；二是盟邦的义务是由雅典决定的。也就是说，盟邦为联军提供船只和人员的多少，或为免除这项义务所要交纳金钱的多少，全由雅典决定，而所交的金钱实际上成了向雅典缴纳的贡赋。

但是，随着时间的推移和波斯威胁的解除，有的城邦要求退盟，这就出现了盟邦有没有退盟权的问题。这本不是问题，参加自愿，退出也应自愿。第一个要求退盟的是纳克索斯岛。这是个繁荣富裕的城邦。雅典认为纳克索斯的要求是反叛行为，遂出兵镇压，强迫它交出舰队，并交纳一笔贡赋。此后，凡要退盟的，一律以同样的方式处理。同时，没有加入同盟的爱琴海城邦也被强迫加入，理由是它们得到了同盟的保护。这样一来，同盟已是徒有虚名了，实际上已是实实在在的雅典帝国了。

为了强化同盟的帝国性，雅典还做了两件事：一是把同盟的金库从提洛岛转移到雅典，理由是很冠冕堂皇的，什么金库在雅典“管理更方便、安全”等，而实际上，这样做的唯一理由就是利于雅典掌握，使同盟的金库成为雅典的金库。随着金库转移到雅典，金库司库也成了雅典国家的官职。二是盟国之间的争执纠纷交雅典法庭审理。同盟不见了，只有雅典帝国了。这个帝国极盛时，有大小不等的城邦近 300 个，人口总数达 1000 万至 1500 万。

但是，我们不能把这个帝国看成是如同中国秦帝国那样的帝国。秦帝国有一个集权于皇帝一身的中央政府，下面是完全受中央政府控制的郡县地方政府。雅典帝国其实是一个以雅典为中心的城邦集团，雅典仍是一个城邦，加盟的各个盟邦也仍是自给自足的城邦，它们仍有各自的可以独立处理内部事务的政府和法律。这些城邦与过去不同的是，它们的对外政策已不能自行决定，而必须听命于雅典，它们要为同盟（其实就是为雅典）的舰队提供船只、人员或交纳钱款，它们的政体要和雅典一样，实行民主制，而不能实行其他政体，否则就会遭到雅典的干涉。

当然，雅典虽然仍是个城邦，却也和过去有很大的不同。它现在是帝国的中心，因此，它除了有本城邦的事务外，还有许多帝国范围内的行政事务与司法事务要由它处理，帝国的这些事务也就成了雅典的事务，这样它就需要更多的公职人员，其中不少成为有报酬的。它还有一支主要由雅典公民组成的庞大的帝国武装部队，雅典公民服兵役这时是领薪饷的，大量雅典公民成了领薪饷的战士，雅典城邦成了“战士共和国”。虽然公共开支增大了，雅典的国库仍很丰裕。因为希波战争后，雅典的工业和农业有很大的发展，商业发展更快，雅典跃升为世界首要的商业中心，关税和其他税收数额巨大，加上盟邦为使它们的公民不服兵役而每年交纳的贡款，雅典不缺钱。雅典之所以成为帝国的中心，不仅有政治上和军事上的原因，也因为它是工商业中心。

2. 伯里克利时代：雅典民主全盛期

雅典对盟邦虽很霸道，在城邦内部，民主制却发展到了顶峰。和中国与波斯不同，雅典不是靠特权阶级或行政官僚来履行它的帝国领导职能的。它的民主制不仅没有因帝国而削弱，反而更向前发展了。事实上，雅典帝国存在的短暂时期，正是希腊城邦的极盛时代。

雅典不是靠个人而是靠公民集体来进行统治的，正如雅典人自己所认为的那样，他们是靠辩论和劝说作出决定的。个人有再大的功劳和威信，得不到公民的支持，也不能担任任何官职。公民大会可以流放任何他们不满意的人。地米托克利在希波战争中立有大功，但在他颇有远见地反对和斯巴达结盟时，因没有赢得公民大会的赞同，而被流放，后来又被以莫须有的叛徒罪被判有罪，结果，只好逃亡国外。流放地米托克利也许是错误，但这是民主制下公民集体的错误。继地米托克利为雅典领袖的奇蒙，因在对斯巴达的政策中犯了错误，也在公元前 461 年被公民大会流放了。奇蒙是贵族的代表人物，平民把流放他看成是平民对贵族的胜利。继奇蒙而成

伯里克利雕像

为雅典领袖的是伯里克利。伯里克利出身贵族，却和工商业有密切的关系。他希望建立一个辉煌的雅典帝国。他自视为进步势力的领袖，逐步扩大平民的权力。他也因此获得了平民的信任，连选连任执政官。从公元前 460 年起，他当政了 30 年，直到他突然死去。

伯里克利当政时，雅典的民主达到了它的极盛时代，实际上也是希腊城邦制的极盛时代。

由于平民的斗争，到伯里克利时代，雅典的由贵族组成的元老院的政治权力已被剥夺殆尽，只保留了审判谋杀案和解决宗教问题的权力。它原来的职权转给了五百人议事会、陪审法庭和公民大会。五百人议事会获得了大部分政府事务的管理权力。它按 50 人一组，分成 10 组，每个组的服务时间每年有一个月多一点。议事会成员不得连选连任，因此，雅典公民的 1/3，在一生中有机会担当议事会的成员。陪审法庭的人数增加到 6000 人，6000 人被分成更小的陪审法庭，有陪审法官 501 人，为了有利于贫穷公民参加陪审法庭，法律规定为陪审工作提供报酬。公民法庭的权力愈来愈大，最终成为国家的最高立法机构，在公民大会的协作下，开始颁布法律。公民会议是雅典的最高权力机关。公民会议的开会地点在雅典卫城以西的广场上，希腊人喜爱室外活动，在广场开会正投其所好。这是一片微微倾斜的广场，坐在最后面的人，也可以看到讲台上的发言人。公民会议大约在每 36 天中开 4 次。开会的通知一般会提前 5 天就在市场公布。参加会议的公民都可上台发言，但任何人都只能发言一次。表决多半用举手方式，选举官员或要放逐谁，则多用投票方式。公民会议负责表决五百人会议提出的议案，选举国家官吏，制定法律，决定战争与和平。

同时，担任官职的财产资格限制已大大缩小，除完全没有财产的劳动阶层外，所有公民都可担任执政官。高层官员不再通过选举产生，而是从所有合格的公民中抽签推举。结果，过去地位显赫的国家官员，现在变成了轮流坐庄的“贵族”，因而也就没什么大影响。但是，有一个重要的职务是不能通过抽签产生的，那就是统率军队的将军。这样的将军共有 10 位，每年选举一次，可以连选连任。伯里克利就多次连任。但是，一个雅典人在这次战役中是将军，而在下一场中却是普通士兵的事，是毫不奇怪的。这是城邦的“轮番为治”民主观念的突出反映。不过，由于是雅典唯一推选出来的官员，是唯一要考虑其才能能否胜任的官员，由于这些职务如此重要，将军们在城邦的作用和影响力是巨大的。伯里克利正是通过长期担任将军一职来领导雅典的。

雅典人不仅政治上享有较大的民主，能直接参加国事活动，他们的文化生活也具有广泛的民主性，丰富多彩。每个公民都享受国家提供的娱乐活动。雅典人最具民主性的，也是雅典人最喜欢的文化活动是祀神庆典和看戏。和在政治上没有君临一切的专制君主一样，在宗教上希腊也没有代表最高道义的宇宙主宰。希腊的神和凡人没有太大的不同，他们有和凡人一样的喜怒哀乐。名为最高神的宙斯，也常常钟情人间的美女，犯凡人所犯的错误。由于希腊神具有这种人性化的特征，雅典的祀神活动就和世俗的娱乐活动结合在一起。例如，四年一度的雅典娜女神祀祝大节，全雅典公民都可参加，一连几天都要举行赛车、竞走、合唱、舞蹈、音乐比赛和朗诵比赛，这样的祀神活动，与其说是一个庄严的宗教仪式，不如说是一种世俗性的公民群众娱乐。每年春季举行的酒神庆典在国家建造的规模宏大的剧场中演出各种悲剧和喜剧，国家给每个公民发“观剧津贴”，让每个公民节日都有钱去看戏。雅典的学术文化也十分活跃繁荣，在雅典全盛时期，在公民群众经常聚集的运动场附近，经常举行各种哲学、社会和人生问题的讨论。雅典公民在公开的政治生活和广泛的文化生活中获得广泛的知识，受到其他城邦人民得不到的教育，从而产生了许多杰出的人物，希腊各地的知识分子也纷纷来到雅典。在很长一段时间里，雅典一直是希腊文明的代表和中心。

当然，雅典的昌盛和繁荣是离不开奴隶的，没有奴隶的劳动，也就不会有雅典的文明。据希腊史的权威学者戈麦（A.W.Gomme）教授估计，伯罗奔尼撒战争之前阿提卡约有 12.5 万个奴隶，其中 6.5 万个是用于家务劳动，有 5 万个被用于手工业，有 1 万名用于采矿。同一时期雅典的 18 岁以上的男子人数约为 4.5 万人，由此推断，当时雅典的总人口是 10 万人多一点。奴隶在创造雅典文明中的作用是不可低估的。

3. 斯巴达的阵营：伯罗奔尼撒同盟

雅典的强盛和繁荣招致了斯巴达的嫉恨。斯巴达本是希腊最强大的国家，希波战争中，它是希腊联盟的领袖，盟军的统帅。但在希腊本土全部解放后，它不愿出兵海外，放弃了对盟军的领导，退出了战争。是雅典领导希腊人民把希波战争进行到最后胜利的。雅典的势力和威望有压倒斯巴达之势，一山不容二虎，斯巴达是不容许有雅典这样的对手威胁它的，而雅典也早有称霸希腊甚至称霸世界的野心，要称霸就必须打败斯巴达，从地米托克利到伯里克利都有这样的愿望。当然，雅典也有主张与斯巴达友好的人。贵族派的代表人物奇蒙就主张雅典和斯巴达友好相处，雅典称霸海上，斯巴达则在陆地称雄，从而在希腊世界平分秋色，两不相悖。奇蒙的主张既背离了实际局势的发展，也不合大多数雅典人的心意。谁也无法把雅典的霸权限制在海上，而斯巴达和它的盟国也不容许雅典独霸海上。

其实，雅典和斯巴达的矛盾和冲突是多种多样的，是全方位的。既有利益上的，也有制度上的，甚至还有感情上的、观念上的。斯巴达虽对海外商业不感兴趣，但它所领导的伯罗奔尼撒同盟也有科林斯、迈加那这样的注意向海外发展的城邦，它们在爱琴海北岸卡尔克底半岛、在西西里岛都有殖民和商业利益。提洛同盟成立后，雅典不仅把科林斯在卡尔克底的殖民城市纳入同盟，控制了东北爱琴海的航线，而且要向中部地中海地区扩张其势力，并力图控制科林斯的西部港口。这样一来，雅典的扩张就严重地侵犯了科林斯等城邦的利益。作为伯罗奔尼撒同盟的首领，斯巴达自己虽对海外发展没有兴趣，却理所当然地要维护其盟国的利益。事实上，正是科林斯劝说斯巴达向雅典挑战的。

在制度上，雅典和斯巴达也是水火不容的。雅典爱好民主制，要它的所有盟国都以它为榜样，实行民主制，而不容许其他政体存在。这种霸道作风引起了一些盟邦的不满。斯巴达和它所领导的伯罗奔尼撒同盟则对寡头政体情有独钟，或至多能容忍有限的民主制度。希腊的民主分子纷纷投靠雅典，而贵族寡头政体的拥护者则向斯巴达求援。

在感情、观念和生活方式上，雅典人和斯巴达人也是格格不入的。他们是完全不同的两种人，正如科林斯人在劝斯巴达向雅典宣战时所说的："你们从来没有想到过，这些雅典人是怎样的一种人，他们同你们完全不同。他们是革新者，他们敢于制定新的计划并付诸实施；而你们满足于现有的一切，甚至不愿做那必须去做的事情。他们大胆、乐观、富有冒险精神；你们谨小慎微，无论对自己的力量还是自己的判断力都缺乏信心。他们喜欢去海外冒险，而你们讨厌这样，因为他们认为离家愈远，所得愈多，而你们认为任何动迁会使你们已有的东西丧失。"科林斯人说的这段话，反映出他们对雅典人是既佩服又嫉恨的。让这样的人继续扩张他们的势力，对于伯罗奔尼撒同盟来说，是可怕的。雅典施加于它的盟国身上的"暴政"就是鲜明的例子。

伯罗奔尼撒同盟诸国和所谓的雅典帝国在人种上也是不同的，虽然他们都是希腊人，但伯罗奔尼撒同盟诸国是多利安人，而雅典帝国多为伊奥利亚人。当然，这种区别不是很重要，因为，作为希腊人，他们曾经联合起来和波斯人作战。导致伯罗奔尼撒同盟和提洛同盟打起来的根本原因，是两大同盟之间的利益冲突，是斯巴达和雅典争霸。

4. 相煎何太急：两大同盟开战

公元前 431 年，两大同盟之间的战争爆发了，史称这场战争为伯罗奔尼撒战争。这是一场和希波战争完全不同的战争，希波战争是希腊人联合起来反击波斯侵略的战争，战争的进程和结果都显示出希腊城邦向上发展的生命力，显示出它比东方君主制优秀的一面。而这场战争却暴露了希腊城邦无法克服的缺陷。希波战争导致希腊城邦发展到顶峰，而这场战争实际上使希腊城邦走到了终点。这场战争从公元前 431 年开始，断断续续一直打到公元前 404 年，前后持续了 27 年之久。战火几乎燃遍了希腊世界的每一个角落，双方的人力、财力都消耗殆尽，特别是雅典遭到毁灭性的打击。战争以雅典的全面失败和斯巴达霸权的确立而告终。

战争的结果是完全出乎雅典人意料的，他们之所以不惜和斯巴达人一战，一个很重要的原因就是他们认为，他们的财力、物力都是斯巴达所不及的，他们有一支强大的海军，控制了海上，他们在精神上也优于斯巴达人。伯里克利就十分看不起斯巴达人，他说："我们的敌人为了备战从小就受到非常艰苦的训练；我们过我们的安逸生活，但面对危险我们信心百倍。事实上，没有其同盟的帮助，斯巴达从不敢单独地向我们进攻。我们的勇敢来自于天然的气质，而不是法律的强迫，因而，我们拥有两方面的好处，一则我们无须基本的艰苦训练，二则当考验来临时，我们做得同他们一样好。"伯里克利的这种观点是得到大多数雅典人赞同的。由于

绘有伯罗奔尼撒战争场面的彩陶

雅典拥有强大的海军，因此伯里克利为雅典制定的战略是，把自己当成是海上居民，放弃土地和房屋，保卫海疆和城市，而不要为守卫阿提卡做无谓的冒险。这样，雅典就是不可战胜的。

伯里克利的战略在理论上是可行的，但这是建立在过高估计雅典人的牺牲精神和忍耐性和对丢失阿提卡的严重性估计不足的基础上的。战争开始后，在斯巴达军队侵入阿提卡、蹂躏那里重要的乡村和市镇时，雅典人的态度改变了，他们对伯里克利不作正面抵抗，而是按兵不动、等待时机的做法不满了，他们忍无可忍了，强烈要求伯里克利领导他们出击。他们甚至因丢失阿提卡而责怪伯里克利，伯里克利的领导权威开始受到怀疑。

伯里克利看到雅典人陷入愤怒和非理智的状态中，害怕召开公民大会会导致作出错误的决定，便没有召开大会来讨论大家的要求。但雅典的事情是不能由个别人决定的，威信再高，意见绝对正确，没有得到大家的赞同，还是不行。战争期间，城邦生活，特别是政治生活仍和过去一样，所有重要的事情无一例外都要由公民大会决定。选举将军、开辟新战场、讨论和平条件、审核和分析来自前线的报告等都是公民大会的事。雅典人这样做，反映了他们对城邦制度的坚定性，说明他们把个人的权利和民主看得比什么都重要。这是令人钦佩的，但也是十分幼稚的。战争期间把一切重大事情的决定权交给人数众多的、人人都有发言权的公民大会，是非常可怕的。现在的一切国家，在面临国家生死存亡的战争时刻都会宣布国家处于紧急状态，取消或限制人民的某些权利。战争需要集权，而不是民主。只有美国战争期间仍坚持总统选举，但这是在战争没有威胁本土安全的情况下。事实上，雅典后来犯的一系列错误，不能说和雅典坚持城邦民主没有关系。

战争的第二年，一场可怕的瘟疫席卷雅典，人口大量死亡，甚至出现了尸骸遍地、无人收葬的惨象。瘟疫激发了雅典的内部矛盾，农民把战争所带来的灾难都归罪于伯里克利，不满的贵族乘机煽风点火，一些人甚至提出了停战议和的要求。伯里克利虽然在公民大会上说服了大家，并被继续授权领导雅典人民坚持战斗，但威信受到很大的损害。不幸的是，伯里克利本人不久也死于瘟疫。伯里克利的突然死亡，是雅典的巨大损失，雅典再也没有出现他这样的领导人物。修昔底德认为，他的继任者都无法和他相比，“出于个人野心和为了个人利益，他们在处理雅典和同盟两方面的事务时，都遵循了有害的政策，干了不少对赢得战争毫无益处的事情。即使这些事情成功了，那也不过是给某些个人带来荣誉和利益；而如果失败了，这对城邦赢得战争是有害的。”

由于没有了伯里克利这样的领导，雅典的民主政体无法形成强有力的领导和影响，管理陷入一片混乱。领导者都是些工商业主，他们既没有很高的社会地位，又没有政治家的才华，更没有赢得平民的信任和尊敬的领导品质。同时，他们也缺少伯里克利那样的指挥军队和舰队的经验和能力。他们今天一个政策，明天一个政策，结果却是一个比一个更糟。一些不满雅典的盟邦也趁机发动叛乱，转而投靠斯巴达，雅典不得不分兵镇压。这样，雅典虽有海上优势，陆地上却受制于斯巴达，战争成相持不下的局面。公元前 421 年，雅典在一个叫尼西亚斯的贵族领导下，和斯巴达签订了一个为期 50 年的停战和约，双方都同意放弃新近占领的领土，而只保留原来的属地。

5. 城邦局限：雅典人的致命错误

由于和约并没有解决引起战争的矛盾，和平仅仅维持了5年，战争又起。新的战事的起因，是雅典对西西里岛的远征。这次远征充分暴露了雅典体制的缺陷和领导人的无能。远征军的指挥权被毫不负责地授予了亚西比德和尼西亚斯，亚西比德本要接受审判，公民大会决定让他远征回来再审判，但在远征军到达西西里后，却又突然传令他回来接受审判。亚西比德得知后，投奔了斯巴达。雅典公民大会出尔反尔的决定，使雅典的远征刚开始就失去了一位指挥官，而使敌人得到一位极有价值的参谋人员。

当雅典的庞大舰队来到西西里的叙拉古时，又没能乘叙拉古没作好防御准备之机，立即发动进攻，从而贻误战机。在叙拉古得到斯巴达的支援，远征军已无法攻陷该城时，雅典的领导人又不准远征军撤退，并派了一支新舰队和一支庞大的陆军去增援。由于指挥无方，得到增援的雅典军队还是一败涂地，全军覆没，几乎没有生还者，有 7000 人做了俘虏。叙拉古人对俘虏极其残酷，他们或把俘虏作为奴隶卖掉，或赶进叙拉古的采石场当苦力，多数人就死在那里。雅典的远征就这样悲惨地彻底失败了（公元前413年）。这次失败和公元前430年的瘟疫一样，对雅典的打击是致命的，大量年轻人的被俘和战死，使雅典陷入了人才匮乏的困境。

在雅典全力远征西西里时，斯巴达乘机再次侵入阿提卡，雅典的农业地区全在敌人控制下，粮食只能靠进口。随后，雅典又发生了数万奴隶逃亡，工商业遭到严重打击。在这样接二连三的打击下，雅典几乎濒临崩溃的边缘。不满的贵族却找到了攻击平民统治的借口，并乘机发动政变，夺取政权，建立寡头统治。为时不久，民主派又以政变的方法推翻了贵族的统治。而这时雅典的敌人却广泛地联合起来，曾经和雅典结成同盟共同反波斯的小亚细亚诸希腊城邦和岛屿，现在又与斯巴达和波斯结盟，对抗雅典。历史的发展真是千变万化，过去的敌人，现在却成了千方百计乞求其支持的盟国，而过去的战友，却成了敌人。这是雅典的悲剧，是希腊城邦的悲剧，但这并不是斯巴达的成功，而是波斯人的成功，是波斯君主制对希腊城邦制的胜利。

斯巴达人在波斯的帮助下，建立了海军，雅典唯一可以依靠制胜的优势也失去了。雅典虽仍有一支由180艘战船组成的舰队，却由于缺乏指挥人才而发挥不了作用。也由于雅典固有的民主习惯，舰队由一批人轮流指挥，每人一天，在这样荒唐的安排下，这支舰队的命运可想而知。公元前405年雅典舰队被斯巴达人全歼。雅典没有了海军，失去了制海权，断绝了粮食的供应，已无法再打下去了。公元前404年，雅典向斯巴达投降了。雅典的城墙和要塞被拆除，残存的战船交给斯巴达，放弃全部属地，加入斯巴达联盟。这样，领导希腊人民打败并赶走了波斯人，建立了古代最完善的城邦民主政体，创造了古代最美好、最高尚的生活，获得了希腊世界领导地位的雅典，仍无法避免地走向了彻底失败和帝国灭亡的结果。

四、希腊何处去：内战后的反思

1. 三足鼎立：战后新秩序

伯罗奔尼撒战争后，斯巴达成了希腊世界的霸主。但是，斯巴达霸主地位的获得，并不是它本身有什么高于雅典的才能，而是由于雅典人犯了太多的错误，是由于它获得了过去的敌人波斯的帮助。斯巴达除了以军事力量著称外，不论在经济、政治上，还是在文化上，都不能领导希腊。斯巴达虽打着把处于雅典“暴政”下的人民解救出来、还他们“自由”的旗号，而实际上却几乎在每个被它解救的地方都强制实行寡头政治，并安排一个斯巴达统治者来维持秩序，以致许多希腊人宁愿回到雅典的“暴政”时代。斯巴达人都是战士，除了打仗，不知其他。他们过着节俭、艰苦的生活，从来没有学会如何在海外行事。他们没有能力也不想把全希腊联合起来，雅典人没有办到的事，他们更办不到。斯巴达人满足于他们能在各城邦扶立一个个寡头政府，满足于他们能恃强凌弱的霸主地位。这时的希腊各城邦完全没有联合的要求，它们只希望保持完全自治，斯巴达也是这样。波斯人重新控制了小亚细亚的希腊各城邦，当然更希望希腊永远处于分裂状态中。

斯巴达的霸主地位没有维持多久。它在雅典扶立的寡头统治，不得人心，为时不长，就被推翻了，雅典恢复了民主政治。公元前 395 年，一些不满斯巴达专横行为的城邦结成联盟，反抗斯巴达，史称这场战争为科林斯战争（公元前 395~ 前 387 年）。雅典人这时已有能力重新建立一支舰队，并用这支舰队去摧毁斯巴达的舰队。公元前 387 年，交战双方在波斯人的干预下，以波斯国王的名义公布了一个停战条约。对于希腊人来说，这样获得和平，是种耻辱。希腊人不仅自己无法解决自己的问题，还要靠敌人来帮助，甚至把自己的同胞——小亚细亚的希腊城邦，拱手让给了波斯人，而问题并没有解决，希腊城邦名义上都有了完全的自治，斯巴达却仍保持其霸主地位。

但是，斯巴达的霸权实际上已走到了终点。雅典开始复兴，另一城邦底比斯正在崛起，希腊正在形成三足鼎立之势。公元前 378 年，雅典又组织起一个新的联盟，新的海上同盟，这说明，爱琴海诸国多么需要一个中心，一个领导。当然，这个同盟不能和提洛同盟相提并论，但也足以和斯巴达对抗。

在这种情况下，斯巴达把所有的城邦召集到斯巴达，共商和平大计，企图通过这样的集会，最终把希腊联合成一个国家。斯巴达希望未来的希腊国家由它说了算，但由于遭到底比斯的抵制，计划落空。底比斯和斯巴达仍处于战争状态。

底比斯之所以敢和斯巴达一战，不仅是因为底比斯推翻了寡头统治，赶走了斯巴达人，建立了民主政体，而且因为底比斯人找到了在战场上打败斯巴达人的方法。斯巴达长期称雄希腊，靠的是它那令敌人丧胆的加强方队。斯巴达的指挥官总是把方队布置在右路，由于兵力集中，这个训练有素的方队往往能首先突破敌人的防线，长驱直入。底比斯的民主派领袖伊巴密浓达（Epaminondas）是个天才人物，未来的亚历山大帝国的创立者腓力小时候就曾受教于他，他深入研究了斯巴达人作战时的布兵排阵，创造了一种崭新而大胆的军事战术，这种战术不仅可以抵御而且可以重击斯巴达方队的进攻。伊巴密浓达的新战术采用斜形阵势，或称楔形阵势，它放弃了原来的将一个战斗编队的重甲步兵排列成纵向 8 人（骑兵和散兵安排在侧翼）的阵势，而把阵形的一翼和中间部分的人数减少，把另一翼的纵向人数增加到超常规的 15 人。

公元前 371 年，伊巴密浓达率领这支新组织的军队，在中希腊的留克特拉城，以新的斜形阵势大败斯巴达军。战斗开始时，底比斯军队的加强一翼，也就是左翼，首先发动，猛攻斯巴达军的右翼，打得敌人溃不成军。斯巴达军最强的右翼被打败，其余部队便在底比斯军队的中路和右路军的攻击下，闻风而逃。战斗结束，斯巴达国王和过半的战士战死了。不可一世的常胜不败的斯巴达陆军被打败了，斯巴达的显赫声誉也随之一落千丈。随后，伊巴密浓达率军深入伯罗奔尼撒半岛，给斯巴达以更大的打击。斯巴达的霸权全面崩溃，它的盟邦纷纷背离，久被征服的美塞尼亚宣布独立，希洛人和没落的公民也到处起义。从公元前 404 年开始的长达 30 多年的斯巴达统治结束了。

2. 联合无望：希腊城邦的症结

希腊的两大领袖，雅典和斯巴达，互相竞争，都曾想努力把希腊团结起来组成一个国家，但它们的努力先后都失败了。雅典是民主政体的典范，想把它的这种民主制推广到全希腊，斯巴达实行寡头政治，也想把它所爱好的政体强行加于全希腊，结果都是一场空。现在希腊又出现了一个新霸主——底比斯，它在伊巴密浓达的领导下，不仅打败了斯巴达，而且建立了一支海军，在海上和雅典争雄，并取得了优势。但是，底比斯是无法也无力完成雅典和斯巴达的未竟之业的，它的霸权就像昙花一现，很快就结束了，因为底比斯的崛起，不是靠它的政治、经济实力，而是靠伊巴密浓达个人的才能。公元前362年，伊巴密浓达在一次进攻斯巴达的战斗中战死，底比斯的霸权也就随着他的死去而烟消云散了。

希腊人联合成一个国家的努力彻底失败了。

希腊人在政治、经济和文化各个领域都取得了令人惊叹的成就。政治上，他们创造了从君主制到民主制的各种政体，特别是城邦民主制，发展到顶峰；经济上，达到了当时的最高水平，雅典成了地中海地区的工商业中心；文化上，他们，特别是雅典人，所取得的成就是无与伦比的，他们在艺术、建筑、文学和思想等各方面都给人类留下了最宝贵的遗产。希腊文明不仅是独一无二的，也是至高无上的。然而，这一文明已开始衰落了，特别是其政治衰败已是无可挽回的了。

世界各古文明几乎都经历过一个群雄并起、竞相争霸的历史阶段，中国的春秋战国就是这样的一个时期。但中国的群雄争霸战争是兼并战争，最终的结果是大一统帝国的建立，而希腊的争霸，虽也有把希腊联合成一

奥林匹克运动会诞生地——奥林匹亚

个国家的要求，却除了激化各城邦之间和城邦内部各阶级、阶层之间的矛盾外，没有任何积极意义。

希腊的争霸是城邦的争霸。城邦是由爱好城邦生活的人组成的，城邦生活的理想境界是城邦的每一个公民都应该参与城邦的所有行动和事务，这只有在公民人数不多的情况下才能办到，因此，一般地说，城邦的公民集团是个封闭的集团，它拒绝其他城邦的人加入。雅典是最有可能把希腊联合成一个国家的国家，却又是一个最典型的实行民主制的城邦，雅典人把城邦看成是自己的，他们以自己亲自参加国家管理而自豪。雅典要使每一个公民都参与国家管理和使他们都有政治责任感，就不可能把公民权扩大到它的盟邦。雅典的公民权是只授予其父是雅典公民的人的。这种情况并不是雅典特有的，而是希腊城邦的共性，斯巴达比雅典有过之而无不及。不把公民权扩大到盟邦，就不可能把盟邦纳入自己的国家中，而只能是盟邦，这也是争霸不能成为兼并的重要原因。后来罗马人解决了这一问题。罗马的公民权随着领土的扩大而逐渐扩大，因此，罗马通过不断地兼并其他国家和地区而成为疆域辽阔的帝国。但是，罗马不是希腊，罗马人没有希腊人那样的城邦观念，没有希腊人那样深的对城邦的感情。对于罗马人来说，只要城邦能保护他，参不参加城邦的日常政治活动无所谓；而对于希腊人来说，不参与是不行的，因为那样的生活不是一个真正希腊人的生活。在中国古代这根本不是一个问题，因为中国没有公民权的问题，政治事务始终是少数特权者的事，老百姓根本无权过问。

3. 何去何从：希腊的出路之争

对于希腊人来说，不幸的是，争霸不能把希腊联合或兼并成一个国家，却又使希腊无法保持原样。长期的争霸战争使贫富两极分化，出现了前所未有的大商人和大奴隶主，而许多公民则沦为赤贫者，成为无业的流浪者，甚至成为乞丐。公元前 5 世纪末期，雅典可自备装备服兵役的公民已减少到只有 5000 人，公民军的制度已无法维持，城邦也已无法保障公民的切身利益。社会矛盾激化，不少城邦都出现了贫民击杀富人的暴动。同时，国家事务愈来愈复杂，如军队的指挥、外交等都必须由有专门才能的人充任，“轮番为治”已无法继续，伯里克利长期担任将军一职就是例证。工商业的发达，经济的繁荣，也使“自给自足”的城邦特点被破坏，雅典的粮食就要靠进口，因此，它不得不维持一支强大的海军来保障粮路的畅通。

国际环境这时也出现了新的情况，就像中国古代北方的“蛮族”时常威胁中原汉族一样，被希腊人视为“蛮族”的马其顿人的国家日益强大起来，并有南下吞并希腊之势。

在这种情况下，希腊向何处去、希腊出路何在就成了摆在希腊人面前的一个急需解决的问题。实际上，这就是如何解决希腊所面临的危机。仁者见仁，智者见智。不同的人提出了不同的答案。

苏格拉底，希腊最富智慧的天才代表，是雅典民主制的严厉批评者，他认为可以通过教育挽救雅典，成功的教育可以使人明辨善良与正义，因此，他主张国家应当由那些受过良好教育的、素质很高的人来净化和管理。苏格拉底看到了雅典民主制的缺陷，但他的由智者来管理国家的主张却是行不通的，是种空想，同时，他的这一主张也和雅典人的传统观念大相径庭。公元前 399 年，因他不合时宜的言行和他的学生亚西比德（远征西西里的统帅之一，后投靠斯巴达）及克里提亚（斯巴达扶持的寡头统治集团的头头）的罪行而被雅典法庭判处死刑。

苏格拉底的学生柏拉图继承和发展了他的政治主张，他认识到雅典的民主已无希望，但他却认为可以通过教育培养有智慧的人并让这些人管理国家来改变这种状况。他在雅典的阿卡德米园建立了自己的学园，集中精力于教学传道。他写了一本伟大的著作《理想国》。这本书所描述的他的理想之国是这样的：智慧的人正直而正义地管理社会，他们不从事其他工作，手工工匠和奴隶从事所有卑下的劳动，工业和商业的产品为他们在希腊城市里过舒适和闲暇的生活提供了条件。柏拉图卑视劳动，看不起劳动者，认为统治术是“政治方面的技艺”，是所有技艺中最重要、最艰深的，谁掌握了这种技艺，谁就应当是统治者。他的这种观点和中国孟子的“劳心者治人，劳力者治于人”的观点如出一辙。他的理想国不过是一个自给自足、自我管理的城邦，这是一种要求回到过去的复古思想。在政治上，柏拉图并没有提出什么新东西，而且，他理想的城邦不是民主的，而是由智慧者管理的，是变相的君主制。他最推崇的国家是斯巴达，由贤哲统治，武士保卫，奴隶劳动生产。他看不出希腊所面临的最严重问题是各国之间

苏格拉底头像

的关系，是如何联合成一个国家来对抗外来的威胁。他和中国的老子一样，迷恋过去那种“小国寡民”的生活，而看不见新的形势、新的社会要求，因此，他的理想国只能是空想。

希腊最伟大的学者、柏拉图的再传弟子亚里士多德（公元前384~前322年）和正在崛起的马其顿有很深的关系，他的父亲是马其顿国王的御医，他自己后来也做了亚历山大的老师，面对马其顿日益严重的威胁，他没有提出什么办法。他赞成君主制，这可能是因为，在社会严重分化的情况下，不可能形成集体意志，君主制就成了最好的选择。他也赞成奴隶制，认为奴隶只是活的工具。他轻视妇女，认为男人天生就比女人高一等，因此，男人治人而女人治于人。

从苏格拉底到亚里士多德，他们在思想上、科学上的成就是无与伦比的，但却没有提出任何解决希腊危机的办法。他们的思想没有跳出城邦的局限性，他们所设想的理想国家都是小国寡民的。柏拉图认为，一个完善的城邦的人数应是在1000~5040人左右。亚里士多德也认为城邦的人数不应太多，人数太多就无法彼此熟悉，就会在运用权威及执行司法两方面造成恶果，因为在人口过多的情况下，作出的决定是不公正的。

希腊人实在太骄傲了，在危机重重的情况下，他们仍不把外族人看在眼里，仍然没有认真考虑联合起来以便对付希腊世界以外的强国。但形势的发展已不允许他们继续这样下去了。马其顿的威胁很快就成了火烧眉毛、急不可待了。或被马其顿兼并成为它的附庸，或联合起来进行抵抗，没有第三条路。

希腊人当时分成了两派，一派竭力反对马其顿的扩张，主张消除各城邦以及城邦内部的不和，维护独立和自由，代表人物是雅典的政治家德摩斯提尼。他宣称："雅典人从不向专横无义的政权卑躬屈膝，以求安逸。……他们具有生而不得自由毋宁死去的精神。"他认为，雅典人牢固于心底的原则是，人生来就属于国家，因此宁愿赴死，也不愿看到自己的国家沦为附庸。国家处于奴役的地位时他会感到所蒙受的侮辱与羞耻比死亡更难忍受。另一派是亲马其顿派，代表人物是另一位雅典人伊索克拉底。伊索克拉底是位雄辩家，他认为，希腊各城邦的联合乃是当务之急，主张雅典和斯巴达捐弃前嫌，共同领导希腊人对波斯作战。他希望有某个强有力的人物出来建立稳固的社会秩序，马其顿崛起后，他把希望寄托在马其顿国王腓力二世的身上，公元前346年，他给腓力写了一封信《致腓力书》，呼吁马其顿国王在希腊人中建立和平和秩序，领导希腊人与波斯人作战。他建议腓力摒弃王家传统的分化阴谋，厚待希腊各邦，将马其顿的权威施于非希腊的蛮族。

伊索克拉底的观点已超出了城邦的局限性，着眼于更大的世界，反映了一部分希腊人的要求，他们认为，在腓力的统治下和平和联合总比连续不断的战争好。面对强敌的威胁，竟出现两种互相对立的观点和主张，这在过去是没有过的。在波斯人入侵时，他们曾联合起来同心协力，共御强敌。这种情况已一去不复返了。他们已无法团结起来一致对外了。

当然，他们对马其顿的态度和对波斯的不同，还因为马其顿人和他们关系密切。马其顿人自认是希腊人，希腊人虽看不起他们，把他们当作蛮族，其实和他们同族，又近在咫尺，相互的来往联系较多，希腊最大的、所有城邦都参加的体育运动会——奥林匹克运动会，也让马其顿人参加，因此，可以说，在某种程度上，希腊人，或者说有些希腊人，也把马其顿人看作是希腊人，伊索克拉底就因为把马其顿人看成是希腊人，才会呼吁马其顿国王腓力领导希腊人和波斯作战。不过，由于马其顿落后，又实行希腊人厌恶的君主制，大多数希腊人并不把他们当作希腊人。然而，时间已不容许希腊人去考虑了，没等希腊人自己作出选择，马其顿人便给希腊人作出选择了。

第二章　马其顿：亚历山大帝国的根基

马其顿兴起之快是世界历史上少有的，它从一个默默无闻的蛮族小邦成为一个令人生畏的大国，只用了二十多年的时间。这一方面是由于希腊文明的培育，另一方面也是由于马其顿出了个伟大人物，他就是腓力二世（PhilipⅡ）。没有腓力二世就没有马其顿的强大，就不会有后来的亚历山大帝国。有的史学家认为，腓力二世是有史以来最伟大的君主之一。

一、腓力二世：最伟大的君主

1. 蛮族小邦：马其顿的兴起

马其顿人原是多利安人的一支，大约在公元前1000年左右来到巴尔干半岛中部，并和当地的原居民混居。公元前700年，他们开始自称马其顿人。他们在国王佩尔迪卡斯一世及其后继者的领导下，逐渐向东向南发展，并形成了一个西邻阿尔巴尼亚山脉，东接罗多比山地，北靠歇亚山脉，东南濒临爱琴海的君主制国家。西北是山地和丘陵，被称为上马其顿，东南濒爱琴海的地区为下马其顿。由于雅典控制了沿海地区，马其顿的力量还无法与雅典抗衡，只能先集中力量统一高地和平原，公元前495~前450年当政的亚历山大一世国王统一了整个下马其顿。马其顿人和希腊人的最初接触，见于史书的就是在亚历山大一世统治时。希罗多德在其《历史》一书中，记述了希波战争中，亚历山大一世曾不顾个人的安危，把波斯军事情报偷偷地告知希腊人，他说，他为希腊做了这样一件不顾性命的事情是“因为我本人的远祖是希腊人，而我也决不愿意看见自由的希腊会受到奴役。”

亚历山大一世所说的他的远祖，按照马其顿人的说法，就是希腊神话中的最伟大的英雄赫拉克勒斯。赫拉克勒斯是天神宙斯和底比斯王后阿尔克墨涅的儿子。马其顿人把这样一位英雄说成是自己的祖先，不仅表明他们是希腊人，而且说明他们有高贵的血统。

亚历山大一世统治时，经济有所发展，国内出现了地主式的贵族（“王之战友”）和农民、自由民，开始参与希腊事务，并派运动员参加全希腊最大的体育运动会——奥林匹克竞技会。伯罗奔尼撒战争初期，马其顿国王直接统治的地方还只有下马其顿（沿海平原地区），上马其顿（内陆山区）虽在名义上也属于马其顿，各部落却都有自己的“王”。随后，马其顿和希腊的往来日益增多，受希腊文明的影响，逐渐文明起来。

公元前 413~ 前 399 年，阿尔赫拉奥斯国王在位，实行了军事和币制改革，加强了王权，促进了马其顿的政治和经济发展，首都也从阿伊格迁到靠海更近的培拉。

2. 宫廷政变：不孝子挑起的动乱

在希腊各邦争霸中，马其顿受希腊各种势力的左右，由于和雅典有沿岸土地的争夺，它和底比斯较接近。同时，它还有后方“蛮族”和波斯的压力。正当马其顿逐步发展时，发生了一场不正常的权力转移。公元前 364 年，老国王阿契拉宣布退位，并把国家一分为二，授权长子为下马其顿国王，称佩尔迪卡斯三世，次子为上马其顿国王，称阿明塔斯二世。有人说，阿契拉退位不是自愿，而是被大儿子逼迫的，这当然不是空穴来风，佩尔迪卡斯对父亲长期占据王位，早就心存不满，害怕夜长梦多，而且佩尔迪卡斯还行为不检点，和父王的爱妃偷情，引起阿契拉的愤怒，在这种情况下，发生宫廷政变是理所当然的。中国历史上这样的事就屡见不鲜。这是君主制的通病。无论如何，阿契拉的退位，使好不容易统一起来的马其顿又重新陷入分裂中。

佩尔迪卡斯如愿以偿，成了下马其顿国王。下马其顿处于沿海平原地区，自然条件优越，佩尔迪卡斯运用灵活的外交手段，加强和希腊人的往来，赢得了发展的机会，逐渐强盛起来。这时，他已把父亲要他们兄弟友爱相处的嘱咐弃之脑后，想吞并弟弟统治的上马其顿，重新实现统一。阿明塔斯治下的上马其顿，尽是山地，闭塞落后，阿明塔斯本人又软弱无能，为了求得安宁，他把自己的小儿子腓力送到当时正称霸希腊的底比斯去当人质，虽知他的哥哥要吞并他的国土，却毫无对付之法。他的大将莱克尔在这困难之时，背主求荣，投靠了佩尔迪卡斯。在佩尔迪卡斯兵临城下时，莱克尔打开了城门，结果，阿明塔斯二世做了俘虏，他的太子、腓力的哥哥逃到色雷斯。佩尔迪卡斯心满意足，宣布新的统一的马其顿王国成立，首都设在奥林修斯的培拉。然而，马其顿并没有真正统一，阿明塔斯的余部仍在上马其顿各地组织山地居民进行反抗，下马其顿的局势也不稳定，外面还有伊利里亚人和卡俄尼亚人的不断侵袭。马其顿仍在动乱中。

3. 人质生活：腓力因祸得福

这时，腓力，阿明塔斯的小儿子，未来的亚历山大帝国的奠基者，还在底比斯当人质，对国内的变故一无所知。腓力虽贵为王子，却并不是王位继承人，可能也不被父王宠爱，因此，15 岁就被送到异国他乡当人质。但是，因祸得福，三年的人质生活对腓力的未来事业，对他后来成为一个伟大的君主，起了不可低估的巨大作用。

腓力当人质的三年，正是底比斯称霸希腊的全盛时期。这给正处在学习黄金时期的腓力提供了极好的学习环境和条件。对于一个来自山地国家的孩子来说，希腊文明的吸引力是不可抗拒的。当然，腓力接触希腊文化不是从底比斯开始的，马其顿宫廷也已重视学习和培育希腊文化，但无可否认的是，就学习希腊文化而言，在底比斯和在马其顿是不可同日而语的。

更为重要的是，腓力在底比斯有幸得到一位伟大人物的关爱和教导，这个人就是底比斯民主派的领袖、希腊最富才能的军事家伊巴密浓达。伊巴密浓达在战术上所作的革新，他的不同于传统希腊的排兵布阵方式，他的集中兵力打击敌人最强一翼的战略思想，为腓力和他的儿子亚历山大的一系列军事胜利开辟了道路。腓力虽来自山区，却十分聪明伶俐，又有强烈的好奇心和求知欲，因此得到伊巴密浓达的喜爱。伊巴密浓达让他住在自己家里，做自己的贴身护卫。有伊巴密浓达的关照和教导，腓力迅速成长起来，他不仅学到了许多希腊文化知识，了解和熟悉了希腊各城邦的情况以及它们之间的矛盾和斗争，而且学到了当时最先进的战略战术。

三年人质生活使腓力从一个山区小孩成长为一个眼光远大、满腹韬略的人物。离开祖国三年了，底比斯并不是他的久留之地，他时时刻刻都在想方设法回去，伊巴密浓达十分清楚腓力的心思，他理解他这个特殊的护卫，并设法帮助他逃回马其顿。

4. 招兵买马：身份就是旗号

腓力单枪匹马回到马其顿，从乡民口中得知，他的祖国正处于动乱中，上马其顿已被下马其顿吞并。这个消息对他的打击太大了，他贵为王子，却突然无家可归了。他父母亲的安全也令他担心，惊慌不安中，又被乡民怀疑为奸细而遭到追打，无路可走时，被一队士兵包围，幸好领兵的指挥官认出了他是腓力王子，才解了围。这是一队上马其顿的士兵，领兵的叫安提柯，是腓力童年时的朋友。安提柯告诉他，他的父王阿明塔斯二世被掳到下马其顿首都培拉，做了他伯父的阶下囚，他的哥哥、王太子则逃到了色雷斯，他父王的手下大将莱克尔投靠了他伯父佩尔迪卡斯，安提柯的父亲也因护卫他父亲而牺牲了。当时，安提柯正在外执行任务，事变后，他召集了一些不愿归顺下马其顿的士兵，又招募了一些山民，组织了一支100多人的队伍，避开敌方军队，从北到南，深入下马其顿腹地，探听敌方的兵力布置情况，以便将来兵力壮大时，伺机进行攻击，没想到碰上了腓力王子。

腓力巧遇安提柯，好像是万能的神灵在帮忙，激起了二人决心恢复上马其顿的豪情壮志，年轻有为的王子使安提柯和他那不到200名的士兵看到了希望，而腓力则从这支小小的队伍看到了将来的千军万马。

腓力这时虽只有18岁，却老谋深算，他知道，现在首先要做的最重要的事，就是寻找一块合适的地方，安营扎寨，建立根据地，以便招兵买马，扩大队伍，训练新兵。经过几天的跋涉，他们来到一处重山环绕的山谷地，这里不仅风景优美，而且地势险要，易守难攻，正是建立根据地的好地方。

腓力大喜过望，决定在这里建立大本营。这块地方就是希腊北部的萨洛尼卡，腓力称之为“明珠”。腓力一面令人搭起简易的住房、开荒种地，一面加紧训练。同时，派人四下招兵买马，聘请能工巧匠，打制武器。

腓力王子回到马其顿的消息很快就传遍了各地，引起了很大的震动，不少年轻人闻风而来，阿明塔斯国王的旧部也纷纷来投靠小主人，商人自愿出钱为腓力的队伍购置武器，不到半年，腓力的队伍就发展成一支 4000 人的有骑兵、有重装步兵、有轻装步兵的装备精良、兵种齐全的军队。一个过去既无任何功劳，又没什么影响的 18 岁年轻人，竟有如此大的号召力，原因就在于他是王子。这在希腊城邦是不可想象的，是绝不可能的。这就是城邦制与君主制的区别，城邦制，特别是城邦民主制下的人民爱国主义的最高境界，是为祖国牺牲个人的生命，但这种牺牲绝不是为某个个人，而是为祖国、为自由、为民主。君主制下的爱国主义的最高境界，也是为

马其顿骑兵

祖国牺牲个人生命，但这里的为祖国是和为君主结合在一起的，忠君是君主制国家的最高道德要求。中国就是如此。马其顿虽受希腊影响，君主制却是东方的。从腓力不同寻常的号召力来看，君主制是深入人心的。

腓力既是王子也是战士，他用从伊巴密浓达那里学来的先进的军事知识训练他的士兵，使他的士兵成为一支骑兵、重装步兵和轻装步兵互相配合作战的队伍，他特别重视骑兵，这既是因为山区人民善于骑射，更重要的是他看出了骑兵在未来战争中的重要作用，用骑兵冲锋陷阵是腓力的创造，后来令人生畏的马其顿方阵，这时可能在腓力的思想中已有了初步的构想。

5. 初次交锋：双方打成平手

佩尔迪卡斯发现腓力招兵买马、集聚力量的动向，他虽看不起腓力，认为大局已定，毫无经验的腓力带领一些乌合之众，成不了什么气候，却仍然发兵去围剿萨洛尼卡。面对即将来到的敌方大军，腓力显示了他军事家的谋略，他深知，敌我力量悬殊，不能和敌人正面硬拼。同时，也不能让敌人知道自己的虚实。他没有在萨洛尼卡等待敌军的到来，只留下小部分部队，由安提柯统率，负责守卫“明珠”，自己则亲自率领大部分部队南下开辟新的根据地。这样既可吸引佩尔迪卡斯军队的注意力，解萨洛尼卡之危，又可壮大自己的力量。果然如腓力所料，腓力军队的活动吸引了佩尔迪卡斯，他已无心去围攻萨洛尼卡了。

腓力率兵翻山越岭，一路南下，沿途不断吸收新成员，壮大队伍。这次，腓力选择的新根据地，是在与色雷斯接壤的塞新尼替斯湖畔，这里靠近爱琴海，西接希腊，东临小亚细亚，水陆交通便利，气候温和，物产丰富。快到塞新尼替斯湖时，腓力的部队已是一支万人大军了，而且，由于士兵大都是山地青年，个个剽悍敏捷，人人精于骑射，部队的战马都是有名的色雷斯马，矫健异常。这支万人大军，在腓力的训练下，已是一支战斗力很强的队伍了，其中有 5000 重装兵、3000 轻装兵和 2000 骑兵，部队士气高昂，但毫无作战经验。因此，要用这样的队伍对付佩尔迪卡斯训练有素、作战经验丰富的数万军队还是十分困难的。临近塞新尼替斯湖时，腓力格外小心。一路顺利，没有受到敌军的阻击，他害怕老奸巨猾的佩尔迪卡斯在搞什么阴谋诡计。腓力没有贸然进入湖区，而是在湖区外扎营，修筑工事，以防不测，同时，派人到湖区探听虚实。

腓力的担心是正确的。第二天，佩尔迪卡斯的三四万大军从四面八方压过来，把腓力的军队团团围住。面对强敌的围攻，腓力虽是第一次指挥作战，却镇定自若，从容布置，主帅的无畏精神感染了士兵，慌乱情绪一扫而空。腓力安排2000名射手在新修的工事中，准备随时向敌人投掷标枪；2000重装步兵全副武装，随时向敌人冲杀；2000名轻装步兵作好准备，随时进行接应和援助；包括骑兵在内的剩下的2000人作为预备队。

然而，敌人却突然停止了进攻，而在腓力营寨周围修建工事，安营扎寨，好像要不费一兵一卒困死腓力的军队。这是很厉害的一招。腓力看出形势对他很不利，他一面严阵以待，一面安排几个战士作好突围的准备，抓住机会冲出去，以腓力的名义向色雷斯或附近的其他城邦求援。

果然，佩尔迪卡斯是要不战而屈腓力之兵，他派人给腓力送来了劝降信，被腓力一口拒绝。腓力决定主动出击，打击一下敌人的气焰。黄昏时，腓力的重装步兵像下山猛虎似的冲向敌阵，和敌人展开近身肉搏。由于腓力军队的攻击迅速突然而又凶猛，敌军被打了个措手不及，伤亡惨重，但这样的靠个人勇敢的拼杀，不能持久，腓力见目的达到，立即下令收兵。

第二天清晨，佩尔迪卡斯又派人送来劝降信。腓力赶走送信人，全副武装，跨上战马，来到阵前，只见对方阵营里也拥出一人，正是自己的伯父佩尔迪卡斯。仇人见面，分外眼红，腓力举枪就要向他投去，却见他身旁又出现一人，被绳索捆绑在马上，嘴也被堵塞。腓力一见此人，大吃一惊，大叫一声“父王”，举起的手也放了下来。阿明塔斯看见自己的儿子，不能说话，老泪纵横，徒然地在马上挣扎。佩尔迪卡斯得意地扬声大笑。三人本是一家人，如果是普通人，自然会和睦相处，不幸的是，他们是王家成员，为了权力，只能在战场上死命相搏。腓力明知，佩尔迪卡斯是用自己的父亲来扰乱自己的神志，却仍忍不住领兵冲向敌阵。这正中敌人之计，佩尔迪卡斯的数万重装步兵立即冲上阻击。腓力见敌军压过来，立即清醒了，知道硬拼不是敌人对手，他一面拼命抵抗敌人的冲击，一面命令骑兵队长帕米尼欧率领建立不久的2000骑兵，从侧面向敌军发动进攻。佩尔迪卡斯没有想到，腓力会有这样一支训练有素的骑兵队伍，被打了个措手不及，不得不分兵抵抗。腓力随即下令收兵，佩尔迪卡斯感到自己低估了腓力的兵力，也没敢追击。这一仗算打了个平手。

这一仗使双方都感到对方不好对付。腓力深感自己的力量还太单薄，无法和敌人对抗。佩尔迪卡斯则觉得自己对腓力估计不足，没想到腓力这支刚集合起来的乌合之众，竟如此勇猛善战。不过，佩尔迪卡斯相信，只要坚持围困下去，饿也会把敌人饿垮了。但是，一件意外的事破坏了他的如意算盘。在夜色的掩护下，一个被俘的腓力士兵趁敌人看守不严，在佩尔迪卡斯的粮仓放火，大火冲天而起，军营中一片混乱。腓力乘机率兵冲杀。佩尔迪卡斯不仅粮仓全部被大火烧毁，兵员也伤亡不少，不得不下令拔营撤退。这样一来，腓力刚刚建立的军队才得以避免大的伤亡，保存下来。

但是，腓力派出去求援的人带回来的却都是坏消息。流亡到色雷斯的阿明塔斯王子害怕求援会引起色雷斯人的不快，影响他的清静生活；伊庇鲁斯国王答应出兵，但不是现在，而要耐心地等一段时间，因为伊庇鲁斯距培拉不远，他害怕佩尔迪卡斯报复。求援不成坚定了腓力靠自己来挽救上马其顿的决心。不过，也有一个好消息，驻守萨洛尼卡的安提柯派一队士兵给他送来了粮饷。

6. 亲情陷阱：腓力痛失生母

腓力知道，他现在的首要任务还是积聚力量、扩大和训练队伍。他率领部队在塞新尼替斯湖湖区驻扎下来，一面招兵买马，一面加紧训练。队伍在不断壮大，下马其顿人和附近的色雷斯人纷纷来投奔，安提柯在北方也以腓力的名义扩大队伍，并不断把新兵送到湖区来，以便接受统一的正规训练。经过两年的努力，湖区的部队人数已增加到 4 万，加上驻守萨洛尼卡的队伍，共有 8 万人。根据地也不断扩大，湖区西北方的培加城也被腓力控制。特别重要的是，腓力的士兵已不是单纯靠个人勇敢作战了，而是一支经严格训练，军纪严谨、兵种俱全（还没有海军）、能按当时最先进的方阵配合作战的战斗力极强的部队了。

在腓力的力量日益壮大、蒸蒸日上之时，佩尔迪卡斯的势力却有江河日下之势，由于他朝秦暮楚不守信义，希腊各城邦已没有肯为他出力的了，马其顿人也心向腓力，而对他不怀好感，他已很不得人心了。他自己虽刚过50岁，却由于纵情酒色，也已身老力虚，感到力不从心了。现在，他对付腓力的唯一筹码，就是腓力的父母在他手里，他要利用这一筹码来挽回不利的局面，逼腓力就范。他一改对腓力父母的态度，处处关心起他们来了，他想用这种办法来软化他们，并通过他们来劝诱腓力。他的这一手，对他软弱无能的兄弟阿明塔斯还真起了作用，阿明塔斯真有些乐不思蜀了，但对阿明塔斯的妻子、王后雷蒂却毫无作用。雷蒂性格坚强，对腓力十分疼爱，知道佩尔迪卡斯要用他们夫妻来对付腓力，根本没有什么兄弟之情。佩尔迪卡斯还迷恋上了雷蒂的美色，心怀不轨，想一箭双雕，既要挟腓力，又霸占雷蒂。

一个新的阴谋在佩尔迪卡斯心中形成了。他要带阿明塔斯夫妇去塞新尼替斯湖见他们的儿子。雷蒂想儿心切，想到不久就可见到心爱的已有5年没见的儿子，十分高兴，答应见面时会劝劝儿子。佩尔迪卡斯发此善心，一方面是想让雷蒂去感化她儿子，另一方面是要在腓力不听劝告时，乘机杀死他。后者是佩尔迪卡斯发兵塞新尼替斯湖的主要目的。他让卖主求荣的上马其顿降将莱克尔负责埋伏重兵，在必要时射杀腓力。

佩尔迪卡斯再一次率领大军来到塞新尼替斯湖，并在湖区外扎下营盘，然后，把阿明塔斯夫妇请进了自己的大帐。第二天，他令人给腓力送去一封信，告诉他，他的父母已来到湖区，他在军中设宴，招待腓力和他的父母，腓力必须单身赴宴，不准带卫兵。腓力虽知这是个圈套，却因思母心切，也顾不了那么多了，他让人给佩尔迪卡斯传话，他准备去，但只见父母，和佩尔迪卡斯无话可谈。

为了防止佩尔迪卡斯突然袭击，腓力作了一些必要的安排，他派了一支队伍到敌人的后面，在敌人有异动时，从后面发起攻击，同时，令骑兵队长帕米尼欧率领骑兵紧随在自己身后不远，随时准备冲上去保护自己。虽然这样安排并不能完全保证自己的安全，但为了见到日夜思念的母亲，腓力不得不冒险单身匹马来到双方营帐之间。莱克尔迎了上来，邀请腓力王子进营，说他父母和佩尔迪卡斯正在大帐等候。腓力拒不进敌营，表示他不是来见佩尔迪卡斯的，他只想见自己的父母。莱克尔只好回去报告。不一会儿，莱克尔又出来了，后面还跟着两辆华丽的车。莱克尔驱马上前，指着身后的车辆说："腓力王子，国王和你父母都来了，坐在前面车里的就是你父母。"腓力立即不顾一切向车奔去，还没奔到跟前，就从车后连珠般射过来一阵冷箭。帕米尼欧见势不妙，立即冲上去救援，用自己的身体挡住了一些冷箭，但事情发生得太快、太突然了，腓力的胸口和腿上都中了箭，埋伏的敌兵一冲而上，帕米尼欧急忙把腓力抱上马背，冲出了包围。雷蒂见儿子中箭，跳下车扑向腓力，结果中箭身亡，阿明塔斯好像吓昏了，竟坐在车里，一动未动。

这一次，佩尔迪卡斯仍一无所获。他的军队在帕米尼欧的骑兵和埋伏在他后面的腓力的轻装步兵的攻击下，并没得到什么便宜。他原以为百无一失的计划完全落空了，既没活捉或杀死腓力，又失去了想霸占的雷蒂，打下去也不会有好结果，只好下令撤兵回培拉。

腓力箭伤虽无大碍，但心爱的母亲身亡，却使他痛彻心骨，一病不起，在床上躺了两个多月。病好后，腓力进一步加紧建设根据地和训练部队。他心爱的谋士阿底曼图斯这时提出来，要到雅典去求访名师，学习天文地理。他在佩尔迪卡斯大军来时，曾说腓力去见父母时，会刮大风，结果，没有刮风，差一点误事。他感到自己的知识不足，因此要求去学习，以便将来更好地为腓力效力。腓力深知人才对他事业的重要性，不仅答应了阿底曼图斯，而且派人四处发招贤告示，招纳人才。到这一年的冬天，腓力已控制了马其顿 1/3 的地区，而且从东北山区到东南部的塞新尼替斯湖区连成了一片。但佩尔迪卡斯仍控制着马其顿大部分地区，特别是重要的沿海地区，他虽累战累败，损失惨重，却仍有数万精兵，还有一支海军，控制着沿海一带。腓力要彻底打败佩尔迪卡斯，就必须有一支海军，这样才能切断其海上交通线，夺取其首府培拉。

正在腓力苦于没有海军无法进一步发展之际，腓力在底比斯的生死之交尼阿丘斯，得知腓力已在马其顿建立了根据地，拥有一支相当大的军队，估计腓力要取得最后胜利，非得海军不可，为了助老朋友一臂之力，他变卖了在小亚细亚做生意赚下的全部家产，在开俄斯岛上用重金招募了 500 多名水兵，建造了十多艘战船，稍加训练，就起航向腓力根据地开来，到距斯特赖梦湾不远的雷姆诺斯岛时，尼阿丘斯决定在这里驻扎一段时间，训练休息一下，再继续航行。

7. 联合行动：准岳父的加盟

位于马其顿和色雷斯沿海地区的斯特赖梦湾，曾一度由雅典控制，现在成了各种势力都想夺取的兵家必争之地。波斯、雅典、色雷斯、马其顿的佩尔迪卡斯和腓力都十分垂涎这块连接东西方的军事要地，必欲得之而后快。这里战云密布，有一触即发之势。

伊庇鲁斯也想染指斯特赖梦湾。伊庇鲁斯是一个山国，西靠爱奥尼亚海，东南与希腊相连，东北与马其顿和伊利里亚接壤，首都设在近海城市安布景喜阿。国王布多隆姆由于遭到北部山区部落的联合反抗，很想和一个强大可靠的外部势力结盟，统一全国，并向外发展。希腊各城邦内战不断，自顾不暇，下马其顿的佩尔迪卡斯不讲信义，又野心太大，只有马其顿的腓力虽羽毛未丰，却已是一股不可小看的势力，而且腓力曾派人来伊庇鲁斯求援，布多隆姆虽没有答应出兵，却也没拒绝，因此，布多隆姆决定和腓力联合。为了向腓力表示自己的诚意，他决定出兵帮助腓力夺取下马其顿北部重镇、首都培拉北边的屏障美敦尼城，并派人通知腓力，请求腓力出兵援助，共同对付佩尔迪卡斯。

布多隆姆亲自率领一万大军，离开安布景喜阿，向东北方向进发，绕过平都山再折向东，经十天跋涉，到达下马其顿北部的奥林匹斯山。与此同时，色雷斯奥德里西人的国王西塔尔西斯也率领大军，前来攻打佩尔迪卡斯和归附于佩尔迪卡斯的色雷斯卡尔西斯人。西塔尔西斯向佩尔迪卡斯发出了最后通牒，要他放弃对卡尔西斯人的支持，否则，奥德里西人将立阿明塔斯王子为马其顿国王，并派兵支持他打回马其顿。佩尔迪卡斯陷入了四面楚歌的境地，雅典已转而支持色雷斯，腓力的势力正在日益壮大，现在又有两支大军压境。在这种情况下，心灰意冷、忧心忡忡的佩尔迪卡斯，叫来了儿子阿基拉斯，让他继承王位，率军去抵抗各路敌人。但是，阿基拉斯并没率兵出征，而是在培拉大搞登基庆贺活动。

腓力见到布多隆姆的信使后，十分高兴，夺取美敦尼，是他求之不得的。只要攻下了美敦尼，培拉就唾手可得。腓力虽对布多隆姆的诚意还有所怀疑，但感到虽有风险，却机不可失，毅然决定亲自率领一支包括有重装步兵、弓箭手、骑兵等兵种的大军，前去援助布多隆姆。为了不误战机，腓力率军日夜兼程赶往美敦尼。

但是，腓力的军队还是来晚了一步。布多隆姆率领的军队已到达美敦尼附近的山谷多日，却不见腓力的军队到来，也没有腓力方面的消息，长此等下去，暴露了行踪就危险了。因此，布多隆姆决定不等腓力，自己单独攻城。

美敦尼地势险要，背靠奥林匹斯山，东临德密湾，修建了坚固的城墙，城墙四角有四个塔楼，环城还有深深的壕沟，壕沟里被引进了海水。整座城市固若金汤。负责守城的是佩尔迪卡斯的心腹大将桑达西斯，在老国王退位后，他没有把新国王阿基拉斯放在眼里，在美敦尼为所欲为，自认为美敦尼有 2 万驻防大军，城池坚固，万无一失，因此，放松了警卫，夜间城墙上的塔楼有时竟空无一人。这给了布多隆姆可乘之机。

布多隆姆没有在白天进行强攻，而是在夜晚偷袭。他的军队在夜色的掩护下，来到城西隐蔽起来，城内毫无动静，塔楼里也没有发现站岗放哨的士兵。布多隆姆立即派一百多人带着软梯和绳索，悄悄地冲过去。他们利用软梯爬过了城壕，接着又攀登上了城墙。城内仍然没有动静，进入城内的士兵很快就把西城门打开了。布多隆姆一见城门打开了，便带领部队越过壕沟，冲进城里。这时，守城的士兵才被喊杀声从睡梦中惊醒过来，不知发生了什么事，赤身裸体，抱头鼠窜，布多隆姆的军队轻易地就占领了城墙上的塔楼和西城门。但是，由于天黑，也不知敌人虚实，布多隆姆不敢深入城内。在布多隆姆集合队伍时，桑达西斯便已组织好士兵反攻过来。布多隆姆见敌人人多势众，便令一部分士兵坚守塔楼，自己带领大部分部队往西门撤退。谁知桑达西斯已派人在城外阻击，封死了西城门的出路。布多隆姆知撤退无望，便令部队坚守塔楼和西门城墙，双方形成对峙局面。

但是，这种局面是暂时的，布多隆姆的军队被围在城的一角，如果没有及时的外援，是无法坚持下去的。

在这种危急关头，布多隆姆年方二八的爱女奥林匹娅斯挺身而出，自告奋勇，带两名士兵冲出去求援。奥林匹娅斯和两名士兵在夜色和滂沱大雨的掩护下，用软梯滑下城墙，依靠几根木头，从壕沟里游到海边，找到了赶来的腓力队伍。

天亮后，桑达西斯不断发起猛烈的进攻，布多隆姆一面利用居高临下的地理优势，身先士卒率军坚守，一面用公主已冲出城、援兵很快就会到来来鼓舞士气。战斗持续到第二天深夜，塔楼和西城门虽没失守，但布多隆姆的士兵已伤亡过半，形势万分危急。这时，腓力的大军赶到了，和布多隆姆会合后，腓力让布多隆姆用带火的箭头射击城里的房屋，使城里大火弥漫，人心恐慌；腓力自己则率领他训练的重装步兵和骑兵，以坚不可摧的方阵向敌军冲击。桑达西斯在腓力方阵的攻击下，节节败退，只有招架之功，毫无还手之力，军心大乱，一些人放下武器，投降了，一些人逃跑了，桑达西斯也只好放弃美敦尼城，狼狈地率兵撤退了。

战斗结束后，腓力和布多隆姆进行了亲切友好的会谈，两人除互表敬意和联合的诚意外，还商讨了重建美敦尼的计划，他们决定先为房屋被烧毁的居民盖一些简易房，并发放粮食。布多隆姆给腓力引见了他既机智勇敢又美丽动人的女儿奥林匹娅斯，腓力虽见过她，却不知她是个女孩，现在一见，既为她的美貌心动，也因她的勇敢而生敬佩之情。后来，这个伊庇鲁斯国的公主成了马其顿王国的王后、腓力的妻子、亚历山大的母亲。

腓力虽心仪奥林匹娅斯公主，却无暇在这里和她谈情说爱，也没有时间在这里主持重建美敦尼和安抚这里的居民，他必须赶往斯特赖梦湾，因为那里战云密布，战争一触即发。腓力要尽一切能力，掌握战争的主动权。他留下了1.5万名士兵，由自己的贴身侍卫率领，负责美敦尼的城防和建设，自己率领5000骑兵奔向斯特赖梦湾。

8. 激烈的一战：重镇爱昂入手

斯特赖梦湾的爱昂城曾是提洛同盟成员，现在是下马其顿的重镇，有5万士兵驻守，但士兵成分复杂，除马其顿人外，有来自希腊的雇佣军，还有不少色雷斯的山民和沿海的卡尔西人，驻军统帅是来自希腊的雇佣军首领托力斯斐尼。

托力斯斐尼十分清楚，各种势力都在力图抢先夺取爱昂城，以便控制斯特赖梦湾，若无外援，他是无力独守孤城的。他先是向他的母邦雅典发出了求援信，后来又派人去培拉求援。去培拉的信使被腓力堵截了。雅典应托力斯斐尼的请求，派海军将领泰苏尼德率领一支由30艘战舰和1万名重装步兵组成的海军，前来支援，但开到斯特赖梦湾，便停了下来。泰苏尼德害怕孤军深入，会遭不测。因为色雷斯国王西塔尔西斯以保护他的同胞卡尔西斯人为名，率领 8 万大军，已抢先占领了塞新尼替斯湖东南的入海口安菲波利斯。腓力则兵分两路，一路由帕米尼欧率领，有 2 万名骑兵和轻装步兵，从塞新尼替斯湖西南的培加城出发，大摇大摆地直奔斯特赖梦湾。这是腓力的疑兵，用以迷惑敌人，掩盖自己的真正实力。另一路由腓力亲自率领。他从美敦尼率 5000 骑兵赶来时，占领了博尔布湖波密斯卡和奥隆等地，随后，他在波密斯卡聚集了一支有 3 万名士兵的军队，其中包括 2 万名重装步兵、不多的骑兵和刚刚建立起来的 5000 名海军。腓力的计划是，以帕米尼欧的军队吸引敌人注意力，等待时机，上下夹攻，夺取爱昂城。

然而，百密必有一疏，腓力刚建立的海军被雅典人发现了，泰苏尼德未费吹灰之力就把腓力的这支舰队摧毁了，大部分士兵不是被俘，就是被乱箭射死，没被击毁的十多艘满载给养的船只，被雅典的大型战船作为战利品带走了。这是腓力带兵以来遭受的第一次沉重打击，眼看着自己辛辛苦苦建立起来的海军，就这样毁于一旦，腓力十分痛心，同时，也深感雅典海军力量的强大。没有海军，就无法接近爱昂城，腓力为此非常苦恼，想不出对策。

雅典战船

就在腓力的海军被雅典人歼灭之时，色雷斯国王西塔尔西斯开始攻打爱昂城。他想抢先攻占爱昂城，然后扶立正在自己营中的阿明塔斯王子为马其顿的国王，自己就可名正言顺地控制马其顿。他认为，爱昂城只有5万守军，而且成分复杂，还有不少自己的同胞在内，说不定自己攻城时，他们还可能倒戈，做自己的内应，自己以8万大军，攻打这样一个城市，还不是手到擒来，易如反掌。但是，完全出乎他意料，他的色雷斯战士一次又一次的凶猛进攻，被托力斯斐尼一次又一次地打退。

托力斯斐尼是个老奸巨猾、经验丰富的统帅，并不是那么不堪一击的。第二天，浓雾遮天蔽日，托力斯斐尼心生一计，派出一支队伍，佯装是城内的色雷斯人，来投靠西塔尔西斯。色雷斯战士信以为真，扑上前去迎接，却被迎面而来的飞箭射中，纷纷倒地，军队乱成一团。随后，当一批真的对托力斯斐尼有异心的色雷斯人来投奔时，却被色雷斯战士杀得片甲不存。色雷斯人发现杀错了时，已是尸体遍野了。这使色雷斯人的士气受到极大的打击，西塔尔西斯气急败坏，后悔自己太低估敌人了，自己太冒失了。

这时，腓力的3万大军也利用浓雾的掩护，来到了斯特赖梦河河口，爱昂城就在对岸，但由于腓力的船只大都被雅典人毁掉了，只有几只小船，很难一下子把腓力的军队渡过河去。正在为难之际，腓力的老朋友尼阿丘斯率领他的不大的舰队，也跟踪到了这里。腓力又多了一位好助手，又有了一支海军、一批战船。腓力来不及和老友叙谈离别之情，抓紧时间利用这天赐的船队运兵过河。有了这支船队，一切顺利，不一会儿，腓力的大军就全都过河，集中到了爱昂城下。

城中对托力斯斐尼不满的色雷斯人，见有机可乘，放火烧了粮仓，破坏了军械库。腓力见城中火起，立即下令攻城。同时，派人通知帕米尼欧，让他采取行动，吸引西塔尔西斯的注意力，牵制他的兵力。正当腓力的士兵争先恐后、冒死向城墙上攀登时，托力斯斐尼一面指挥军队拼死抵抗，一面令人开闸放水。这是托力斯斐尼救命的一招，也是腓力没有预见到的一招。原来，爱昂城的壕沟又深又宽，海水引入多少可由闸门调节。闸门一打开，滔滔海水汹涌而来，顷刻间，爱昂城成了被海水四面环绕的孤岛，攻城的士兵都陷于齐腰深的大水中，爬上城墙的士兵纷纷中箭落水。腓力和尼阿丘斯急忙用船只和战马把士兵转移到地势较高的山坡上，人和马都累得精疲力尽。幸好托力斯斐尼忙于扑灭城内大火，无法抽出兵力来反攻，否则，腓力的损失可就大了。

但是，腓力并没因这一挫折而削弱攻城的决心，他知道，不能给敌人喘息的机会，必须一鼓作气才能攻占这座城市。因此，在城内士兵刚扑灭大火、人困马乏、夜深人静、正在休息之际，腓力果断地派一队轻装步兵再次出击，由于敌人疏于防范，这队士兵顺利地攀登上了城墙，打开了西城门，腓力大军随即一拥而入，顺利地占领了城垛，控制了西门。这时，托力斯斐尼正在东门和西塔尔西斯的大军展开激战。原来，爱昂城被困多日，粮仓又被烧毁，给养断绝，一些士兵靠夜色的掩护，从东门出来抢粮，碰到正来攻城的西塔尔西斯大军，被杀得落荒而逃，只有一小部分逃回了城，西塔尔西斯一直追到东门，开始从这里攻城。托力斯斐尼陷入腹背受敌的境地，他知道，以他现在的力量无法再支持下去了，母邦雅典派来的援军至今不见踪影，培拉方面毫无消息，再打下去，只有死路一条，唯一的出路就是投降。投降谁呢？当然不能投降色雷斯人，腓力是马其顿王子，年轻有为，向腓力投降是最好的选择。托力斯斐尼在得到部下将领的同意后，率领 3 万多人的残部，来到西门，投降了腓力。

这时，西塔尔西斯已攻占了东门，腓力立即和托力斯斐尼率部赶往东门堵击，双方在这里形成了对峙局面。腓力不愿在城内混战，造成居民生命财产的重大损失，而西塔尔西斯则因他的大部队还在城外，对腓力和托力斯斐尼的兵力心存畏惧。正在腓力考虑下一步如何行动时，西塔尔西斯把随军带来的阿明塔斯王太子推到阵前，让他劝腓力退兵，放弃爱昂城，交换条件是把王位让给腓力。腓力看着自己软弱无能的哥哥，又心痛又恼恨，想到自己刚开始的事业，便坚决地回答说："哥哥，你为什么这样软弱，听西塔尔西斯摆布。我不但要夺取爱昂，还要夺取培拉。"西塔尔西斯急忙站出来威胁说："你不要你哥哥的命了？他是死是活，就看你一句话。"腓力气得说不出话来。他也无话可说，因为他既不愿自己的哥哥死在自己的面前，也不能放弃爱昂城。阿明塔斯见腓力不语，知道弟弟不会屈服，转身拔出了西塔尔西斯的宝剑，自刎而死。腓力想不到软弱的哥哥会有如此刚烈的行动，悲痛欲绝，放声痛哭。西塔尔西斯也没料到阿明塔斯会有这样一招，自己在他身上所做的一切全都白费了。恼怒中，西塔尔西斯不顾一切地下令进攻。腓力忍住悲痛，组织反击。由于敌人的主要兵力还在城外，腓力采纳了托力斯斐尼的建议，开闸放水，西塔尔西斯在城外正集结待命的部队，突然陷入齐腰深的大水中，乱作一团，城门上的士兵看见城外的情况，也军心大乱，无心作战。西塔尔西斯见大势不妙，只好下令撤退。

在西塔尔西斯撤退时，腓力一面在后紧追不舍，一面令人通知帕米尼欧在前面堵截。在腓力方阵军的攻击下，西塔尔西斯的军队被打得溃不成军，8 万大军只有 4 万人逃回了色雷斯。

其实，腓力并没有对西塔尔西斯穷追猛打，而是听任他逃回去，因为腓力的目的只是把他赶回色雷斯，不让他干涉马其顿的事务。腓力现在要集中力量对付下马其顿国王阿基拉斯，夺取培拉城，统一马其顿。

9. 攻取培拉：落魄王子成功逆袭

为了早日完成统一大业，腓力把他的大本营从培加搬到了爱昂，并把各路大军都调集到这里，进行冬训，同时，让尼阿丘斯负责建设海军，不惜用重金建造大型战船，并在沿海地区招募海军士兵。他深知海军的重要，只有有一支强大的海军，才能有更大的发展。强大的雅典海军歼灭自己海军的一幕给他留下的印象太深刻了。

一切都准备好了，腓力决定打破惯例，在冬季攻打培拉城，以便尽快地统一马其顿。

下马其顿国王阿基拉斯登基以来，除了享乐外，没有为危急中的国家做任何事，在腓力大军兵临城下时，他既无力抵抗，也不愿弃城逃亡。他过惯了花天酒地的生活，寄人篱下的生活是无法忍受的。于是，他向臣民发表了他第一次也是最后一次的讲话，他让臣下打开城门，去投奔新主人。众人纷纷离开他，去打开城门，迎接腓力进城。只有一位侍奉了他父子两代国王的老仆人站在他身边，这个老仆悲伤地看着这个不争气的主人，拔出匕首，刺入了他的喉管，然后自刎而死。

培拉城就这样不战而下了，马其顿也没有可与腓力争夺王位的人了，阿明塔斯王子死了，阿基拉斯现在也死了，腓力成了无可争议的唯一王位继承人。这里显示了世袭君主制的一个特点，人民习惯于在君主后裔统治下生活，因此只要是君主后裔，保持政权是比较容易的，不是君主后裔的人是很难篡位的。

马其顿统一了，腓力成为新的马其顿国王已是众望所归、理所当然的了。公元前 359 年，23 岁的腓力正式登基为王，称腓力二世，首都设在下马其顿的培拉。腓力虽是上马其顿人，但他的目光早就超出了上马其顿，甚至超出了马其顿，因此，他没有把首都设在他落后闭塞的故乡上马其顿。登基大典十分隆重，有许多国家的使节和王公贵族应邀参加，其中有小亚细亚城邦伊萨斯、特洛伊、开俄斯岛、以弗所、米利都等的代表，有来自希腊城邦凯洛尼亚、特斯匹伊、西息温、科林斯和麦加拉的贵宾，还有来自马其顿邻国色雷斯、伊利里亚、伊庇鲁斯、色萨利的客人，甚至波斯帝国也派来了祝贺的使节。腓力手下的败将色雷斯南部的国王西塔尔西斯，也派人送来了贺礼——100 匹色雷斯良种马。培拉城宾客云集，热闹非凡，举行典礼的广场上，座无虚席，秩序井然。培拉城万人空巷，居民齐集广场，参加这一空前盛典，目睹他们的国王腓力二世的风采。

这是一次国际性盛会，来宾数量之多和其代表的国家之广泛都是空前的，显示了新的马其顿国家不可忽视的地位和影响。但也有一些国家拒绝参加，希腊最主要的国家雅典、斯巴达和底比斯就没派人来。这种不友好态度，是这些国家轻视或仇视马其顿的反映。它们仍抱着过去的观点，认为马其顿是蛮夷之邦，不愿意它强大起来。它们将为此付出惨重的代价，腓力是不会忘记他所受到的轻视的。

二、马其顿帝国：父亲留下的基业

1. 野心勃勃：专制君主的能量

腓力登基为王时，马其顿还不是个强国，它的西北边境还受到野蛮的伊利里亚部落的威胁，它也还没有一支像样的海军，海上的通道完全控制在雅典人手中。为了讨好雅典，它甚至把安菲波利斯割让给了雅典。在希腊人眼中，它仍然是个落后野蛮的国家，这也是雅典等国家拒绝参加腓力登基大典的一个重要原因。

但是，希腊人低估了马其顿，低估了腓力，低估了一个世袭君主国的臣民在一个雄心勃勃的杰出国王领导下所拥有的能量。

韦尔斯认为腓力“是个有雄才大略的人物，他的思想境界大大超过了他的时代的范围”。韦尔斯是对的。我们所要说的是，腓力的成功是特殊环境的产物。腓力出身于国王家，是个王子，这是他成功的前提条件，如果他不是王子，无论他有多大的能耐，他都不可能有那么大的凝聚力和号召力，不可能成为国王，最多成为一个统帅、一个军师、一个诸葛亮式的人物。

他的坎坷遭遇和他所受希腊文化的影响是他成功的基础。个人的成功是和个人的才能分不开的，而个人的才能又是和他所受的教育密切相连的。腓力年幼时就被送到异国他乡当人质，一个受父母疼爱的小孩，一个日夜被奴仆侍奉的小王子，突然远离父母，成为被人轻视的、失去人身自由的下人，成为别人的侍从，所受的打击是可怕的，心灵的创伤是常人难以忍受的。但就是这一人生的重大转折才造就了腓力这样一个人，这不仅因为，做人质这段生活锻炼了他的意志，使他成为一个坚韧不拔、发奋向上的人，而且因为在底比斯有更好的学习希腊文明的条件和环境，这对一个山区来的孩子来说，是非常难得的。更为重要的是，他在底比斯遇到了一个伟大人物、一个好导师伊巴密浓达。在某种程度上，可以说，腓力是伊巴密浓达战术思想的继承者。中国也有一个从人质到国王的伟大人物，这个人就是秦始皇。不同的是，秦始皇一出生就是人质，因为他父亲是人质。秦始皇也有个好老师——吕不韦，没有吕不韦就不会有秦始皇。这说明，艰苦的环境对人的成长有极其重要的作用。腓力在底比斯的经历，使他既有马其顿人的豪放，又有希腊人的机智，既有王家子弟的气质，又有普通平民的意识。

从底比斯逃回马其顿的意外遭遇和变故，几乎又一次使他陷入绝境，但同时又给了他一个机遇。他不得不走上一条武装复国的道路。正是在他从一个无家可归的落魄王子到马其顿国王的传奇经历中，在艰苦卓绝的大小战役的锤炼下，在发动和争取国人的支持中，在处理和外邦的复杂关系中，他逐渐成为一位杰出的军事统帅，一位眼光远大、足智多谋的政治家。

当然，腓力的最初目的，只是为报家破国亡之仇，只是为恢复上马其顿国家。但是，随着时间的推移，他的力量越来越大，他的欲望也越来越大。从他统一马其顿开始，从他登基成了腓力二世国王开始，他的目的就不仅仅是当马其顿的统治者，他要当巴尔干半岛的统治者，甚至要征服波斯，建立大帝国，做世界的统治者。

他有几个希腊城邦没有的优越条件，其中最重要的一条是，他是一个世袭君主国的国王，这使他拥有巨大的控制一切的权力和绝对的行动自由，正如他的希腊对手德摩斯提尼在他死后所评价的："首先，他对他的部下是至高无上的指挥官，这对于取得战争的胜利是至关重要的；其次，他可以随意支配无数金钱而不必经过任何讨论或公布，任何反对意见都无济于事。他实行绝对的专制而不对任何人负责，任何人都要服从他。"君主制战胜并最终取代民主制，这是个很重要的原因。作为一个伟大的民主斗士的德摩斯提尼十分无奈地说："而我作为他的对手，究竟有多少特权呢？根本没有！"

马其顿还有充足的人力资源并发现了一个金矿，这也是腓力实现他的理想必不可少的条件，只有人力资源充足，腓力才能组织起一支职业大军，专门从事征战，而不必让士兵回去种田放牧。金矿的发现则可解决经费的困难。还有一个非常有利的外部条件，马其顿兴起时，周围没有十分强大的力量。希腊被争霸战争搞得筋疲力尽、四分五裂，波斯从希波战争后就衰落了，一直没恢复过来。

2. 吐故纳新：大刀阔斧的改革

仅有实现理想的条件是不够的，如果没有腓力本人的过人才能和不知疲倦的努力，他的理想仍是无法实现的。腓力在统一马其顿后，为实现他的理想，在军事、行政和财政等方面进行了一系列重大改革。

他首先进行了行政改革。原来马其顿除国王外，还有贵族会议和公民大会，通过改革，虽仍保留了这两个组织，却成了有名无实的点缀，成为国王手中的没什么权力的工具。贵族的权力被削弱了，王权进一步加强了。这只有在马其顿这样的、刚从野蛮状态迈进文明社会的世袭君主国才能办到。

然后，他进行了财政改革。他针对当时希腊各邦用银币和波斯用金币的情况，采用金银复本位制。铸金币与银币并用，规定了金银币的兑换率。实行金银复本位，有利于同希腊、波斯之间的贸易和商业竞争。币制改革后，又进行了金银矿的开发，并发展传统的林业和农业，满足了军队对资金、装备和各种物资的需要。同时，进行了军事改革，建立常备兵制，组织起一支由职业战士组成的永久性军队，这支军队由重装骑兵（由贵族组成）、重装步兵（由农民组成）和轻装步兵组成，并在底比斯方阵的基础上，在总结过去的作战经验上，创造了马其顿方阵。这种方阵由重装步兵组成，比希腊方阵更纵深、更庞大，士兵用的矛更长，方阵的两翼有轻装步兵和骑兵配合、掩护。这种方阵把步兵和骑兵完整地结合在一起，成为一个运动和作战都互相配合、整齐划一的整体，就像一台不可抵抗的机器，重装步兵、轻装步兵和骑兵都是它必不可缺的组成部分。骑兵的作用被发挥到空前的地步，这一方面是由于马其顿人喜爱骑马，贵族习惯于在马背上作战，另一方面是由于骑兵有步兵达不到的机动灵活性，骑兵纵队的冲击力几乎是不可阻挡的。腓力的军事改革不仅使马其顿拥有当时最强大的武装力量，而且把作战艺术提高到一个新的阶段。

通过这一系列改革，马其顿的国力极大地增强了，和希腊各邦不同的是，它的一切财力、物力，它的全部军事力量，都是处于国王腓力二世一人控制下，因此，它的强大就更可怕、更具威胁性。它的各邻邦都忧心忡忡，不知腓力的下一步行动会不会损害自己国家的利益和安全。马其顿已不是被人轻视的蛮夷小国，而是令人畏惧的强国了。

腓力虽把权力都集中在自己手中，却也给他的几个得力助手一定的权力，让他们充分发挥自己的才能，尽力为他工作。他们中最重要的有安提柯、尼阿丘斯、阿底曼图斯、帕米尼欧和托力斯斐尼。安提柯是他儿时的伙伴、起兵时的得力助手和军需官，现在成了他的财政总监；尼阿丘斯是希腊人，是他在底比斯结交的生死朋友，现在是他的侍卫长；阿底曼图斯是占卜师，是他的军师；帕米尼欧是先王时代的老臣，是他的陆军大将；托力斯斐尼是雅典人，是爱昂城的降将，是位经验丰富的将才。这些人都是难得的人才，特别重要的是他们对腓力都非常忠诚。正是有了他们的鼎力合作，腓力控制的这架国家机器，才能有效地运转。

腓力进行改革的目的不只是使国家富强，而是称霸世界，他建立强大的军队，也不只是为了保家卫国。单纯的保家卫国是用不着马其顿这样庞大的军队的，腓力是要用这支军队去进行扩张，去打败不可一世的希腊，进而打败波斯，做世界的主人。

3. 征伐与联姻：大后方的巩固

腓力的对外扩张从巩固北方的边界开始。公元前 358 年，腓力派帕米尼欧率领以骑兵为主的 2 万人北征培奥尼亚，利用培奥尼亚人与伊利里亚人争夺王位的机会，以重金收买培奥尼亚人，然后集中兵力进攻伊利里亚人，大败自立为王的伊利里亚人阿尔高斯，俘虏了许多战俘，其中有一些是雅典人。为了麻痹雅典人，腓力无条件地释放了全部雅典籍战俘。这样，腓力二世第一次出兵就轻而易举地解决了北部边界的威胁，巩固了后方，为南下征服希腊解除了后顾之忧。

公元前 357 年，腓力与伊庇鲁斯的莫洛西亚人公主、年仅 16 岁的奥林匹娅斯结婚。奥林匹娅斯在美敦尼一战中的出色表现，曾使腓力十分惊奇，她的美貌也使腓力心动，奥林匹娅斯肯定也对腓力这位年轻有为的国王非常仰慕。两人的结合有互相爱恋的因素，但王家的婚姻向来以达到一定的政治目的为主，腓力的婚姻也不例外。在一定程度上，这次婚姻也是一次政治结盟，马其顿的西部边界得到巩固。

不过，腓力的这一婚姻对他产生了他没有预料到的巨大影响，这不仅是因为奥林匹娅斯为他生了个接班人亚历山大，而且因为这次婚姻的隐患成为后来家庭不和和腓力英年早逝的重要原因。奥林匹娅斯性格刚毅，有很强的控制欲和权力欲。作为王后，她虽不能要求腓力不接触其他女人，却希望腓力能将万千宠爱集于自己一身，奥林匹娅斯甚至想干预政务、控制腓力；而腓力也是个性格刚毅的人，他当然不会受妻子支配，而且，腓力所深爱的人并不是奥林匹娅斯，而是在底比斯一见钟情的一个商人的女儿杜波菲娅，虽很长时间没见了，却仍时刻都放在心上。

也许因为杜波菲娅是腓力困难中的初恋情人，在腓力的心目中，她是完美的化身，美如天仙而又气质高雅、仪态端庄。不过，那仅仅是一个少年的暗恋，腓力并没有向杜波菲娅表白，这么多年了，说不定杜波菲娅早已嫁人了。

但是，好像是老天有意要使腓力的婚姻出现问题，有一天，腓力竟意外地遇见了杜波菲娅的父亲。腓力真是喜出望外，急不可耐地向老人询问杜波菲娅的情况。原来老人的妻子已死，为了不使女儿受委屈，老人一直未另娶，同时给女儿请了当时希腊最有文化的诗人、哲学家做她的老师。由于杜波菲娅才貌出众，求婚的官宦子弟络绎不绝，但她心高气傲，对那些不学无术的纨绔子弟根本就不屑一顾，结果得罪了很多在当地有权势有地位的人。生意无法做了，也住不下去了，父女俩只好离开底比斯，移居小亚细亚。由于担惊受怕和旅途劳累，弱不禁风的杜波菲娅病了，而船上又缺医少药，没有得到及时的治疗。船队在海上漂泊了一个多月，才到达小亚细亚，杜波菲娅竟病得双腿瘫痪，再也站不起来了。

腓力听得心如刀割，忙问姑娘现在在哪里。老人说，他这次是从小亚细亚的米利都到这里来做生意，害怕杜波菲娅一人留在家里寂寞，所以把她带在船上。腓力立即要老人带他去见杜波菲娅，坦率地告诉老人他对姑娘的钟情，他一定要找最好的医生治好她的病。

腓力的真情表白感动了老人，老人十分高兴地把女儿托付给他。腓力的真情也赢得了杜波菲娅的爱。腓力在美敦尼城海边给杜波菲娅造了一座别墅，经常一整天都呆在她身边，对她关怀备至。杜波菲娅是个才女，有很高的希腊文化修养，腓力也酷爱希腊文化，两人在一起讨论诗歌、哲学问题，有说不完的情话，使腓力感到这是一种前所未有的享受，是一种和奥林匹娅斯在一起得不到的享受。腓力对杜波菲娅的宠爱，引来了奥林匹娅斯的嫉妒，给她和腓力的关系留下了不和的隐患。

腓力巩固了北部和西部的边界后，现在他要集中力量对付希腊了。马其顿的力量本来还不足以和整个希腊对抗，但如一盘散沙的希腊各城邦已无法联合起来，这给了腓力各个击破的可乘之机。腓力亲自率领 4 万大军南下进攻希腊的属地卡尔息狄斯半岛，借口是腓力统一马其顿时，卡尔息狄斯半岛曾出兵反对腓力。

卡尔息狄斯半岛上的安菲波利斯是个战略要地，是进入著名的潘高斯山金矿区的门户，是马其顿南下必取之地，原是雅典的殖民地，伯罗奔尼撒战争时被斯巴达夺取，后又被佩尔迪卡斯占领，但雅典一直没有放弃对它的主权要求。腓力在自己力量还不够强大和要集中力量巩固北部边界时，曾为了安抚雅典人，故意表示放弃对安菲波利斯的主权要求，并与雅典人签订了一个秘密协定：雅典不干涉马其顿攻占独立的皮德那城，马其顿为雅典夺取安菲波利斯城。这是腓力的欲擒故纵、先予后取之计。腓力果然在夺取安菲波利斯后，又把它移交给雅典，但腓力在城中扶植起一股亲马其顿势力。现在是重新夺取安菲波利斯的时候了。

腓力兵临城下时，希腊没有任何城邦派兵支援，安菲波利斯人民虽进行了英勇的抵抗，腓力仍在城内亲马其顿势力的配合下，很快就攻陷了该城。随后，马其顿大军又进而攻占了皮德那和波提狄亚。为了不把阿林提亚人推到雅典一边，腓力又把波提狄亚移交给他们。就这样，腓力用强大的武力和灵活的外交，把希腊北部、色雷斯沿海地区和卡尔息狄斯半岛西南部的狭长地带，牢牢地控制在自己手中。

4. 可乘之机：一盘散沙的希腊

马其顿的强大和它的对外扩张，在邻国引起了一片惊慌，雅典组织了一个反马其顿同盟，但这个同盟毫无作用，雅典虽有一支强大的海军，却动不了马其顿陆军的一根毫毛，甚至无法使自己的盟国免遭腓力的攻击，安菲波利斯的陷落就是例子。

马其顿大军进入卡尔息狄斯半岛，虽在希腊引起轩然大波，议论纷纷，却没有哪个城邦有具体的行动，一盘散沙的希腊已没有对付马其顿之策。中部希腊在马其顿大军节节南下时，仍在内部纷争不已，根本无暇顾及马其顿的威胁。

这时，在中希腊开始了一场被称为“神圣战争”的战争。战争的起因形式上是宗教纠纷，其实是利益冲突。公元前 355 年，中希腊的弗西亚贵族以武力占有了特尔斐神庙的土地和金库，中希腊各城邦，特别是底比斯，认为这是对阿波罗神的不敬行为，要求弗西亚人交纳罚金，否则就要向他们宣战。特尔斐是希腊最重要的圣地，是太阳神阿波罗的奉祀地，这里的神谕非常有名，希腊的许多事情都要由这里的阿波罗神谕决定。以底比斯为首的、包括有 12 个城邦的“邻近同盟”认为同盟有保

特尔斐神庙遗址

护特尔斐神庙的责任。底比斯人没有忘记，弗西亚人曾在公元前 371 年的留克特拉战争中站在斯巴达人一边，现在有机会惩罚他们一下了。弗西亚拒绝交纳罚金，中希腊联军便对他们宣战了。

战争就这样打起来了。“邻近同盟”除底比斯外，还有波俄提亚、罗克里斯和帖萨利亚等几个较大的国家，弗西亚人则有一支强大的雇佣军队伍，并得到了雅典、斯巴达和厄拉忒亚的支持。开始时，弗西亚人打败了中希腊联军中的帖萨利亚人，但随后却被波俄提亚人打败。公元前 352 年，腓力插手这场战争。他应底比斯人之请，利用帖萨利亚人内部的分化，打败了该国的暴君，占领了帖萨利亚。接着，又打败了弗西亚人，并乘胜占领了整个中希腊，随即又挥兵直奔中部希腊的门户提尔莫皮莱。腓力的扩张引起了雅典人的恐惧，雅典派出了一支远征军，占据温泉关。腓力不想立即和雅典发生冲突，率兵退回马其顿。

腓力的扩张政策，遭到雅典人德摩斯提尼的猛烈抨击。德摩斯提尼是雅典的大演说家和政治活动家，他在公元前 351 年发表了他的第一篇反对腓力的演说，指出马其顿是希腊各邦的大敌。他大声疾呼："雅典同胞们请看看，腓力这家伙已经狂妄到了何等地步！大家干什么不干什么统统由他批准！""他永不安于已到手的，永远想抓取更多的东西。他正在对我们铺罗设网，四面合围，而我们却还呆坐着不求应付！同胞们，你们究竟要到什么时候才能采取行动？"

德摩斯提尼的话，反映了一部分希腊人对腓力的态度和看法，有一点是对的，腓力的确"永不安于已到手的，永远想抓取更多的东西"。但是他攻击腓力狂妄也出于雅典人所固有的狭隘民族自豪感，有一种根深蒂固的认为其他民族都是没有开化的蛮夷的观点，世界只能由希腊人、特别是由雅典人作主，而现实已证明这是不可能的。

德摩斯提尼一生都在与腓力斗争，他前后发表了 8 篇反对腓力的演说，通称"痛斥腓力"。其中不少篇幅显示出德摩斯提尼敏锐的洞察力和高昂的爱国主义精神，但也在不少地方暴露出他的狭隘性。在他的一篇演说中，他是这样抨击腓力的："腓力这个人不但不是希腊人，不但和希腊人毫无同种关系，甚至也不是一个来自体面国家的野蛮人——不，他是马其顿的一个无法无天的人，在这个国家我们连一个像样的奴隶都找不到。"这里流露出希腊人那种已不合时宜的傲气。腓力是不是希腊人并不重要，马其顿人和希腊人同族，腓力也是个有很高希腊文化修养的人，马其顿已强大得使许多希腊人寝食难安的地步，有没有像样的奴隶又有什么关系。其实，正是希腊人的这种狭隘性使他们看不清世界的形势。

希腊人已无法靠自己的力量来解决自己的问题，他们中不少人寄希望于腓力，寄希望于马其顿，德摩斯提尼的政治对手伊索克拉底就是这一部分人的代表，他向腓力呼吁，要腓力把希腊联合起来。他把腓力看成是可以使混乱的希腊统一的伟大领袖。

甚至还有人求助于希腊人的宿敌波斯。公元前 350 年，底比斯因财政困难而向波斯国王阿尔塔薛西斯三世求援，波斯人本来就想插手希腊事务，因此给了底比斯人帮助。

5. 软硬兼施：马其顿的希腊策略

公元前 349 年，腓力再次出兵卡尔息狄斯半岛，进攻半岛的重要城市奥林图斯。奥林图斯本是一个强大同盟的领袖，由于斯巴达的不满，同盟瓦解了，这给腓力打开了方便之门。奥林图斯派使者向雅典求援并劝雅典人直接攻击腓力，雅典公民大会在德摩斯提尼的鼓动下，通过了派兵救援奥林图斯的建议。但是，腓力策划了一场优卑亚人与雅典人的战争，使雅典人无法及时派出援兵。公元前348年，腓力大军在奥林图斯叛徒的配合下，攻陷了奥林图斯城。腓力在进城后，对奥林图斯人进行了残酷的报复，把整个城市夷为平地，居民则卖为奴隶，奥林图斯的人和财产都被作为战利品卖了。他因此获得大量作战经费，有钱给战时表现勇敢的士兵金钱奖励。腓力这样严厉地对待奥林图斯是在向其他城邦发出警告：这就是反抗马其顿的下场！

腓力就这样以迅雷不及掩耳之势占领了整个卡尔息狄斯半岛，极大地震动了整个希腊世界，也震动了波斯。

为了向雅典表示友好，腓力释放了攻占奥林图斯所俘虏的部分雅典人，并向雅典人表示了和谈的愿望，这是腓力的一种远交近攻的策略，因为腓力现在要集中力量加强对色雷斯的控制，养精蓄锐以便进攻中部希腊。雅典公民大会欢迎腓力这一要和谈的表示，派出了一个包括德摩斯提尼、菲洛克拉底和埃斯希涅斯在内的十人代表团去马其顿议和。代表团中亲马其顿派的人物占多数，菲洛克拉底和埃斯希涅斯都是重要的亲马其顿派分子。公元前346年，根据菲洛克拉底提议的条件，雅典与马其顿签订了和约，即《菲洛克拉底和约》。根据这个和约，雅典人保留齐尔松尼斯等在北方的居民点，同意马其顿占有安菲波利斯和对卡俄尼亚的保护，雅典不得再支持弗西亚人。对于雅典来说，这是个丧权辱国的条约，公开承认了马其顿对雅典领土的霸占。

和约刚签订，雅典代表团还在返回途中，马其顿大军便再次兵临中部希腊门户提尔莫皮莱。这时，蒙在鼓里的雅典人还在劝说弗西亚人放下武器，把特尔斐神庙交还“邻近同盟”。马其顿人收买了弗西亚人的提尔莫皮莱守将法莱卡斯，法莱卡斯不作任何抵抗便投降了马其顿，腓力兵不血刃地占领了这个扼守中部希腊的隘道。当雅典人清醒过来时，提尔莫皮莱已在马其顿人手中，无法挽回了。就这样，马其顿成了“邻近同盟”的盟主，弗西亚人的城市被拆毁，还要按照“邻近同盟”的决定逐年返还他们夺走的特尔斐神庙的财产。这时，雅典的反马其顿派得势，派兵占领了温泉关。腓力不愿现在和雅典发生正面冲突，便暂时停止了南下进军。

腓力转而致力于巩固他在北方的统治。他一面加强对“邻近同盟”的控制，巩固他在中部希腊的领导地位，一面用武力镇压色雷斯人的反抗，把色雷斯的绝大部分合并为一个行省。同时，他用金钱广泛收买希腊各城邦的政客，插手各邦的骚乱，培植亲马其顿势力，为以后全面控制希腊创造条件。

6. 亲疏有别：希腊对马其顿的两种态度

面对强大的马其顿来势猛烈的扩张，希腊始终没能形成统一的意见，不少城邦出现了亲马其顿派。当年面对波斯的侵略，那种同仇敌忾、联合起来共同对敌的情景已一去不返了。雅典的两派越来越界限分明，斗争也越来越激烈。菲洛克拉底和埃斯希涅斯与腓力订立了和约，德摩斯提尼便要求将他们交法庭审判。

其实，两派的出现并不是由于一些政治活动人物的不同观点和主张，而是反映了各个阶层的不同地位和要求。工商业奴隶主中，那些与海外商业有密切关系者，要求保持雅典在海外的影响，继续占有通往黑海的重要商路，因此反对马其顿的扩张，他们成了反马其顿派的中坚分子；另外一些则认为，马其顿强有力的统治，可保持社会的稳定，有利于工商业的发展，因而拥护腓力，成为亲马其顿派。小手工业者和农民的态度是动摇的，他们希望保持国家的独立和民主制度，但又不愿纳税支持战争，不愿服兵役。无业游民的态度也是动摇的，他们要国家给予他们更多的津贴，而不希望国家把大量资金用于打仗，但他们又害怕，随着民主制度的丧失，他们会失去一切。

除城邦内部，由于严重的阶级对立和利益冲突而形成对马其顿的亲、反两派外，希腊各城邦之间错综复杂的矛盾，腓力二世的软硬兼施、打拉并用、老谋深算的手段也是出现对马其顿不同态度的原因。

亲马其顿派的出现是希腊城邦制衰落的反映，城邦制已无法解决国内的和城邦之间的激烈矛盾了，必须有新的制度和新的力量来取代它。亲马其顿派的领袖之一伊索克拉底就认为真正威胁雅典和其他城邦生存的不是马其顿，而是城邦内部的为数众多的无业游民和奴隶，只有建立一个强有力的政权才能有稳定的社会秩序和持久的和平，而这个强有力的政权的建立只能依靠腓力，依靠强大的马其顿。伊索克拉底不同于那些收取马其顿贿赂的亲马其顿派人士，他是个无可非议的爱国者，他的目的是要借马其顿之力复兴希腊，并在马其顿领导下，东征波斯，夺取东方的土地和财富，为此，他又一次上书腓力，希望他负起领导全希腊的责任，把希腊团结成一个整体，消除它们彼此的仇恨，领导它们进行对波斯的战争。伊索克拉底是想把希腊内部无法解决的矛盾，转移到对波斯的战争中去。

伊索克拉底的希望正合腓力之意，腓力就是要使希腊成为一个整体，就是要打败并征服波斯。不过，目的相同，达到目的的手段却不同。伊索克拉底希望腓力善待希腊，消除各邦之间的仇恨，腓力则是要尽力挑起各邦的矛盾和冲突，好从中谋利，他要用血与火把希腊结合成一个整体，奥林图斯被毁灭就是例证，他要成为希腊人的专制君主，而这却是伊索克拉底所不愿看到的结果。

腓力的最坚决的反对者德摩斯提尼看出了马其顿可能给希腊带来的危

德摩斯提尼胸像

害有多大。他在公元前 341 年发表了第三篇反腓力的演说，他指出："关于马其顿人的狡猾阴谋是毋庸置疑的，腓力所力求实现的唯一目标是劫掠希腊，夺去天然的财富、商业和战略据点。腓力利用希腊人中间的分裂和内讧作为达到他卑劣意图的手段。"他认为，雅典的民主宪法和公民政治自由具有巨大的力量。国家之所以衰微是因为公民关心社会事业和自我牺牲的精神已经消失，取而代之的是不纳税、不服兵役、只是一味希冀国家资助的欲望。他表达他保卫自由的决心："即使所有民族同意忍受奴役，就在那个时候我们也应当为自由而战斗！"

腓力在见到这篇演说词时，也禁不住称赞说："如果我自己听德摩斯提尼演说，也会投票赞成选举他当我的反对者的领袖。"

7. 得偿所愿：希腊的新霸主

德摩斯提尼那充满爱国激情的演说有巨大的说服力和感染力，雅典的反马其顿派占了上风，公民大会接受了德摩斯提尼的建议，决定派出使者联络友邦，共同对付马其顿。公元前 340 年，雅典、墨加拉、科林斯等城邦结成了反马其顿联盟。联盟得到了波斯的支持。

在德摩斯提尼受雅典委派出使拜占庭并得到拜占庭人的支持时，腓力也派人到拜占庭和皮林沙斯要求援助，但却遭到拒绝，腓力一怒之下，发兵围攻皮林沙斯，从而造成了对赫勒斯滂海峡和小亚细亚的严重威胁。波斯和雅典同时出兵支援皮林沙斯。腓力只好撤兵，转而围攻拜占庭。雅典又派海军支援拜占庭，致使腓力久攻不下，马其顿人的舰队又在海战中被雅典海军打败。腓力被迫撤除对拜占庭的包围，在公元前 339 年返回马其顿。这是腓力兴兵向外扩张以来遭受的首次重大挫折。波斯人公开表明了他们对马其顿的敌对立场，他们把大军开到赫勒斯滂海峡，扬言如果马其顿胆敢进犯，一定让它有来无回。雅典的反马其顿派也从这次的胜利中得到鼓舞，德摩斯提尼和他的朋友为增强雅典的军事力量而紧张工作，公民大会通过了关于改进公民承担制造军舰费用的分摊办法的决议和把用做观剧津贴的款项改做军费的决议。

但是，腓力并没有放慢他征服希腊的步伐，希腊各城邦之间接连不断的冲突给了他入侵的机会和借口。腓力利用中部希腊的又一次神圣战争，出兵占领了进入凯洛尼亚的咽喉厄拉忒亚，并劝说底比斯人一同入侵波俄提亚。

面对马其顿势不可挡的步步进逼，雅典做了巨大而又令人赞赏的努力，停止了和底比斯的争斗，和底比斯一起建立了一支反马其顿的希腊联军。联军以雅典和底比斯的军队为主，也还有其他一些城邦的军队，公元前338年，希腊联军和马其顿军队在凯洛尼亚城进行了一次决定性的战斗。双方参战的人数差不多，但缺乏团结一致的希腊联军难敌训练有素、行动如一人的马其顿军，希腊方阵也挡不住更强大、更灵活的马其顿方阵的冲击，底比斯人本是腓力的军事老师，马其顿方阵就脱胎于底比斯方阵，战斗的结果是学生打败了老师，希腊联军惨败，战死千余人，2/3的人被俘。腓力的年仅18岁的儿子亚历山大大出风头，他率领的马其顿军队击溃了希腊联军中最精锐的底比斯神圣军团。德摩斯提尼以重装步兵的身份参加了这次战斗，在混乱中逃回了雅典。

凯洛尼亚一役宣告了希腊反马其顿的失败，"敲响了独立城邦的丧钟"，希腊人的独立和自由随之走到了尽头。"欺诈奏响凯旋之音，在凯洛尼亚，自由竟成泡影。"不过，腓力对战败的各城邦采取了不同的对待方式。对底比斯，他采取了最严酷的方式。马其顿军队进驻底比斯城，它的反马其顿领袖们都被处死或流放，它的被俘的军人都被出卖为奴隶。就像他毁灭奥林图斯一样，腓力要以此警告希腊人：背叛马其顿者将被消灭。

对雅典，腓力却表现得相当仁慈和友好。他没有进军波俄提亚，他无条件地释放了雅典的战俘，并派了一个使团把在凯洛尼亚战死的雅典军人的骨灰送回雅典，他让雅典继续保有爱琴海各岛屿。腓力这样做的目的是要安抚雅典人，使他们感激他，在他将来对波斯的战争中用他们的强大海军支持他。腓力的策略成功了。雅典人对他感激万分，不但按腓力的要求解散了反马其顿同盟，加入马其顿盟国的行列，还在雅典的广场上建立起一座腓力二世的塑像。

在凯洛尼亚获胜后，腓力又挥军南下，除斯巴达外，南希腊各城邦也一一被征服。这时，马其顿已无可争议地成了希腊的霸主，但是，为了使马其顿的霸主地位合法化，为了把马其顿和希腊各邦的关系用法律形式固定下来，公元前337年，腓力在率领大军开进科林斯后，在这里召开了具有历史意义的科林斯会议，也称“泛希腊会议”。大会由腓力亲自主持，希腊各城邦除斯巴达外都派代表参加了大会。大会取得了极大的成功，显示腓力不仅是位杰出的统帅，一位富有创造力的军事家，也是位杰出的政治家，一位目光远大、手段灵活的政治家。这本是在马其顿军事压力下召开的会议，却以“平等协商”的形式进行，会议本是马其顿侵略的结果，却以全希腊的和解而告终。腓力征服希腊和希腊统一奇妙地结合在一起。斯巴达虽拒绝参加这次会议，但已孤掌难鸣，无能为力了，同时，马其顿大军驻扎在科林斯，也等于扼住了南希腊的咽喉，斯巴达迟早会听命于马其顿的。

会议通过了腓力提出的建议：希腊各城邦组成一个统一的希腊联盟，各邦根据各自的军事实力派适当数量的代表参加联盟理事会，选举常任理事执行理事会的日常任务。马其顿是联盟的盟主，但不是联盟的成员国，不过问联盟的日常工作，只担当联盟军队的统帅。各邦仍然保留自己的宪法，也不必向理事会提供财力上的支持，但有权受到联盟军队的保护。理事会是高居于各邦之上的机构，拥有最高的法律权威，有权对任何违背协议的国家进行制裁。一旦宣战，盟主有权决定各邦派出的兵力和船只的数量，并代表联盟指挥作战。

大会还通过了下列决议：

停止联盟各成员国之间的战争，建立联盟各成员之间以及联盟和马其顿之间的持久和平；

保护私有财产，禁止没收私人财产，重分土地，废除债务，释放奴隶等；

各成员国保证维护其国内的法律与和平，严禁私通外国、反对联盟和马其顿人；

联盟保护各国在海上活动的自由与安全。

就这样，马其顿对希腊世界的霸主地位被合法地确立下来，希腊实现了统一和和平。但这个统一的希腊已不是原来的希腊了，希腊人引以自豪的、创造了高度文明的城邦制和以雅典为代表的民主政治在这个联盟中毫无作用。各邦虽名义上仍保留各自的政府，但这些政府都为亲马其顿的寡头政治集团或亲马其顿派所控制，而且它们都要听命于马其顿，实际上成了马其顿专制帝国的一部分。科林斯会议，在某种意义上，可以说是马其顿帝国形成的标志。希腊各邦之间的战争虽停止了，随之而来的却是更大的、无休无止的对外战争，腓力把全希腊牢牢地拴在他的战车上。腓力的最终目的是征服波斯，实现更大的统一。他为他的征服波斯的战争寻找了一个公正而又神圣的理由——波斯人亵渎了希腊的神庙。公元前 337 年，在科林斯举行的希腊联盟理事会第一次会议上，腓力宣布了对波斯的作战计划，各国代表全都表示赞同，一致通过，并推举腓力为战争期间的最高统帅，拥有帝王般的权力。

公元前 336 年，腓力开始实施他征服波斯的计划，派老将帕米尼欧率领 1 万马其顿军队打前阵。帕米尼欧率军渡过赫勒斯滂海峡，在小亚细亚西部建立了桥头阵地。

但是，就在腓力准备亲率大军出征时，他被刺杀了。

第三章　亚历山大：帝国的缔造者

腓力二世征服波斯的计划是由他的儿子亚历山大完成的。腓力和亚历山大父子两人都把打败和征服波斯作为自己的奋斗目标。在某种程度上，亚历山大的东征只是完成父亲的遗志，完成父亲的未竟之业。有人说，在这出戏中，腓力是导演，而亚历山大只是在台上表演的演员。由于演员的表演太精彩了，以致完全掩盖了导演的光芒。

一、真正的王者：一代天骄初长成

1. 神的儿子：奇幻的出世传说

亚历山大（Alexander　公元前 356~ 前 323 年）这位被历史学家称为大帝的人物，这位被拿破仑誉为历史上最伟大的天才，亚历山大帝国的创立者，是腓力二世的长子，他的出生，和许多伟大人物一样，充满神秘色彩。

据说，亚历山大的母亲奥林匹娅斯在和腓力结婚前，梦见一个雷霆落到她身上，燃起一股火焰，很久才熄灭。这预示她和腓力结合后所生的儿子不是凡胎，而是宙斯的儿子，因为宙斯正是雷神。中国的汉武帝也有类似的传说，汉武帝的母亲怀他时也梦见太阳投怀。奥林匹娅斯怀孕后，有一晚，腓力做了一个梦，梦中看见了他好长时间没同房共寝过的奥林匹娅

宙斯像

斯的美妙胴体，看见了她子宫里的一团包裹严密的封蜡，封蜡上有一头狮子的图形。梦醒后，腓力立即把大占卜师阿底曼图斯叫来解梦。阿底曼图斯听了腓力的叙述后，神色庄严地宣称："鉴于封蜡只能放在实处，加之王后已身怀六甲，故若生子，其禀性必猛若雄狮。"

关于亚历山大的出生还有这样一种传说：亚历山大出世的那天夜里，小亚细亚吕底亚王国的工商业中心以弗所城的阿耳忒弥斯神庙，突然被一场大火焚毁。阿耳忒弥斯是古希腊最重要的神祇之一，是阿波罗的孪生姐姐，也是丰产女神、分娩女神。以弗所人被大火吓坏了，四散奔逃，全城一片混乱，好像世界末日降临了。这时，有一位到以弗所游历的希腊历史学家不急于救火，也不急于逃命，他不慌不忙地发表了一通议论，他说，神灵不再庇护以弗所了，整个世界也将受到威胁，因为，此时此刻，在马其顿王国的首都，女神正忙着让亚历山大降临人世，无暇顾及她的庙宇了，所有的神灵都将庇护马其顿了。以弗所城的巴比伦祭司们（袄教僧人），也把神庙毁于天火这件事看成是大难临头的先兆。他们四处奔跑，一边打自己的耳光一边高喊，亚细亚的大难临头了。

公元前 356 年，亚历山大降生之日，正是腓力远离故土、攻陷希腊城市安菲波利斯之时，他在接到儿子降生的喜讯的同时，还收到另外两个喜讯。一是他的老将帕米尼欧率领骑兵大队在同伊利里亚人的交战中，首战告捷；二是他的骑士在四年一度的奥林匹克竞技会上，一举夺魁，赢得了大会的最高荣誉之一。腓力的占卜师们说，亚历山大降世和马其顿人取得的三项胜利同时，说明他日后必将战无不胜。腓力听后非常高兴，他相信占卜师的解释，他的儿子与众不同，各种征兆都显示，他可能真的就是神灵的化身，他有这样一位接班人，马其顿的未来一定光辉灿烂，他统一希腊、征服波斯的愿望一定能实现。

2. 童年生活：良好的启蒙教育

腓力知道，要使亚历山大真的成为自己的合格接班人和好帮手，就必须让他受到良好的教育。腓力在儿子的教育安排上，显示出他过人的才能和非凡的创造力。他在希腊卡尔息狄斯半岛的战场上，为儿子的教育发出了第一道命令，由安提柯公布于全国：所有与亚历山大同日出生的男孩，必须送到王宫，由国家负责培养教育，他们的父母家人的生活也将由国家安置。这是非常高明和富有创造性的一招，使亚历山大可以和一群同龄的小伙伴生活在一起，同时接受教育，既可互相交流、彼此竞争、取长补短，又可享受集体生活的乐趣。同时，这样做也可避免养成王家子弟所固有的孤僻性格，而有利于形成团结和领导群众的领袖品质。

腓力从卡尔息狄斯返回培拉后，见到了儿子，高兴中又为儿子的教育作了一个安排。腓力决定让亚历山大离开他母亲奥林匹娅斯，交给奶妈南尼丝抚养。腓力这样做可能有他和妻子之间有了隔阂、不愿孩子和她太亲近的原因，不过，最重要的原因是腓力害怕妻子泼辣任性、浮躁嫉妒的性格会给儿子带来不良的影响。腓力的决定是对的，后来人们都认为，亚历山大性格上的不良因素可能都源自他母亲。奥林匹娅斯已尝够了生养孩子的苦头，也同意了腓力的安排。亚历山大离开母亲并没感到不快，他在乳母南尼丝的抚养下，并不缺少母爱，亚历山大懂事后，把南尼丝当作自己的第二个母亲。

腓力给亚历山大找的第一个教师，是自己的情人——品学超群的底比斯才女杜波菲娅。杜波菲娅不仅有很高的希腊文化修养，而且性格恬静温柔，是位很好的启蒙教师。她不负腓力的重托，尽心尽力地教育亚历山大，

壁画中的亚历山大

使他从小就受到希腊文化的良好熏陶，养成健康的心智和追求知识的兴趣。

亚历山大的童年生活是丰富多彩而又充满乐趣的，不足的是父亲长年征战在外，不能经常在一起，母亲和父亲不和，两人在一起时常常吵架，这可能给幼年亚历山大的心灵留下了阴影。

在亚历山大成长过程中，他的父母给了他很大的影响。他既继承了他们的优点，也继承了他们的一些缺点。他的母亲奥林匹娅斯性如烈火、耽于幻想，亚历山大从母亲身上继承了丰富的想象力、神秘色彩和坏脾气。他的父亲腓力既是个天才的军事统帅，又是个有雄才大略的、治国有方的君主。亚历山大从他父亲身上继承了军事才能和解决实际问题的能力。

奥林匹娅斯对宗教神秘有着一种狂热，她一定也把这种狂热向她儿子表述，给他讲酒神狄俄尼索斯的故事，告诉他出生的“秘密”，暗示他是神的儿子，要无愧于自己的本原。亚历山大不一定相信自己真的是神的儿子，不过却养成了狂妄自大和唯我独尊的禀性。他崇拜他母亲的祖先阿基里斯，阿基里斯是特洛伊战争中的英雄，是海中女神的儿子。但是，亚历山大心中最崇拜的英雄是父亲的祖先赫拉克勒斯，赫拉克勒斯是希腊神话传说中最伟大的英雄，是宙斯和底比斯国王安菲特律翁之妻阿尔克墨涅所

赫拉克勒斯

生，从小就无所畏惧力大无穷，天后赫拉出于嫉妒，曾在他刚出生时就派两条大蛇来杀害他，结果大蛇反被他杀死了，长大后一生为人民造福，完成了12件大功绩，后被人当神崇拜。亚历山大显然以有这样的祖先而自豪。这样的祖先既使亚历山大从小就有与众不同的优越感，也给他一种激励，促使他立志去像祖先那样完成丰功伟业。

亚历山大就这样一天一天长大了，从孩提时代起他就野心勃勃，甚至目空一切。因为他长得身材适中，相貌英俊，有着竞技者的体型，而且腿脚敏捷，善于奔跑，有人问他是否打算在奥林匹克竞技场上与人较量一番。他回答说："是的，假如我的对手都是国王的话。"他这时还不是国王，只是一个年幼的王子，却认为只有国王才有资格和他同场竞技，不可一世的傲气显露无遗。不知他和他的那些小伙伴是如何相处的。他的一些小伙伴后来成了他的得力助手，从这一点推测，他对待他们应当还是友好的和较为平等的。

少年亚历山大也常显示他勇敢的一面。公元前345年，有一天，有人给腓力送来了一匹叫布斯法鲁斯的骏马，索价13塔伦特（马其顿货币，约 2.3 万美元）。腓力带上家眷、大臣和卫队到郊外去试马。这匹叫布斯法鲁斯的马很烈、很野，很难驾驭，卫队长尼阿丘斯和卫士们一个接一个地被掀下马背，年仅 12 岁的亚历山大要求父王让他试试，腓力觉得他儿子是在逞能，年少不知深浅，没有理睬他，命人将马牵走。亚历山大大喊起来："多好的一匹马！得不到它是因为没有人有本事驾驭它。"腓力问儿子是否比大人更有能耐，亚历山大毫不犹豫地回答说："是的！"他甚至表示愿意以马价一赌输赢。腓力无奈，只好让他去试试。

亚历山大在众人的哄笑声中，没有丝毫胆怯地奔向布斯法鲁斯，把它的头扭向太阳，因为他已注意到这匹马非常害怕自己的影子。当马安静下来的一刹那，他迅速跃上马背，身体紧贴马身，双手紧握缰绳，任由狂怒的烈马飞奔而去。

一开始，腓力、奥林匹娅斯和随从们都吓得张口结舌、不知所措，但当他们看见烈马完全被驯服，亚历山大姿势优雅地在平川上驰骋，继而兴高采烈地驰到众人面前时，大家齐声喝起彩来，腓力高兴得流下了眼泪，他亲吻着儿子说："我的孩子，去寻找一个配得上你的王国吧，马其顿这个小池盛不下你啊！"腓力这时已看出亚历山大将来一定会超过自己。为了培养儿子的实际能力，他开始让儿子参与处理政务、接待外宾等工作，当然，这时还只是让他学习学习，并没有让他独立去承担什么任务。腓力希望亚历山大在参与国事活动中，逐渐学会操持国事。

3. 名师高徒：大贤哲的亲传亲授

亚历山大 13 岁时，他所崇拜和热爱的启蒙老师杜波菲娅却向腓力提出，她已为教导亚历山大王子尽了全力，她已不能教王子更多的知识了，为了王子的未来，她建议腓力给王子请一个更高明的、学问更渊博的老师。腓力对杜波菲娅的意见十分赞赏，决定给儿子请一个新老师。

腓力对儿子的教育是深谋远虑的，杜波菲娅作为启蒙老师是称职的，她不仅给了孩提时期的亚历山大良好的文化教育，在品德上也给他以良好的熏陶。亚历山大酷爱希腊文化，喜爱《荷马史诗》，不能说和杜波菲娅的教育无关。现在要给亚历山大找个新老师，这个新老师当然不应该是个一般的学者，腓力认为只有希腊知识最渊博的人，才配给亚历山大当老师。他选中了希腊最负盛名的学者、最博学的思想家亚里士多德（Aristotle　公元前 384~ 前 322 年）。

亚里士多德的家族和腓力家族有很深远的关系。他生于卡尔息狄斯半岛上的希腊城市斯塔吉罗斯，父亲尼科马霍斯是腓力的父亲阿明塔斯二世的侍医。他比腓力年长两岁，两人幼年就在阿明塔斯的王宫中相识。亚里士多德幼年丧父，17 岁时，到雅典，就读于柏拉图开办的学园，刻苦钻研各科知识达 20 年之久，成为侪辈中之出类拔萃者，柏拉图称赞他是“学园的精英”。公元前 347 年柏拉图去世后，亚里士多德到小亚的阿索斯城，在城主赫尔麦伊阿斯宫廷作客。赫尔麦伊阿斯爱好哲学，政治上也较开明，他为亚里士多德的学术活动提供了很多方便。他和马其顿一直保持着良好的关系，希望借助马其顿的力量摆脱波斯的控制，实行独立。亚里士多德在阿索斯住了 3 年，后因赫尔麦伊阿斯被波斯国王杀害，移居列斯博斯岛的米提列涅城。

公元前 343 年，亚里士多德应腓力二世之聘，来到马其顿王国的首都培拉，担任时年 13 岁的王子亚历山大的老师。亚里士多德之所以来马其顿，一是他考虑到自己父亲曾是马其顿宫廷的御医，与马其顿的先王有很深的情谊；二是考虑到腓力答应为他提供进行学术研究工作所需的一切条件。他信任腓力，就像雅典的伊索克拉底一样，把腓力看成是唯一可依赖的人。他的这一决定不仅是对的，而且是意义重大的。这不仅因为一位古希腊最伟大的学者成了一位最伟大的军事天才的老师，而且因为亚里士多德以后的学术研究工作都是在亚历山大和他父亲的帮助关怀下完成的。

对于腓力来说，请来亚里士多德做儿子的老师，也是意义重大的。腓力喜爱并尊重希腊文化，而希腊人却一直把马其顿看成是文化落后的蛮夷之邦，现在马其顿在国力上，特别是在军事力量上已超过希腊各邦，但在文化上仍无法和希腊相比。腓力请来亚里士多德，不只是要使自己的儿子成为有很高文化修养的人，他还希望，亚里士多德的到来，会吸引更多的学者到培拉来，使培拉成为一个文化中心。

当然，受益最大的是年幼的亚历山大。亚里士多德这时正当壮年，精力充沛，他不仅学识渊博，是当时最有学问的人，而且富有教学经验，是当时最好的教师。他不但继承和发扬了从苏格拉底到柏拉图的学术研究传统，也继承了他们卓有成效的教人、育人的传统。事实上，当时的学者也都是教师。他们都把教育人作为他们学术研究的重要目的，苏格拉底认为，哲学的目的主要是教导人认识自己和追求真理，教导人们过道德的生活。他认为人的知识主要是道德方面的知识，正确的行为来自正确的思想，美德基于知识，源于知识，没有知识便不能为善，也不会有真正的幸福。“美德即知识，愚昧是罪恶之源。”苏格拉底是通过问答的形式来教导人们接受他的观点、传授知识的。

柏拉图接受了苏格拉底的伦理思想，并把它与对人生、人类的认识联系起来，建立一个以“善”为最高理想的模式。在柏拉图所设想的理想国里，公民应有四种德性（品质），即智慧、勇武、节制和正义。有三部分人：一是护国者，有智慧之德，担当统治者；二是卫国者，有勇武之德，负责保卫；三是供养者，有节制之德，从事生产。这三种人各安其位，各从其事，就达到了正义。柏拉图开办学校，他一边教学，一边著作，终其一生都是名教师，他是按他的政治哲学来培养各方面的从政人士的，所以有人说柏拉图的学园好像是一所“政治训练班”。

苏格拉底和柏拉图都强调要培养人的理性，要抑制人的欲念，亚里士多德则认为，人不仅有理性，也有欲望，不应以理性而使感情受到压抑，也不应因感情的宣泄而牺牲理性，人的德性在于使理性、感情和欲望保持正当的关系，使人的能力得到全面发展，就可以达到至善。他说：“一个有德性的人往往为他的朋友和国家的利益而采取行动，必要时可以牺牲自己的生命。他宁愿捐弃士人所争夺的金钱、荣誉和一切财物，只追求自己的高尚。”比起苏格拉底和柏拉图来，亚里士多德的思想，特别是教育思想要进步得多，实际得多。

亚历山大能有亚里士多德这样一位在当时几乎是无所不知而又精于教导之术的老师，真是他的大幸。一连三年，亚历山大有幸和这位历史上最伟大的贤哲朝夕相处，所获得的教益之多，影响之大，是无与伦比的。亚历山大常说，他最尊崇的是亚里士多德，他爱亚里士多德甚于爱他的父亲，因为他父亲仅仅生育了他，而亚里士多德教会了他怎样做高尚的人。

亚里士多德到培拉来，受教的并不只亚历山大一人，王宫几乎成了皇家学苑，有许多和亚历山大同龄的孩子在这里一起学习各种有益的知识、

亚历山大受教于亚里士多德

接受军事训练和嬉戏玩耍。这些孩子中有帕米尼欧的小儿子菲洛塔斯、占卜师阿底曼图斯的长子阿里斯坦德、财政总管安提柯的侄子哈帕鲁斯。除了这些权贵的子弟外，还有来自上马其顿穷苦人家的孩子赫斐斯申和亚历山大奶妈的儿子克雷图斯。亚里士多德还给他们带来了一个新伙伴——他的侄子卡利西尼斯。亚里士多德父亲早死，由叔父抚养长大，为报叔父养育之恩，他把侄子带在身边，精心加以培养。亚历山大能和这些孩子一起受教于亚里士多德，更增加了学习的趣味性和竞争性。

亚里士多德的这些学子中，亚历山大得到了他特别的钟爱，这不仅因为亚历山大是王子，地位显赫，非其他孩子可比，而且因为亚历山大天资极高，超凡出众，有异乎寻常的好奇心和求索精神。亚里士多德和亚历山大等学子讨论哲学、政治、伦理等诸方面的问题，也讨论文学和史学方面的问题。动物学、植物学、物理学等也是讲授的内容。亚里士多德传授给亚历山大的知识是多方面的，这从亚历山大后来对诸如医学、自然现象、地理学以及珍稀植物等方面都有浓厚的兴趣可以看出来。亚历山大对亚细亚的广泛兴趣肯定也是亚里士多德熏陶的结果。

亚历山大酷爱读书的习惯肯定也是受亚里士多德长期教诲的结果。亚历山大后来在远征东方期间，在长途行军和激烈战斗之际，他还命人回希腊，为他运来很多书籍。这些书籍中包括幼里庇底斯、索福克利斯和爱斯奇里斯的悲剧作品。

亚历山大最爱读的书是《荷马史诗》，这当然也是和老师的教诲分不开的。据说，亚里士多德曾为他这个弟子编纂过一部特版的《伊利亚特》，这部荷马史诗中的英雄，就是传说中亚历山大的远祖阿基里斯。亚历山大十分珍惜老师编纂的这本书，远征东方时仍把这本书带在身边，睡觉时，和短剑一起放在枕头下面。

当然，亚历山大在政治和伦理方面也受老师影响，尽管师生的政治观点不同。亚里士多德认为小国寡民的城邦制是最好的政体，而亚历山大则主张君主制。但两人也有一致的地方，亚历山大显然接受了老师的这样一种信念：只有希腊人才能享有自由，其他民族，特别是亚细亚人，都是天生的野蛮人，只能当奴隶，都必须受西方文明人的统治。亚历山大后来立志称霸世界、统治所有的野蛮人，不能说和亚里士多德的教导没有关系。亚里士多德可能还给年轻的王子灌输这样一种思想：有些人生来就注定应该服从，另有些人生来就注定应该统治……战争的艺术是一门关于获取的自然艺术，因为它包括狩猎，是一门用来对付野兽和那些生来应该受统治却不愿服从的人的艺术。这种战争当然是正义的。

亚历山大和他父亲腓力二世一样，都是扩张主义者，都想凭借武力征服希腊、波斯和全世界，但目的有点不同。腓力的目的只是为夺取更多的土地和财富，取得更大的权力，称霸世界；亚历山大当然也有强烈的称霸世界的欲望，但驱使他不断征战的很重要的动力，是对于传说中的祖先阿基里斯和赫拉克勒斯英雄业绩的荣誉感和光大祖先业绩的使命感，他要使自己和祖先一样，成为后世永远敬仰的英雄。他的另一目的是要通过征战强行推广希腊文明，建立统一的文明世界。他的这些思想显然有亚里士多德思想的痕迹，可能还有伊索克拉底的影响。（他的求知欲是惊人的，在亚里士多德的影响下，他一定大量阅读了希腊名人的各种著作。）为了实现理想，他才不断征战，并在战斗中，身先士卒，不畏生死，百折不挠。为了实现理想，他放弃了一个帝王的享乐生活，他不近女色，不醉心酒宴，两次结婚都出于政治目的，举行宴会也大都是为犒劳部下，振作士气。为了实现理想，他显示出惊人的勇敢和超凡的自制力。他的这种理想，他为实现理想而展现的牺牲精神，应当说是和亚里士多德的教导有密切关系的。

4. 独当一面："实习期"的出色表现

亚历山大16岁时，腓力认为儿子已长大了，学习应告一段落了，是他为自己的王国担负一定责任的时候了。他停止了儿子在亚里士多德身边的求学生活，任命儿子为地方长官，让他在实际工作中进行学习和锻炼。

其实，腓力在培养儿子中一直很重视实际能力的培养，注意让儿子在一些公开活动中，在具体的工作中锻炼和学习。早在亚历山大10岁时，腓力就让他在外事活动中亮相，在接待一个雅典使团时，在竖琴伴奏下唱歌。亚历山大的表演还遭到了马其顿的死敌德摩斯提尼的嘲笑，说什么腓力的这个宝贝儿子没有什么值得希腊人害怕的。随着年龄的增长，腓力让儿子参加的活动也越来越多，亚历山大的知识和能力都在与日俱增。16岁了，腓力认为儿子已经有独当一面的能力了。

知子莫若父，亚历山大不仅有能力，而且有强烈的建功立业欲望。这里举一个例证，在一次远征中，腓力曾多次不亲自理事。有一次，他让亚历山大负责接待波斯使臣，接见中，亚历山大的友善态度和有节制的提问，使来访的使臣心悦诚服。他没有询问诸如巴比伦的空中花园或波斯国王的服饰等问题，而是询问该国道路的长度和波斯国王的用兵才能和胆略，等等。还没问完，一位使臣便惊叹道："这个孩子才真是一个伟大的君主，而我们的国王只不过徒有钱财而已。"

二、血腥上位：亚历山大登基

1. 父子不和：亲人如仇敌

腓力对亚历山大的培养是成功的，16岁的亚历山大在思想和能力方面、在体力和精神方面都成为出类拔萃的，不仅得到宫廷上下的一片赞美，甚至引起了见过他的外国人的惊叹。腓力有子如此，当然十分高兴，他花在儿子身上的工夫没有白费，亚历山大成了他的得力助手和可靠的接班人。这正是腓力所希望的，从 16 岁起，亚历山大就常随父征战。18 岁时，在凯洛尼亚战役中，他负责指挥马其顿军队的右翼，迎战著名的底比斯神圣兵团。亚历山大身先士卒，带领士兵击溃了敌军主力，为马其顿人取得这次战役的胜利起了决定性的作用。亚历山大这时已显露出军事统帅的非凡才能。

但是，父子之间的矛盾随着时间的推移，也日益尖锐起来。这中间有一山不容二虎的原因，也有性格上的原因和利益上的冲突，但起因，或者说根本原因是亚历山大的母亲、腓力的妻子奥林匹娅斯。奥林匹娅斯是个浮躁而又邪恶的女人，腓力父子两人的一生都深受她的影响。

对于腓力来说，妻子的唯一功劳就是为他生了一个儿子，他本来就不爱她，娶她主要是出于政治上的考虑，两人之间的关系由于性格和观念上的差异而更加恶化了。奥林匹娅斯对宗教神秘狂热。当时，有许多秘密的、古老的宗教崇拜在各地流行，这些当地的原有的崇拜举行秘密入教和狂欢的庆祝，经常还有残忍淫荡的仪式。从这些宗教中产生了奥菲士（竖琴手神）、狄俄尼索斯（酒神）以及得墨忒耳（谷神）等崇拜。奥林匹娅斯既热衷于这种崇拜，也是个中里手。据普鲁塔克说，她因为在这些敬神活动中使用了豢养的蛇而声名大振。她的住房里也常有蛇侵入。腓力对妻子的行为十分厌恶，而且，对于腓力正在发展的事业来说，狂热的宗教信仰和不受控制的妻子都是麻烦的制造者、前进路上的不利因素。

造成夫妻不和的另一个重要原因是奥林匹娅斯的嫉妒心态。奥林匹娅斯想压倒一切的好强心，使她对腓力的成功、声望、他出征所获得的每一次胜利，都心怀忌妒。由妒生恨，她对丈夫的敌意越来越强烈。可怕的是她把这种忌妒也灌输给了儿子。普鲁塔克记述了这样一个故事：“每当腓力夺取了一个城市或打了一次大胜仗的消息传来时，儿子听了似乎从来没有十分高兴过；相反，他经常对他的小伙伴们说：‘哥们儿，父亲会把一切都抢先搞完，他不会留下什么重大的事让我同你们一起去搞的。’”虽然亚历山大从小就心怀大志，但一个小孩，如果没有人教唆，是说不出这种话的。

当然，夫妻不和使两人都别求新欢，而这反过来又进一步加深了两人的不和。奥林匹娅斯是不甘寂寞的，王宫里早就流传关于她的风流韵事，甚至有人怀疑亚历山大王子的合法身份，这使腓力十分不快，夫妇间的对立更加严重了，父子间的矛盾也变得严重了。作为国王的腓力二世，也是风流成性，不过，后宫美女如云，是帝王家的惯例。公元前 337 年，腓力在准备出兵小亚细亚时，宣布要娶“他热恋着的”克里奥帕特拉为妻，这引起了奥林匹娅斯和亚历山大的极度不满。在腓力和克里奥帕特拉的婚宴上，不满变成了一场公开的冲突。

据普鲁塔克记述，婚宴上大家都喝了很多酒，新娘克里奥帕特拉的父亲阿塔罗斯“喝醉了”，流露出马其顿人对奥林匹娅斯和伊庇鲁斯的敌意。他借酒吐真言，说什么他希望这个婚姻将产生一个孩子，使他们能有一个真正马其顿血统的继承人。这等于说亚历山大不是腓力的亲生骨肉，奥林匹娅斯和亚历山大母子哪里受得了这样的侮辱，亚历山大跳了起来，大喊道：“那么我算什么人呢？”说着就把酒杯向阿塔罗斯掷去。腓力大怒，拔出宝剑，直指亚历山大，但由于酒醉，踉跄地摔倒了。亚历山大在愤怒和忌恨中，竟公然侮辱和嘲笑起父亲来了。

马其顿王陵中的盔甲

他指着他的父亲说："看啦，马其顿人，看这个想从欧洲到亚洲去的将军！怎么啦，他连从一张桌子到另一张桌子也走不到！"

矛盾激化到如此程度是双方都没有预料到的。第二天，奥林匹娅斯回了伊庇鲁斯娘家，亚历山大见母亲出走，父亲迷恋克里奥帕特拉，自己遭父亲忌恨，地位不稳，便也出走，去伊利里亚谋取发展，等待父亲态度的转变。腓力对二人的离他而去，似乎无动于衷，并没进行挽留。但事后不久，作为一个有着雄才大略的君主和一个对儿子怀有深厚感情的父亲，看到家庭不和破坏了父子关系，影响了马其顿事业的发展，腓力后悔了，感到自己对亚历山大的确过于粗暴了。他主动向亚历山大母子提出和解，为了安抚母子俩，他提议把自己与嫔妃所生的女儿格罗蒂嫁给奥林匹娅斯的弟弟、伊庇鲁斯的在位国王亚历山大，同时也确定儿子亚历山大为自己的继承人，亚历山大母子也趁机下台，返回培拉。

随后，亚历山大随父参加了凯洛尼亚战役，并立了大功。但是，腓力和亚历山大母子之间的矛盾并没有完全解决。在凯洛尼亚之战以后的两年里，腓力好像被家庭不和搞得有些意志消沉，不是狂欢滥饮，就是同奥林匹娅斯和亚历山大龃龉抵牾，以致把东征波斯的事也拖延下来了。

腓力显然十分疼爱亚历山大，但由于别人，特别是奥林匹娅斯的挑拨，父子二人无法沟通，亚历山大根本听不进父亲的话。

有这样一个令人心酸的故事：

亚历山大有个异母兄弟，叫阿里迪乌斯，是个生性愚钝的人，卡里亚的波斯总督想招他为婿。亚历山大的朋友们和他的母亲便因此而无中生有地对他说什么，腓力缔结这样高贵的婚姻，是为了得到有力的支持，以便把王位传给阿里迪乌斯。亚历山大听了这些话，十分不安，决定设法阻止这一婚姻，他派了一个叫塞萨路斯的演员到卡里亚去，劝说那位总督放弃与阿里迪乌斯联姻的计划，说阿里迪乌斯是庶出的，智力上有缺陷，请他和马其顿的合法继承人结盟。卡里亚的总督对这一建议非常满意。但腓力一听说这事便火冒三丈，立即带了他一个最亲密的朋友和伙伴、帕米尼欧的儿子菲洛塔斯冲入亚历山大的房里，当着菲洛塔斯的面，斥责亚历山大居然堕落和下贱到想当一个卡里亚人的女婿，当一个蛮族国王的奴隶的女婿。腓力骂了儿子一顿，还不解气，又给科林斯人写信，要他们把塞萨路斯戴上铁链给他送来。他驱逐了珀耳、尼阿卡斯、弗里吉乌斯、托勒密以及王子的另外几个伙伴。但是，后来亚历山大又把他们都召了回来，并更加优厚地对待他们。

在这个故事里，我们可以发现亚历山大性格的另一个特点——为了达到目的可以不择手段。为了破坏弟弟的婚姻，可以以自己的婚姻做筹码。在他母亲和他周围伙伴的挑拨下，他对父亲的疑虑和敌意没能消解，反而加深了。

2. 腓力之死：婚礼变丧礼

由于父子感情不和，腓力把父爱倾注在女儿身上。他的女儿格罗蒂比亚历山大年轻 3 岁，这时只有 17 岁，和哥哥不同，她不仅长得花容月貌，对父王也温顺体贴，甚得腓力喜爱。亚历山大虽已到了成婚之年龄，但由于他本人想的全是如何去实现自己的远大抱负，对自己的婚姻大事，并不放在心上。腓力则由于儿子不断冒犯自己，对儿子态度冷淡，对他的婚事也置之不理，而一心一意操办女儿的婚事。他不惜把宝贵的时间和大量的金钱用在女儿大肆铺张和隆重的婚礼上。

这一婚姻本是一件皆大欢喜的事，谁也不会想到婚礼上会发生流血惨剧。格罗蒂是嫁给奥林匹娅斯的弟弟、伊庇鲁斯国王亚历山大，这其实是腓力对妻子的让步，照理说，奥林匹娅斯应力促其成，不会反对。当然，按照中国风俗，这是乱伦，外甥女是不能嫁舅舅的，但在西方，在马其顿，却没有这样的伦理障碍，格罗蒂和伊庇鲁斯国王亚历山大也没有血缘关系。

公元前 336 年夏天，在马其顿的古都埃加，腓力为爱女格罗蒂和伊庇鲁斯国王亚历山大举办了盛大的婚礼。王宫里云集着全希腊的王胄贵族的代表，广场上挤满了参加和观看婚礼的人群，鼓乐齐鸣，万人空巷。庆祝活动持续了好几天，大家纵饮狂欢。

庆祝活动的高潮是在体育场竖立神像，从清晨开始，长长的仪仗队吹着号开道，后面是高擎着神像的队伍，一共有 13 座神像，12 座是奥林匹斯山的神像，还有一座是腓力的像。在场的希腊人都感到这太过分了，腓力怎能把自己和奥林匹斯的众神并列！这表明腓力要成为全希腊的专制统治者。事后，有人把这说成是不祥之兆。当身着白色外衣、毫无戒备的腓力在人们的欢呼声中，趾高气扬地大步向前走时，突然，他的一个护卫、马其顿的青年贵族保萨尼阿斯向他冲来，拔出匕首，插进腓力的心窝。腓力立即倒地身亡。这位堪称有史以来最伟大的君主之一的人物，这位已经改变了希腊政治面貌，并正要进一步去改变一个更大世界的面貌的人物，就这样在他 46 岁的壮年时死于非命。

腓力之死，在当时引起非常大的震动，有人悲痛，有人高兴。腓力的宿敌德摩斯提尼得知这一消息后，欣喜异常，尽管自己的独生女病死才 6 天，他仍身着节日的盛装，头戴以前雅典人奖给他的花环，出席雅典的五百人会议。但不管是腓力的敌人，还是腓力的朋友，对腓力的评价都是很高的。正如当时的历史学家瑟奥庞波斯所说："总而言之，欧洲还从未出现过像腓力这样的伟人。"

3. 不解之谜：谣言与揣测

保萨尼阿斯刺死腓力，立即跳上一匹早就准备好的马，策马而逃，但没有跑多远，马蹄被野藤绊住了，他从马背上摔下来，被追赶的人赶上杀死了。

凶手被杀，凶手的刺杀行动是凶手个人的自发行为，还是另有人指使，就成了千古之谜。当时谣言四起，有人说，这是保萨尼阿斯个人的复仇行动。他曾是腓力的情人，那个时代，男人之间的情爱是非常普遍的事，但后来他失宠了，被赶出了王宫，又被腓力的侍从强奸了。亚里士多德、狄奥多罗斯等古代学者也认为保萨尼阿斯的行动是自发的。但也有人认为保萨尼阿斯是受人指使，是个被收买的刺客。主使者不外乎奥林匹娅斯、亚历山大或波斯的阿契美尼德王室。

如是波斯人主使，从逻辑上说是完全可能的，因为腓力的下一步行动就是亲自带兵出征波斯。但一个马其顿贵族被外国人收买，肯定会露出一些蛛丝马迹，而在这方面却一点证据也找不到。

如是亚历山大主使，亚历山大虽和父亲不和，但腓力一直把他作为自己的继承人，亚历山大似乎也用不着采取如此手段谋杀父亲。

最有可能的是奥林匹娅斯主使。她对丈夫的嫉恨，对自己儿子王位的担心，她的喜弄权、好激动的性格都可能促使她采取这样的非常手段。腓力死后她的一些举动也说明这一推测不是空穴来风。她和凶手的关系非同一般，因为她没给腓力，而是给保萨尼阿斯修建了一座豪华的坟墓。她还坚持给凶手以和腓力相同的葬礼。她毫无顾忌地赞颂凶手竟到如此程度！她像中国汉朝的吕后一样，丈夫死后，对丈夫心爱的女人进行残酷的迫害。她叫人把腓力的第二个妻子克里奥帕特拉和她的婴儿投进燃着火的铜镬里烧死。也有人说克里奥帕特拉的新生婴儿是在母亲的怀里被害死的，而克里奥帕特拉在被侮辱嘲笑一番后，也被勒死了。不管哪种说法是真的，克里奥帕特拉母子被奥林匹娅斯残酷害死是毫无异议的。就像汉惠帝被他母亲吕后残害戚夫人的血腥场面吓住了一样，亚历山大听了他母亲对克里奥帕特拉母子所做的一切也大吃一惊。也有人认为亚历山大是他母亲的同谋，因为他们怀疑亚历山大和奥林匹娅斯有乱伦行为。

总之，这次谋杀中隐藏了一些秘密，因为这些秘密关系到亚历山大母子，所以成了不解之谜。腓力的突然去世，为年仅 20 岁的亚历山大登基创造了条件。

4. 继承王位：梦想成现实

腓力突然死亡，由谁来继承王位就成了马其顿王国必须首先解决的问题。由亚历山大继位似乎是不成问题的，但事情并不这样简单，腓力的几个握有重兵或大权的旧臣老将有很大的发言权，亚历山大并不是唯一的选择。

这些重臣中有和腓力一起创业的老臣安提柯、尼阿丘斯，有掌管文牍的哲学家卡利西尼斯、方阵军将领托勒密、军师阿底曼图斯，有首都培拉的行政长官西塔尔、老将阿塔罗斯等。还有老将帕米尼欧，因他出征在外，没有参加讨论由谁来继承王位的问题。

这些重臣对由谁来继承王位，有两种不同的意见。安提柯和尼阿丘斯认为亚历山大是太子，是合法的继承人，由他继承王位是理所当然的。阿塔罗斯却以国内外形势严峻、亚历山大年少幼稚不能担负国王重任为借口，反对亚历山大继位，想让克里奥帕特拉的新生婴儿继位，由自己辅佐。西塔尔态度暧昧，没有明确表态，但却极力恭维阿塔罗斯，认为他的安排也可考虑。

双方争执不下时，青年将领、在凯洛尼亚战役中立了大功的托勒密站出来表示拥护亚历山大。接着卡利西尼斯和阿底曼图斯也表示赞同安提柯、尼阿丘斯的意见。西塔尔见势不妙，改变了态度，转而表示支持亚历山大。就这样，在腓力的重臣大将的一致拥戴下，亚历山大的国王位置被确定下来了。20 岁的亚历山大从此便以一国之君活跃在历史舞台上，开始了他 13 年马不停蹄的征战生活和创建亚历山大帝国的历程。

反对亚历山大继位的阿塔罗斯很快就被处死了，因为他在奥林匹娅斯派人烧死克里奥帕特拉母子时，狂怒中拔剑刺伤了奥林匹娅斯，而被判犯有勾结雅典图谋叛国罪。有两个部族的王子也因煽动部族谋反而被处死了。西塔尔则因过去的功劳，而被亚历山大宽大，仅仅调离首都，改任上马其顿古都萨洛尼卡的行政长官。亚历山大此举既处罚了西塔尔，削减了他的权力，又使他心怀感激。

身在小亚细亚前线、手握重兵的帕米尼欧得知亚历山大继位的消息后，立即派信使送来了他的亲笔信，表示效忠亚历山大。得到这位老将的拥护，亚历山大放心了，他的地位稳固了。帕米尼欧如果有谋反之意，后果不堪设想。

亚历山大举行了隆重的登基典礼，正式成为马其顿国王，称亚历山大三世，历史学家称其为亚历山大大帝。

随后，他把他父亲腓力二世的遗体埋葬在萨洛尼卡。这是腓力生前最喜欢的地方，青山绿水，山花烂漫，腓力曾把这块地方称为“明珠”。这里也是腓力霸业的发祥地，腓力就是从这里走上复国并称霸全希腊之路的。

腓力的巨大陵墓高 12 米、深约 9 米、周长 99 米，竖立在萨洛尼卡城西北弗吉纳村旁的一处山腰平地上。当安放腓力遗体的金棺送入墓穴中时，站立在父亲墓前的亚历山大一定感慨万千，既为自己年幼无知、不理解父亲、时常和父亲争吵而悔恨，也在回想父亲对自己的关爱培养和父亲一生的丰功伟绩中，激发起更大的雄心壮志，决心把父亲开创的事业进一步发扬光大。腓力地下有知，也会对有亚历山大这样一个儿子感到欣慰的。

腓力二世墓出土的黄金骨灰盒

三、雄威初展：东征的准备工作

1. 年幼不可欺：雷厉风行平叛乱

在腓力被刺身亡后，马其顿内乱外患四起，大有土崩瓦解之势，对于年仅 20 岁的亚历山大来说，幸运的是，他得到了腓力的一批才能出众、有权势、有威望的旧臣的拥戴和扶持，顺利地登上并巩固了王位，并逐一迫使反对他的人就范。他在马其顿内部进行了清洗，他潜在的竞争对手都被一一处决或谋杀了，他的同父异母兄弟，不管是新生婴儿，还是智力不全者都不能幸免，有一些贵族逃亡到亚洲为波斯国王效力去了。亚历山大的登基之路，和许多君王一样，是一条血腥之路。

亚历山大在巩固了自己的国王地位之后，立即着手确立自己在希腊的霸主地位。他知道，希腊人从骨子里瞧不起马其顿，他们是在自己父亲的强大军事压力下，被迫拥立自己的父亲为希腊霸主、希腊联军统帅的。父亲死后，自己年轻，希腊人正蠢蠢欲动，那些一贯反对马其顿的人，把腓力之死，看成是天赐良机，交相庆祝，策动反叛。帖萨利亚已开始叛乱了，如果亚历山大不能立即率兵南下，镇压反叛，示威希腊，后果不堪设想。

亚历山大显示了他作为一个伟大统帅的一个必不可少的特点，行动起来快如闪电。公元前335年初春，亚历山大率大军出人意料地、神速地沿南部海岸进入帖萨利亚。亚历山大没有冲向敌人设防的阵地，而是绕过有重兵把守的南下必经的隘道，让部下在俄萨山临海的一面攀登，在敌人毫无防范的地方越过这座山。在帖萨利亚人还在隘道把守，严阵以待亚历山大南下之兵时，亚历山大的大军却神奇地出现在隘道之南，出现在隘道守军的后面。帖萨利亚人以为是神兵天降，放弃了任何抵抗，拥戴亚历山大为帖萨利亚联邦的领袖，交给他一支强大的骑兵队伍。帖萨利亚人的反叛就这样兵不血刃地平定了。

亚历山大乘势率大军南下希腊，直至佛提俄提斯、波俄提亚，大军前锋距雅典只有40里。正在参加安费托克尼会议、商讨摆脱马其顿控制和要投票表决感谢腓力的谋杀者的各邦代表，被亚历山大大军的突然而来吓坏了，立即休会，承认这个他们过去认为年幼可欺的犹如天降大军的统帅为盟主，想反叛的雅典也吓坏了，急忙派代表向亚历山大求和。亚历山大的主要攻击目标是波斯，因此并没有过分地惩罚希腊各城邦，只是把各邦的首脑人物召集到科林斯，续订了公元前337年的盟约，亚历山大被推举为反波斯战争的希腊联军统帅。斯巴达人和过去一样，拒不参加这样一个同盟，他们的理由是："他们的国家习惯不容许他们服从别人，他们的习惯是领导别人。"亚历山大这时完全有力量征服斯巴达，但他要把他的兵力用在征服波斯上，不愿把兵力和时间花费在斯巴达身上，他只是派部将驻守科林斯海峡，监视斯巴达。

亚历山大就这样兵不血刃地、迅速地平定了希腊的叛乱，把希腊控制在自己手中，既显示了一个伟大统帅的指挥才能，又展露了一个杰出政治家的灵活手段。

2. 出击色雷斯：用兵如神威名扬

亚历山大在当上希腊联军的统帅后，和他父亲腓力一样，并没立即进军亚洲，不过，腓力似乎是被家事和新婚耽误了，而亚历山大则是因为，他认为在进军亚洲以前，必须扫荡北部和西部，清除前进路上的障碍，以便他在真正开始远征亚洲时，他的后方基地马其顿及其侧翼能确保无虞。

他的第一步是征服色雷斯人。色雷斯在当时还是一个国家，占有卡尔息狄斯半岛以东、海岸线以北的广大地区。如同对待希腊一样，亚历山大的目的并不是要把整个色雷斯都并入马其顿，而只是要使这一地区臣服马其顿，听从自己的指挥，从而在东征波斯时有个稳固的后方。不把一个有进行反马其顿活动迹象的邻国降服，就贸然远离本土去远征是危险的。

亚历山大首先命令一支马其顿的海军舰队，从拜占庭出发，驶入黑海，沿多瑙河溯流而上，会合也将来那里的亚历山大亲自率领的陆军部队。然后，亚历山大率领陆军，从安菲波利斯出发，侵入色雷斯境内。在深山老林中穿行，十天后到达希马斯山，和色雷斯的小股部队发生了遭遇战。在今天保加利亚的希普卡关隘，亚历山大指挥他的部队，进行了他登基以来的第一次战役。

这是一次考验亚历山大勇气和指挥才能的战斗。许多武装商人和色雷斯士兵占领了山的制高点，控制了亚历山大大军过山的必经之路。他们集中了许多车辆在阵前，一方面可以用这些车辆做防守屏障，另一方面，他们想在马其顿方阵部队爬到半山最陡处时把车辆作为一种特殊的武器推下去，他们认为对方方阵越密集，翻滚下山的车辆的猛力冲撞就越容易把它冲散。

亚历山大十分清楚敌人的计谋，但在认真观察地形后，决定冲过敌人的防线过山，因为除了通过这一关隘外，无路可走。他为顺利过关作了精密的布置，命令全军，方阵军要看情况灵活运动，在平地上碰到滚下的车辆，队伍可左右分开，给车辆让开一条路；在峡谷碰到冲下的车辆，队伍无法躲闪，就要紧缩卧倒，把盾牌在身体的上方紧紧地连成一片，让车辆从上面滚下去。

结果正如亚历山大所料，翻滚而下的车辆并没给亚历山大的部队带来多大的伤害，一部分部队让开了，而另一部分部队则让车辆从盾牌上滚过去，伤害也不大，无一人死在车下。这使马其顿士兵勇气大增，大声呼喊着向色雷斯人冲去。

亚历山大把弓箭手从一个方阵的右翼调到另一方阵的前方，这样，在色雷斯人出击时，可更准确地向他们射箭。亚历山大自己则率领突击队、卫队和由山地人组成的轻装部队转到左翼，在弓箭手的配合下，亚历山大身先士卒，向敌阵冲去。

色雷斯人慌忙丢下武器，狼狈地逃下山去。有 1500 人被消灭，由于地形熟悉、跑得快，被生擒的很少，但他们带来的妇女、小孩和各种物品却都被马其顿人俘获了。亚历山大登基以来的第一仗就这样以全胜而告终，他本人也仍和过去一样，在混战中一马当先。

亚历山大率军越过山脊，穿过希马斯山地，向特巴利亚人处进军，再由这里去多瑙河。特巴利亚国王得知亚历山大进军的消息，携带妇孺躲到多瑙河中的庇斯岛上，而其主力部队则转移到一个森林密布的峡谷中，准备在这里抵抗亚历山大。亚历山大根据地形的需要，把方阵改成纵深队形，同时命令弓箭手和投石兵上前射箭、投石，把敌人引出峡谷来。特巴利亚人遭到箭石的攻击，误以为亚历山大的军队不过如此，他们认为弓箭手和投石兵身边无利器，便冲上来和他们肉搏。当特巴利亚人被引诱到开阔地带时，亚历山大率领骑兵和排成密集队形的方阵兵，排山倒海般地向他们冲杀过来。特巴利亚人招架不住，四处溃逃。在方阵兵的正面攻击和骑兵的两翼包抄下，有 3000 特巴利亚人被杀死了，有一些在夜色掩护下沿峡谷逃跑了。据说，亚历山大方面只牺牲了 11 名骑兵和 40 来名步兵。

亚历山大乘胜前进，经 3 天行军，到达欧洲第一大河多瑙河。那个时候它被称为伊斯特河。在这里，亚历山大令人难以置信地会合了他的一支舰队，这支舰队是奉他之命从拜占庭驶来的。亚历山大想用这支舰队强攻登陆特巴利亚国王避难的庇斯岛，结果登陆失败。亚历山大便放弃了强攻庇斯岛的计划，决定渡河攻击河对岸的吉塔人。吉塔人是色雷斯人的一支，他们在河对岸集结了一支很大的队伍，约有 4000 骑兵和 1 万步兵，准备阻击渡河的亚历山大队伍，支援特巴利亚人。

亚历山大为渡河作了精心的准备，他派人从民间搜罗了许多小船（独木舟），并令人把兽皮做的行军帐篷做成皮筏。他利用这些工具一夜间就把大约 1500 骑兵和 4000 步兵渡过了多瑙河。过河后，部队在麦田的掩护下，神不知鬼不觉地紧靠河岸行进，快天亮时，他令部队走出麦田，骑兵列在右翼，步兵列成横宽、纵深的长方形方阵。吉塔人被这突如其来的攻击吓得完全失去了抵抗能力，他们万万没有想到，亚历山大在一夜之间不用桥就渡过了这条最大的河。他们也没想到，亚历山大的方阵如此坚强可怕，骑兵如此迅速凶猛。亚历山大骑兵的第一次冲锋就把他们打得溃不成军了。他们先是逃到村落里，在亚历山大队伍的追击下，他们又弃村而逃，一直逃到遥远的北部草原上去了。亚历山大把吉塔人的村落夷为平地，夺取了吉塔人未能带走的一切。

亚历山大并不是要夺取这个不开化的蛮荒地区，他只是要使这里的部落居民能感觉到他的威力，害怕他，从而在他离开时，不敢兴风作浪。因此，他在多瑙河河边向保护神宙斯、赫拉克勒斯和容许他过河的河神献祭后，便渡河返回南岸的营地。

多瑙河之役使亚历山大威名大振，多瑙河沿岸的部落都在亚历山大强大的武力面前屈服了，再不敢和马其顿对抗了，特巴利亚国王派特使来致意，其他部落也派大员来谒见，傲慢的凯尔特人也派来使团，要与马其顿修好。亚历山大和他们之间互相都作了适当的保证。有这样一个故事：亚历山大在会见凯尔特人时，曾问他们，他们最怕什么，他心想，他的威名肯定已传遍了这一带，他希望他们回答最怕他，但凯尔特人却回答说，他们最怕天塌下来砸他们。这一回答大出他的所料，不过，亚历山大仍跟他们结了盟，宣布他们是他的朋友，同时，他自我解嘲地说：“这些凯尔特人真会吹牛。”

亚历山大对多瑙河地区的色雷斯诸部落的策略是有战略眼光的。这里是一片没开化的蛮荒之地，马其顿占领它，并无多大的好处，却势必要使大量兵力陷入其中，这会影响亚历山大远征波斯的计划。亚历山大也无意改变这里的现状，要对这样一大块地区进行整顿是不容易的，也是得不偿失的。最好的办法就是让他们产生畏惧之心，和他们结盟。这样做既可保证边境的安全，又可在远征中得到他们一定的人力和财力的支援。其实，腓力和亚历山大父子对希腊诸城邦也是采取结盟的方式，这也是希腊的传统方式，所谓雅典帝国就是如此。亚历山大在远征波斯之前，基本上都是采取结盟方式扩大马其顿的势力，当然，这种结盟是以武力为后盾的，前提是盟邦都必须服从马其顿，听命于亚历山大。对于那些背叛他的盟邦，他的惩罚将会是令人害怕的，甚至是令人发指的。

3. 血洗底比斯：杀一儆百不留情

亚历山大成功地降服了多瑙河地区的诸部落后，率军返回，途中得知伊利里亚人反叛。伊利里亚人在巴尔干西北部，曾是马其顿的宿敌，亚历山大就是在马其顿大败伊利里亚人的胜利之日诞生的，他们虽被降服了，但时刻都在寻找机会反叛，他们认为马其顿王位更迭，亚历山大正与色雷斯人作战，这正是他们向马其顿报复的大好机会。但他们失算了，亚历山大很快就平定了伊利里亚人的叛乱，打得他们完全丧失了斗志，再也不敢和马其顿对抗了。这时，传来了底比斯人发动反马其顿暴乱的消息。

应当说，亚历山大对希腊是很尊重的，对希腊高度发达的文明是从心里敬佩的。他对他的老师亚里士多德的热爱和敬仰，就是这种心态的反映。他把老师为他注释的荷马史诗《伊利亚特》视为最心爱之物，藏在金盒中，放在枕头下；他把希腊神话中的英雄作为自己的榜样，他把宙斯之子赫拉克勒斯当作自己的祖先。他是以希腊人自居的。他继位后，对希腊表现出很大的善意。腓力突然死于非命，希腊人奔走相告，大肆庆贺。许多城邦互相串联，图谋进行反马其顿的叛乱。亚历山大虽率军南下，却对阴谋造反的希腊诸城邦极为宽大，除了重申科林斯盟约、确立亚历山大的希腊联军统帅地位外，没有提出别的什么要求。为了塑造自己感人有修养的形象，他在科林斯甚至放下君主的架子，屈尊去拜访了著名的哲学家第欧根尼，一位国王和一位犬儒学派代表人物进行了一次历史性的会晤。

第欧根尼过着极端反常的生活，他以“毁坏货币”作为自身的任务，他力图暴露大多数传统的标准和信条的虚伪性，号召人们回复简朴的自然生活。他所鼓吹的自然生活意味着，不仅无视奢侈的享受，而且无视有组织的、因而是“常规的”社会之法律和风习。为了表达对世俗物品的鄙视，他常年住在一只大桶中。亚历山大竟去见这样一个人是令人惊奇的，而他们的对话却成了流传千古的名言。

亚历山大以一个国王的身份居高临下地告诉第欧根尼，可以满足他的一个要求，只要他说出来。第欧根尼回答说：“你不要遮住我的太阳。”亚历

亚历山大与第欧根尼

山大没有被这样的回答所激怒，他的回答同样意味深长：“如果我不是亚历山大，我愿做第欧根尼。”

亚历山大这样做，虽有作秀之嫌，却也反映出他对希腊、对希腊智者的尊重，从内心深处他是想和希腊人友好相处的，当然，前提是服从他的统治。

但是，底比斯人的反叛给了他重重的一击，如果底比斯反叛成功，后果不堪设想，他远征波斯的计划就会落空。底比斯人的叛乱使他清醒了，大多数希腊人是看不起马其顿的，如果不给希腊人一个很难忘记的教训，他的后方就不会是安全的、巩固的。

促使底比斯人起义的原因有两个，一是当时在希腊盛传亚历山大已死于伊利里亚；二是底比斯作为希腊的一个大城邦，一个可以和雅典、斯巴达平起平坐的强大城邦，是不甘心受马其顿统治的，他们渴望恢复过去的日子。因此当被腓力流放的一些底比斯人秘密返回并鼓动底比斯人起来造亚历山大的反时，他们心动了，他们被流放者的诸如“解放”、“自由”等口号所引诱，被要把马其顿多年来强加在底比斯人身上的沉重枷锁甩掉的话语所迷惑，不顾一切起义了。他们杀害了两名马其顿官员，围攻马其顿驻军，宣布底比斯获得自由了，并要为凯洛尼亚的惨败雪耻。他们和波斯人勾结，派人到希腊各地煽动：谁想获得解放，谁想推翻暴君统治，谁就应当加入波斯和底比斯的行列。在底比斯人的煽动下，有好几个城邦准备支援底比斯人，雅典也跃跃欲试。希腊人大有联合起来反对马其顿之势。

但是，亚历山大的神速行动，摧毁了希腊人谋求“解放”的一切梦想。亚历山大听到底比斯起义的消息时，尚在距底比斯有 300 里之遥的皮仑城。这在今人看来没有多远的距离，在当时却是很远的。亚历山大不顾部队连续作战的疲劳，率领大军以每天 20 英里的速度持续行军两周，越过不知名的蛮荒地区，来到底比斯。底比斯人大吃一惊，但他们仍然相信亚历山大已死，认为这支突然而来的马其顿大军是由安提柯率领的。

开始，亚历山大还想给底比斯人一个悔过的机会，他没有立即下令攻城，而是在底比斯城下扎营，等待底比斯改悔，派使节来见他。底比斯人在亚历山大大军压境下，仍不屈服，他们没有派来求降的使节，而是派出了一队骑兵和轻装步兵冲向亚历山大的营地，从远距离向营地外围投石射箭，杀伤了一些马其顿士兵。亚历山大立即派出一支轻装步兵和弓箭手，把已经冲到营地跟前的底比斯人逐回城内。第二天，亚历山大率领全军，前进到距卫城不远处扎营。他仍没有令人攻城，在这里扎营，只是为了便于支援被底比斯人围困的、驻守在卫城的马其顿部队。底比斯人在卫城四周修起了双重栅栏，使外边的人无法支援被困在里边的人，里边的人也无法冲出来和外边支援的人里应外合。在这种情况下，亚历山大仍然希望能和平解决，仍在等待，没有下攻城令，而是在卫城附近的营地里按兵不动。亚历山大这种态度和他一贯的果断迅速的作风大不一样，这要么是亚历山大对希腊人有一种特殊的感情，不愿造成大的流血事件，要么是他认为这样做可以兵不血刃地解决问题，效果更好。

亚历山大的等待有了一定的效果，有一些底比斯人动摇了，从城内出来了几位公民，要见亚历山大，替全体底比斯市民请罪，请求他饶恕他们这次造反。但那些反马其顿的人却拒不接受亚历山大任何宽恕，坚决要与亚历山大对抗到底。

亚历山大仍在等待，仍然不进攻。但是，他的部下却没有亚历山大这样的耐心，他们被底比斯人的态度激怒了，他的警卫部队的指挥官赫斐斯申不等亚历山大下达进攻的命令，就率领部下捣毁栅栏，冲了进去，直扑底比斯的前卫部队。攻城战就这样开始了。亚历山大表现了他作为一个伟大统帅的当机立断，战斗虽不是在他的命令下开始的，但既已开始，就要把战斗引向胜利，而不能听任攻城的部下陷入困境，他立即下令全军攻城，并亲自率领军队攻了上去。

底比斯人根本无法抵抗马其顿人的进攻，亚历山大很快就攻进城内。这时，亚历山大一改宽厚仁慈的态度，露出了一副凶神恶煞的面目，下令对不投降者，一律格杀勿论。底比斯城内成了屠宰场，马其顿军队四处追杀溃败的敌人，屠杀停止抵抗的底比斯人，家里、寺庙里都成了马其顿士兵杀人的场所，见一个杀一个，见两个杀一双，妇女、小孩也不能幸免。逃到城外平原地带的底比斯人，也难逃一死，先后被追杀。总共有 6000 名底比斯人被杀。

随后，亚历山大在科林斯召开了一次同盟的理事会来决定底比斯的命运。按照会议的决定，3 万名幸存者都被卖到亚历山大军中当奴隶，起义的领导者被绞死枭首示众，底比斯全城被烧毁，夷为平地，由各盟邦瓜分。但在亚历山大的特别关照下，寺庙被保存了下来，大诗人品达的家宅也安然无恙。亚历山大在大肆屠杀中，仍然显示他政治家的圆通，没有忘记表示他对希腊文化的尊重，对神的敬仰。

普鲁塔克记述了这样一个故事，说明亚历山大在疯狂中仍保持着清醒。有一个马其顿军官闯进了一个底比斯妇女的屋里，使她遭受了无法形容的侮辱和伤害，最后还问她是否藏有金银。她告诉他说，她的全部珍宝都藏在一口井里，她把他领到井边，在他俯身向井中凝视时，她突然把他推了下去，并投下大块石头，把他砸死了。这一情景恰巧被几个马其顿士兵看见了，他们立即把她抓起来送给亚历山大去审判。这个妇女面对亚历山大昂然不惧，亚历山大不仅宽恕了她，而且还把她的家人、财产和自由一齐归还了她。当然，这并不能说明什么，对整个底比斯进行侮辱、掳掠和奴役的正是亚历山大。

底比斯，这个希腊文明的代表城市之一，这个令人骄傲的古城，狄俄尼索斯（酒神）和亚历山大的祖先赫拉克勒斯（大力神）的诞生地，就这样只剩下了令人叹息的残壁断垣。

全希腊都在这种暴行下战栗。他们把底比斯的毁灭看成是神罚天谴，因为在希腊人与波斯人的战争中，底比斯曾一再背叛希腊；他们在公元前429年侵占普拉太后，把普拉太人全部贬为奴隶，对归顺斯巴达而不归顺底比斯的人实行了大屠杀；他们还曾企图毁灭雅典。当然，说底比斯的毁灭是神罚天谴，也是亚历山大的拥护者为他的这一滔天罪行制造的开脱之辞，不过当时的人都相信这是真的。

屠城这样的罪行是战争中常有的事，古今中外概莫能外。亚历山大以后还会不断犯下这类罪行，但纵观亚历山大的征战一生，总的来看，他对于被他侵占的城池及其居民还是比较人道的。

4. 稳定大本营：恩威并施固后方

亚历山大毁灭底比斯的唯一目的，就是杀一儆百，警告希腊各邦，不得违背科林斯同盟之约。亚历山大的目的达到了，警告起了很大作用。亚历山大东征期间，希腊没有发生什么大的动乱。

雅典曾在暗中支持底比斯人，但亚历山大对雅典却十分宽容，雅典派了10名使者来见亚历山大，祝贺他从伊利里亚安全归来和镇压底比斯叛乱的成功。亚历山大还算友好地接见了使者，但给雅典城邦写了一封信，要求雅典交出德摩斯提尼等9名反马其顿分子。他认为这些人应该对公元前338年凯洛尼亚流血事件负责，也应对腓力逝世时反对腓力和亚历山大本人的罪行负责。这些人的罪行并不比底比斯叛乱分子轻。雅典没有把这些人交出来，而是另派了一个代表团去求亚历山大饶恕这些人。亚历山大又一次表现出政治家的风度，答应了雅典人的请求。他这样做，和毁灭底比斯的手段虽完全相反，目的却一样，都是为了稳定希腊局势，为了在他东征时，有个稳固的安全的后方。当然，他如此善待雅典，也是想在东征时利用雅典强大的海军力量，同时又可在希腊人心目中树立一个良好的仁君形象，他的老师亚里士多德正在雅典办学，他不愿因他的过激行动而影响自己的名声。雅典的反马其顿分子只有卡里德莫斯一人被流放，后来他逃到波斯宫廷去了。

随后，亚历山大来到科林斯，召开并主持了同盟理事会，决定了各邦在远征时应出的兵力。接着他又赶往特尔斐神庙，祈求神灵保佑他远征时一切顺利。

公元前335年初冬，亚历山大回到马其顿，做出师波斯的最后准备工作。他举行了传统的祭典，祭祀奥林匹斯山主神宙斯；又在故都埃加举行了奥林匹亚运动会，同时，有人说，还举行了文艺竞赛大会，向掌管音乐、绘画、文艺的诸女神致敬。出征前夕举行的这一系列活动，其实是在作战前的动员。祭神可以使远征涂上神意的色彩，这在古代是非常重要的。文艺演出是为亚历山大歌功颂德，传说有一个希腊神话中的竖琴手雕像在流汗，就有人解释说，这预示史诗、合唱诗、颂歌等作者将为亚历山大和他的功绩而流汗。运动会可激发人们的勇气和斗志。同时这些活动还可以营造一种快乐、团结、奋进的良好气氛，这种气氛可以使即将远离家乡出征的士兵产生一种精神力量，这种精神力量和精良的装备同样重要。

四、鸿鹄之志：亚历山大的雄心

1. 好奇心：无止境的求索精神

亚历山大受他父亲的影响太大了，他是他父亲精心培养的接班人，他继承了父亲的许多特点，但他又是个和父亲完全不同的人，父子之间的严重矛盾和冲突就反映了父子性格的差异，亚历山大的性格中还有他那容易激动好幻想的母亲的影响，有他那博学的老师亚里士多德的影响。他亲近母亲而疏远父亲，他爱老师甚于爱父亲，他认为父亲只给了他生命，而亚里士多德教会了他安排生活的艺术。在他身上有他母亲的疯狂，有他父亲的稳健，还有亚里士多德的教养。

促使他进行远征的有多种因素，而不是某一种因素。有人认为最重要的因素是心理因素，是他特殊的性格。性格和心理确实是不可忽视的，在亚历山大的性格中和心理上，至少有两点是不能不考虑的。

一是他身上的英雄主义色彩，他把希腊神话中的英雄，特别是大力神赫拉克勒斯作为自己的榜样，他心中充满建功立业的激情，他和他父亲不同，他不迷恋美色，不喜好酒宴，就是因为他把创立前人未有过的功业作为自己人生的最大追求。在他还未成年时，他就害怕他父亲把所有的事情都做完了，自己没有什么大事可干了，没有当英雄的机会了。征服波斯，进而征服世界是他一生的梦想。

二是他无止境的求索精神。这有他老师亚里士多德的影响。亚里士多德在学术上，是个永不休止的求索者，亚历山大是个军事上、政治上永不休止的征服者、扩张主义者。事实上，他有着浓厚的对世界上一切未知东西的好奇心。他有着一种无休止地去发现世界和发现自我的欲望，“我要成为一个诗人，我要成为一个先知……我要探寻那未知的世界。”有人引用这样的诗句来形容亚历山大的这种性格。

如果我们不考虑亚历山大性格中的这些特点，我们就无法解释为什么他的远征永无止境，为什么远征时还带一个科学考察团，为什么要沿途收集大量自然历史材料送回希腊，供他老师亚里士多德研究用。

当然，一个国家如此之大的军事行动，一个将要把千百万人带进前途莫测的敌对区域的行动，不可能仅仅出于为了表现个人的英雄主义，为了满足个人的好奇心。把心理因素看成是远征的最重要的原因是不对的，心理因素只是诸多因素中的一个。

2. 孝心：父亲的未竟之业

实现腓力的遗愿、完成腓力未竟之业是亚历山大远征的一个重要原因。应当说，腓力为远征而在军事上和外交上都做了大量工作。是腓力建立了科林斯同盟，停止了希腊各城邦的混战，实现了希腊各城邦（斯巴达除外）的稳定和联合。但是，这种联合是在马其顿的武力压服下实现的，是在希腊各邦牺牲部分主权换来的，是在向波斯进行复仇战争的口号下实现的。希腊各城邦之间的战争转化为在马其顿领导下的对波斯的战争。在腓力领导下进行一场对波斯的战争，这也是部分希腊人所企望的。雅典的亲马其顿派首领伊索克拉底，在公元前346年，在其《致腓力书》中，就尊马其顿国王为主宰、希腊的统一者和反波斯战争的首领。伊索克拉底是希望利用马其顿，使希腊成为一个新的帝国，掠夺新的领土，他在《致腓力书》中写道：“尽可能地扩大领土，攻取亚洲，从奇里乞亚一直打到锡诺普，并且在这块土地上建造城镇，收容那些逢人便为害的缺乏生活资料的流浪者。”

腓力当然不会按伊索克拉底的意见行事，他发动对波斯的战争，肯定是要夺取尽可能多的土地和财富，他不是为希腊而是为马其顿，为他自己。同时，他作为希腊联军的统帅，要为希腊人复仇，而作为马其顿国王，他要惩罚波斯人对佩林苏斯和色雷斯的进攻。腓力遇刺，马其顿说是波斯阿契美尼德王朝策划的，亚历山大又增加了为腓力报仇的口号。

3. 野心：诱人的领土与财富

亚历山大比起他父亲来，胃口更大。当时，马其顿的财政十分困难，这是促使亚历山大立即远征的重要原因。亚历山大父子二人都对波斯的财富垂涎三尺，必欲夺之而后快。亚历山大在他踏上亚洲土地的那一刻，就明白无误地表示了他的领土野心。他第一个把长枪投到了亚洲土地上，这意味着，他要用长枪尖来征服这块土地。他在这场战争中，完全按色诺芬所下的定义做。色诺芬说："在战争中从敌人手里夺取了城市，也就夺得了城中的一切，不管是人还是物，都属于战胜者，这是一个普遍的永久的法则。"

亚历山大一开始就认为，未来的一切被征服的地方最终都是如此。这意味着征服波斯和过去征服希腊完全不同，征服希腊只是把希腊统一起来，在马其顿的领导下，进行反波斯的战争，它们仍保留原来的政府、法律和管理方式，马其顿并没有直接兼并它们的土地；而征服波斯，自始至终都是以兼并，以夺取波斯的城市、乡村和一切财富为目的的。这一政策的转变，标志马其顿已从雅典帝国那样的帝国转变为波斯帝国这样的帝国了。

亚历山大开始创立他自己的帝国了，他对他所占领的地方一律委派马其顿的总督和行政官员进行直接统治，恢复部落进贡或大流士的进贡。这种目标已不是希腊人所能想象出来的，和伊索克拉底的设想也完全不同。

不同之处还在于，亚历山大的领土扩张是无限的，而希腊人和腓力所设想的扩张都是有限的。腓力和亚历山大都没有直接说出自己的扩张计划，但有一件事很清楚地显示了他们之间的不同。公元前 331 年腓力的老将帕米尼欧力劝亚历山大采取宽容态度，接受大流士提出的向亚历山大割让一直到幼发拉底河的亚洲土地的外交提议。帕米尼欧强调："至今尚未有人能够拥有自伊斯台尔至幼发拉底河之间的跨度如此之大的广阔土地。现在该把注意力收回马其顿，而不能盯住大夏和印度了。”帕米尼欧进一步表示，“假如我是亚历山大的话，我就会接受大流士的提议。”亚历山大没有为帕米尼欧的话所动，他反唇相讥：“假如我是帕米尼欧的话，我也会接受。”

亚历山大的东征除了打“复仇战争”的旗号外，还有一个旗号——“解放战争”。复仇战争之说，是要使这次战争成为整个希腊向波斯复仇之战，这样既师出有名，又可在各盟邦招募军队。在亚历山大的东征大军里就有7000名希腊步兵和2400名希腊骑兵（包括色雷斯骑兵），他们是亚历山大军队的不可忽视的组成部分，希腊联军由一名希腊军官和一名马其顿军官共同指挥。一些希腊城邦还为亚历山大提供了他所缺少的海军舰队。同时，这支随行的希腊军队实际上也是亚历山大手中的人质，可以保证出征期间，希腊不出现反马其顿的活动。当然，复仇战争的口号也表示亚历山大对希腊、对希腊文明的尊重，为了安抚希腊人，为了表示战争的全希腊性，亚历山大在战争期间，也常有所举动。如在格拉尼库斯河战役之后，他令人将300套波斯甲胄送往雅典向雅典娜献礼，并附有如下献词：“腓力之子亚历山大和全希腊人（拉斯地蒙人除外）谨献上缴获亚洲蛮族之战利品。”

亚历山大在这里说的是全希腊人，他需要打这样的旗号，他这样的举动还有过多次。公元前331年10月，高加米拉战役胜利后，亚历山大将这次胜利比作希腊人公元前480年在萨拉米斯和公元前479年在普拉蒂亚打败波斯人的胜利，“他致书希腊各城邦，废除僭主政治，各城邦可以按照自己的法律治理国家”（普鲁塔克所著《亚历山大》）。公元前331年12月在苏萨，他还未接到打败阿基斯三世的捷报，就将薛西斯一世于公元前480年抢走的历代塑像送还雅典。

解放战争，也就是说，这场战争是为了解放亚洲各希腊城邦。有些古代学者把这说成是亚历山大的首要任务。这种说法不是很确切。当然，那些受寡头和僭主统治的城市，确实把亚历山大的到来看成是一种解放。在以弗所，民主的恢复导致了多次的报复行动，亚历山大只得亲自加以干涉，才制止了滥杀僭主支持者的行为。但是，除了热烈欢迎的场面外，也有抵抗和造反的。这种抵抗有波斯军队组织的，也有民众自己拒绝归顺的。对于抵抗和造反的，他用色诺芬所说的战争法则来惩治他们，也就是说，最终支配这些城邦和它们的居民。如奇里乞亚的索罗伊城亲近波斯，亚历山大就令该城缴纳 200 塔兰特的巨额罚金，并向该城派驻军队。事实上，希腊各城邦所获得的自由，不过是亚历山大的一种退让策略，是暂时的自由。我们在这里举一个例证。潘菲利亚的阿斯潘达斯城，亚历山大起初同意，只要缴纳 50 塔兰特和进贡实物（战马），便不向该城派驻军队，允许其实行自治。然而，当亚历山大听说该城不愿履行条约，便大兵压境，强迫该城接受新的条约，并将该城由“自治”城邦改为“附属”城邦。关于这件事，阿利安是这样记载的：“亚历山大令阿斯潘达斯人将该城显贵送交他作为人质，进贡他们已经答应的战马，缴纳钱款由 50 塔兰特升至 100 塔兰特，接受由他任命的总督的统治，向马其顿国王岁岁纳贡，而且还要接受对其受指控非法强占邻国土地一案所作的调查。”

显然，不管是“复仇战争”还是“解放战争”都是亚历山大发动这场战争的借口，都是他为他的这一行动寻找的冠冕堂皇的理由，这些理由既投合了希腊人的要求，也符合他自己的双重身份。因为他既是马其顿国王，又是科林斯同盟的盟主、希腊联军的统帅。但实际上，复仇和解放都不是他的目的，如果仅仅是复仇，他就应当接受大流士割让土地求和的提议；如果是为了解放亚洲的希腊城邦，他就不应当给这些城邦套上新的枷锁。

亚历山大发动这场战争的真正目的并不那么光明正大，那么冠冕堂皇。他的目的就是侵占波斯的领土，掠夺波斯的财富。对于一个拥有强大战争机器，而又财政困难的国家来说，波斯是最好的，也是最诱人的掠夺对象。波斯不仅幅员广大，而且文明发达。希腊人虽视波斯人为蛮族，实际上，波斯人的文明比希腊文明还要古老。两河流域和埃及在希腊文明产生前就是文明的中心。希腊人虽看不起波斯人，但对于波斯文明却也心怀敬意，对波斯所拥有的财富也十分羡慕向往。有不少希腊人在为波斯宫廷服务，在希腊不得志者、受排挤者也都纷纷投奔波斯，事实上，希腊的争霸战争中，各方势力都尽力勾结波斯，借波斯势力以自重。亚历山大认识到，不仅波斯所拥有的财富可解决马其顿的财政问题，使马其顿更加富强，而且要真正彻底解决希腊的问题也要彻底打败波斯。有一个强大的波斯存在，希腊也不会平静，马其顿和平也不会长久。亚历山大的目的，或者说，他的雄心，就是要灭亡波斯帝国，侵占其全部国土和财富，建立一个世界帝国。这也是他和腓力的不同之处。腓力似乎没有设想过要灭掉波斯，他的胃口显然没有他儿子大。

亚历山大侵占东方土地，掠夺东方财富之举开了西方掠夺东方的先河，以后，西方不断侵入和掠夺东方，当然，其中也有东方侵入西方之时，到近代西方完全压倒了东方，东方，包括中国，完全成了西方的掠夺对象。当时，亚历山大还不知有个中国在东方。亚历山大所知道的世界是被海洋包围着的，西边有大洋，东边，恒河以东也是一片“外洋”，而且，恒河流域是一片荒漠。因此，亚历山大的东征到印度河就结束了。他的目的好像只是重建大流士一世帝国的边界，并从中获取大流士曾经获取的所有政治和财政利益。当然，他东征的停止也可能是他已没有力量继续前进了，他的部下也不愿跟着他无休止地东征下去了。

五、万事俱备：亚历山大的筹码

1. 军队：配合完美的各色兵种

亚历山大东征的对象波斯，不只是个文明古国，也是个十分强大的国家。比起马其顿来，无论在人力上，还是物力上，波斯都拥有绝对的优势。波斯有着从欧洲的色雷斯到印度、长达 3000 英里的广袤国土，有 4000 万人口，有丰富无比的财力资源。波斯国王的家族统治这片土地 200 年，根深蒂固，有着牢固的统治网，阿契美尼德王朝既没有经济危机也没有公众的不满，波斯王公贵族对大流士一直是忠诚的，各地的实力派和大流士的关系也一直是好的。应当说，波斯国王大流士三世的统治是稳固的。他是有力量拒入侵者于国门之外的同时，又保持着辽阔领域内的和平的。

大流士三世有多少军队，现在已无从知道。希腊的一些历史学家所提供的有关波斯军队数量的统计显然是有意夸大了的。有人说，大流士参加伊苏斯一役的军队人数就有 50 万，这肯定是不确切的。但是，波斯军队人数远远超过马其顿军队却是毫无疑问的。大流士三世国王不但自己有一支纪律严明、训练有素的军队，而且还有山地居民和沙漠地带的游牧民族供他驱使。他们凶狠好斗，随时听候大流士的调遣。波斯人仅在小亚细亚一地就驻扎了2万骑兵。他们手执梭镖，被认为是世界上最优秀的骑手。大流士麾下还有一支同样著名的弓箭手队伍，构成了步兵的主体。另外还有2万名希腊雇佣兵。令人奇怪的是，这些雇佣兵并没有因为要与之对抗的是所谓希腊联军，而削弱了作战的决心，他们有强烈的反马其顿情绪，死心塌地地为大流士卖命。

大流士三世还有一支可和腓尼基海军媲美的海军，它是当时世界上最精良的，可随意在地中海游弋，爱琴海实际上处于波斯人的控制下。这样一支海军的存在，对远征的亚历山大的威胁是巨大的，它既可使亚历山大处于两面受敌的境地，又可在马其顿后方捣乱，煽动希腊城邦反马其顿。

亚历山大也有一支舰队，但无法和波斯人的舰队相抗衡。亚历山大不擅长海战，他的这支海军原由一些雅典船只组成，亚历山大并没有打算用它来对抗波斯人，实际上是把它作为抵押品，以确保雅典在他出征期间不会背叛。

亚历山大靠什么去打败并灭亡波斯呢？靠陆军，靠当时世界上，不包括中国，最精良的一只陆军部队。这是一支亚历山大从腓力那里继承下来的军队，由服役并训练多年的马其顿贵族和健壮的农民组成，是一支战斗力极强的职业军队，是有史以来配备最齐全的军队。有骑兵，有步兵，步兵分重装步兵和轻装步兵，有弓箭手、标枪手和投掷手，有攻城兵，有工兵部队，还有医疗队。亚历山大的这支军队还得到一支有效的后勤部队的支援。远离本土、深入敌境作战，没有可靠的后勤供应其后果是灾难性的。

亚历山大把各兵种组成一个统一的整体，作战时，既充分发挥各兵种的特点和作用，又互相配合。这是他的军队之所以能所向无敌的一个重要原因。

亚历山大特别善于用骑兵，尽管这时的骑兵既没有马鞍也没有钉马掌，他却利用骑兵的横扫千军之勇，使其成为他的起决定性作用的兵种，成为他一支正规的突击武器，成为他军队的核心，“国王的左右”。亚历山大对骑兵的运用是军事史上的一大创新。

同时，他将骑兵、步兵和轻装武器部队联合运用于一切军事行动之中，不仅用于阵地战，也用于可能只有一支小分队参加的小规模遭遇战，这是令人惊奇的，也是十分困难的。亚历山大之所以能这样做，据他自己说，是因为他认真从事，他说战术就是动脑筋。由于善动脑筋，他能随时变换战术来应付各种具体问题。

2. 阵法：所向无敌的马其顿方阵

古代战争中的常规战法，就是一堆人朝着另一堆人猛冲猛打，直到一方取胜为止。亚历山大不采用这种战法。他的排兵布阵别出一格，他让大队骑兵按兵不动，等敌军阵地上出现了突破口后，再向缺口处发起猛攻，并从侧翼包抄敌军。他用右翼兵力作为突击力量有一个特殊的原因，保护他的右侧没有盾牌遮挡的步兵，防止他们不自觉地向右方移动。因为，在受到攻击的情况下，每个步兵总是向身旁战友左手所持的盾牌靠过去，以寻求多一点安全。这样一来，亚历山大当然要率兵冲击敌军左翼，以加快其向右的自然性移动。

亚历山大的令敌人丧胆的著名战斗方阵由 9000 名马其顿步兵组成。方阵建立在严格训练和严明纪律的基础上，每两人之间必须留有 3 英尺的间隔，队形过于密集，行动就不灵便，遇到地面坑洼不平或敌人的突然冲锋，就可能会有一大片人摔倒而被践踏。当然，在为了使队伍有较大防卫能力时，也可使方阵密集些。由于保持一定的间隔，马其顿方阵具有灵活多变容易调动的特点（后来比马其顿方阵更先进的古罗马军团也有这个特点）。战斗方阵一般为矩形，但也可以是正方形或其他形状。阿利安在他的《亚历山大远征记》里，在记述亚历山大和伊利里亚人的一次战斗中，描述了亚历山大如何利用队形的灵活变动威慑住了敌人，不战而胜：

“在这种情况下，亚历山大只好把方阵全部疏开形成 120 纵列，两翼各部署 200 骑兵。命令他们保持肃静。还命令重骑兵把长矛直竖，然后，听到命令立即把矛头向前作冲锋姿势，一排排的矛头先向右、后向左摆。方阵本身，在他亲自指挥下，前进时步伐矫健、军容严整；然后又向左右两翼交替回旋。他就是这样，在很短的时间里表演了各种队形变换；然后命令左翼突出一部作为尖兵，亲自率领他们发动进攻。敌人看到他的部队调度灵活纪律森严，早已目瞪口呆，未等这些希腊人靠近，就放弃了头一排山丘逃走了。”

这种战法，既对敌人有威慑作用，又可使敌人不知虚实，不知如何对付，从而达到突然击溃敌人的目的。当然，这样做的前提是马其顿方阵早已威名远扬。

方阵兵是重装步兵，全身披挂着青铜头盔、胸铠和胫甲（护腿），手执盾牌、利剑和长矛。长矛长约 4 米，分量全在柄端，战士手执矛柄可及于数米远。这种武器比波斯人手中的短剑要得力得多。但是由于装重、矛长，行动就不那么灵便，主要用于防守。亚历山大还有一支轻装步兵，武器是短刀，行动灵活，适合于进行强攻。

亚历山大和他那被称为“国王的左右”的剽悍骑手立于右翼。这支骑兵是亚历山大军队的核心，共 2000 人，他们全身披挂，戴青铜盔，穿胸铠，着胫甲，手执短剑、短梭镖和小圆盾牌；不过这时还没有马镫和马鞍，这些装备要到下个世纪才普遍使用。这支骑兵以 250 人为一个作战单位。跟随亚历山大左右并由他亲自指挥的一小队专用骑兵，称御林军。

左翼的骑兵一般由老将、全军副统帅帕米尼欧指挥。帕米尼欧曾是腓力手下的大将，作战经验丰富，用兵谨慎，堪当此任。作战时，全军

马其顿重装步兵

列成所谓的斜队形，帕米尼欧及其左翼的任务是稳住阵脚，要一直坚持到亚历山大从右翼发起攻击的决定性时刻。

亚历山大还有一支轻骑兵，其中一部分同轻装步兵、弓箭手、投石手及标枪手一道配置在左右两翼。随同亚历山大出征的还有5000名希腊雇佣兵和来自科林斯同盟的7000名希腊联军。对于希腊联军，亚历山大只是把他们作为人质，使希腊各城邦不敢轻举妄动，除委以一些卫戍任务外，并不用于阵前作战。

亚历山大出征时，留下了一支部队驻守马其顿和希腊，以保证后方的安全，和随时给前方支援和补充。他率领的远征大军合起来共有3万多步兵、5000骑兵。在人数上，这是无法和波斯相比的。亚历山大出征时的头衔是马其顿国王、科林斯同盟盟主和希腊联军统帅。随着时间的推移，他的头衔会愈来愈多。

3. 谋士：济济一堂的良将与智囊

亚历山大部下除精兵外，还有一批良将。在他的主要大将和谋士中，既有曾跟随腓力征战的老将如全军副统帅帕米尼欧、负责海军的尼阿丘斯等，也有他的莫逆之交，如御林军队长赫斐斯申，还有童年时的伙伴如帕米尼欧的儿子骑兵将领菲洛塔斯和他奶妈的儿子弓箭手长官克雷图斯，克雷图斯后来在战场上救了亚历山大一命，但却因酒后争吵被愤怒的亚历山大杀死。此外还有方阵兵统帅托勒密、骑兵将领塞琉古、负责军队财政和军需的长官哈帕鲁斯和雷希马楚斯等。这几个人是少有的将才，都可成为独霸一方的君主，但在亚历山大在世时，都心甘情愿地做了他恭顺的部属。

亚历山大有一个智囊团，为他提供他所需要的各种材料和建议。智囊团虽有不少饱学之士，但亚历山大和他的部属对所在的世界仍知之甚少。当时的人都认为“人类居住的地球”，即世界，是被大洋包围着的。由于希腊人曾到过大西洋，熟悉希腊文化的亚历山大也知道西边有海洋，但另外三边的大洋在哪里却无人知道。后来亚历山大到里海，便认为这是北部海洋的一个海湾。后来又相信印度洋是地球南部的边缘。东边的尽头在哪里在亚历山大心头仍是个谜，他很想知道。他到达印度河后，认为西边的海洋就在印度河以东不远的地方。他本想一直打到地球东边的尽处，但由于部队叛变，他未能到那里，这对亚历山大来说，一定是件憾事。他对中国和印度次大陆一无所知。

尽管亚历山大对世界的认识是不清楚的，甚至是错误的，但对于有关紧邻地带地形的细节，他的智囊团给他提供的资料却是准确无误的。战争讲究知己知彼，尤其是在敌国境内作战，如果敌情不清，后果是不堪设想的。一般说，亚历山大对敌人的情况还是很清楚的。他是谨慎的，情况不清，他是不会贸然行动的。他的智囊团事实上只出过一次错，那是在伊苏斯大战的前夕。辎重队也使他失望过一次，那是在可怕的格德罗西亚（俾路支）大沙漠。

4. 规划：精确周密的全面计划

最新的研究表明，亚历山大成功的关键在于精确地计划与计算出每一步骤。历史学家唐线思格斯作过一个计算：如果亚历山大有4.8万名士兵，每3名士兵有一名侍者，不包括辎重队，大约有6.4万人听从亚历山大指挥。在这种情况下，平均每人每天需要大约1.4公斤粮食，另外至少还有2升的水，那么对于这支军队来说，每天就是9万公斤的粮食和13万升水。为了运输这些粮食和水，军队就需要大约1100匹马。还要1300匹马用来运输诸如帐篷、被子和工具等装备。除了这2400匹马以外，还要有6100匹骑兵用马，这样算来就有8500匹马。因为这些马匹处于极度劳累之中，所以每匹马每天就需要4.5公斤干草或者稻草以及等量的粮食，这样，这些马一共就得需要3.825万公斤草料。另外，每匹马每天需水量是31.5升，这样每天总共27.2万升。粗算下来，就是40万升水和13万斤粮食。这个数字大得吓人，如果没有很好的部队补给组织工作，军队的胜利几乎是不可能的。

为了保障军队的给养，亚历山大必须找到地下水脉。在广袤的沙漠地带，必须精确计算所需量。运输必须得到保障。亚历山大非常重视这方面的工作，拥有这方面的各种人才。他们所做的工作，和他的士兵在战场上打仗一样，都是成功的、史无前例的。亚历山大所需的武器和粮食通常是向行军沿途的乡村筹集，他所重新任命的各地长官的首要任务就是保证部队的供给，特别是保证提供足够的水和粮食。但是他也很注意保护当地居民不被抢掠。

中国古代的军事家强调天时的重要性，这是对的。亚历山大也很有效地利用天时。他选择在春季出征，是因为他算好了，当他征服赫勒斯滂另一侧的城市时，正是收获季节，筹粮容易。冬季的宿营地，亚历山大总是选择在沙漠附近或紧靠有耕地的地方。如果做不到这一点，亚历山大就会把军队分成若干独立的单元，让他们各自在富饶的地方过冬。

周密的计划是亚历山大成功的关键，而周密的计划的制订，除了依靠亚历山大本人的智慧和认真的态度外，还因为亚历山大有一个智囊团，有各方面的专门人才。

5. 武器：先进精良的攻城器械

亚历山大的部队拥有许多当时最先进的武器，其中最令人瞩目的是攻城车。这种车用在攻城拔寨上，威力巨大，所向无敌。攻城塔这样的作战机械过去也有，但亚历山大的攻城塔高达 150 英尺，可以把它们推到对着敌城的任何部位，便于他的士兵跃上城去。他在攻城塔的底部装上轮子，外包皮革以防火。攻城槌是一种长 100 公尺、两端包有金属的横木，还有在敌城下面挖掘地道的器械等也都远非以前的同类器械可以相比的。

负责武器创新的是一位叫笛亚德斯的希腊工匠。他和他的同伙还发明了一种与大弓相似的器械——扭力石弩。这种石弩能把巨型箭支或五六十磅重的巨石准确地射到 200 码外，我们只要想一想，19 世纪初，有人指出用滑膛枪击中 100 码以外的目标是异想天开，便知道这种武器有多么了不起。

我们不知道，亚历山大是出于什么考虑，并没有在正规战中把石弩当炮使用，而只是用来攻城或是从河对岸逐走敌人。可以想象，在大块石头和如蝗的巨型箭支突然落到头上时，敌人是何等的惊慌！

亚历山大队伍中还有一个科学考察团，有探险家、植物学家、地理学家，有哲学家和诗人。他们既是他的智囊团成员，又有自己的考察计划。亚里士多德的侄子、历史学家卡利西尼斯也随军出征。他的任务是把远征的情况记下来，为亚历山大写一部远征史。这个人有点自命不凡，有一次，他对亚历山大说，亚历山大的声望不取决于他所做的事，而在于他卡利西

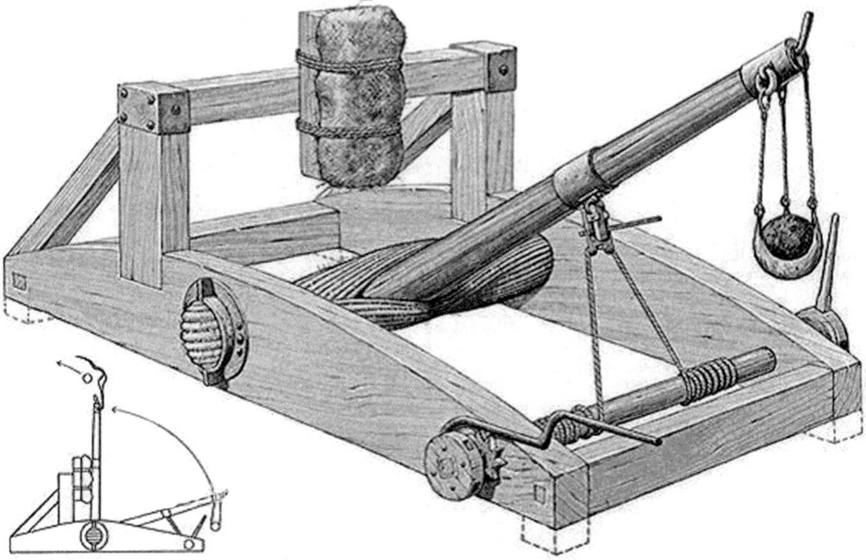

扭力石弩

尼斯怎样去记录。他撰写时，经常对照皇家日志核对他记录的细节。皇家日志是奉亚历山大之命由专人记下每日大事的官方记录。这部日志成为同时代人撰写亚历山大历史的依据，也是阿利安的主要史料来源。

6. 统帅：智勇双全的天才指挥

亚历山大在某一点上有着绝对的优势，这就是作为马其顿和希腊方的统帅，亚历山大在智慧和勇气上，都是波斯方统帅大流士三世所无法比拟的。统帅的智慧和勇气，特别是统帅的指挥才能，有时能起决定性的作用。在两军主力对决的伊苏斯会战中，波斯在兵力占优的情况下，正是其统帅大流士的愚蠢和胆怯把胜利送给了亚历山大。而亚历山大之所以在兵力处于劣势的情况下取得胜利，亚历山大的非凡勇敢和杰出的指挥才能起了极大的作用。

亚历山大的过人智慧不仅表现在指挥作战上，也表现在其他各个方面。组织计划、后勤供应、行政管理、外交宣传，处处都闪现他智慧的光芒。

亚历山大为远征做了很好的宣传工作，他把他的这一完全是为了掠夺财富的战争宣传成正义战争，什么“复仇”，什么“解放”，把自己打扮成正义的化身。他还把这次战争说成是神意。亚历山大在启程前特意去访问了特尔斐神庙。女巫对他说，她必须保持沉默，因为阿波罗神在冬季远离特尔斐。亚历山大将再不发一言的女巫拽到寺庙的内室中，坚持要她说出一则预言，女巫呻吟道："哦，孩子，你要相信，这是不可抗拒的。"女巫的话可能是说，阿波罗神不在，她必须沉默是不可抗拒的。当然，也可能有其他解释，这是预言的特点。亚历山大为了用女巫的话来说服他的军队，鼓舞士气，他把"不可抗拒"说成是"不可战胜"，并让人到处传播亚历山大的军队"不可战胜"的所谓特尔斐神庙女巫的预言。在那个崇拜神、相信预言的时代，这则被亚历山大到处传播的预言，会产生相当大的力量。对敌人是种心理威慑，对自己则是一种安慰、一颗定心丸。

一切都准备好了，一切细节都考虑了，出发的时刻到了。但在这个时候，老将帕米尼欧建议亚历山大应该结婚并应立嗣。亚历山大置此议于不顾，他可能想到他的父亲正是由于迷恋新婚妻子而耽误了东征大业，他不能重蹈覆辙。他不急着结婚，他要全身心地投入到这次远征中去。他说他自己负大家的债太多，因此他把自己拥有的全部金银珠宝、奴隶和牛羊全都赠送给战士们的父老家人，士兵们个个感动得热泪盈眶，全军士气高涨，发誓要为国王的大业献身。

第四章　征服者的脚步（一）：向波斯进军

一切准备就绪，亚历山大踏上了征途，欧洲和亚洲的两大势力将进行空前的决战，历史将翻开新的一页。

一、出师告捷：登上亚洲土地

1. 意外之举：先正名再出征

公元前 334 年的春天，亚历山大任命老臣安提柯留守马其顿，总管一切，告别了母亲奥林匹娅斯和未婚妻西尔维亚，率领 3 万步兵和 5000 骑兵出发了。

大军经过塞新尼替斯湖和斯特赖梦河三角洲，越过潘加伊安山，然后沿海岸前进，在安菲波利斯稍作休整后，来到赫勒斯滂海峡旁的城市塞斯塔斯。他在这里向一座古墓献祭，因为古墓里埋着一位叫普罗太西劳斯的人，这个人是特洛伊战争中希腊统帅亚加米农手下的一名战将，是第一个登上亚洲土地的希腊人。亚历山大此举一方面可表明自己是特洛伊战争中的英雄的继承者，另一方面也祈求死者保佑自己出师顺利。

这时，由尼阿丘斯率领的由 160 艘战船组成的船队也来到海峡，亚历山大命令帕米尼欧组织士兵乘船渡过海峡。160 艘战船和一大批货船在海峡山扬帆横渡，亚历山大亲自在旗舰上掌舵，船到中流时，他令人抛下一头奶牛向海神波塞冬献祭，还用一只金碗盛满酒，洒进海里，献给海神娘娘。登陆时，亚历山大第一个跳下船，踏上亚洲的土地，并掷出手中的长矛。亚历山大用这种方式，表示要“以矛赢国”，因为，按照传统，把他的矛掷入敌方的土地里，就表示提出要对其国进行统治的要求。全军登陆后，他下令在欧洲的出发地和在亚洲的登陆地同时筑起祭坛，祭祀保佑他安全登陆的宙斯、雅典娜和赫拉克勒斯诸神。

亚历山大常有一些惊人之举，一般人很难理解，其实，在他这些看起来古怪的行动里，包含着其深思熟虑的计划和一定目的。他在亚洲土地上的第一个行动，不是亲自率领部队火速前进。他只派遣帕米尼欧率领主力部队向格拉尼库斯河挺进，因为那里驻有波斯军队。他在亚洲的第一个行动，出人意料，竟是带领一些部属直奔特洛伊古城遗址上的伊利亚新城。他要去那里瞻仰荷马在其不朽史诗中赞美过的特洛伊王之城，去凭吊这个著名的古战场。他从小就从杜波菲亚那里接受希腊文化的教育，后又师从亚里士多德，深受《荷马史诗》的影响，他对包括他的祖先在内的众多英雄战斗过的这一地方一定心慕已久，现在机会来了，他能不去吗？这个诱惑力太大了。当然，他此行还有别的用意——侦察敌情，看一看在他军队的侧翼有没有敌军埋伏。希腊人对特洛伊之役无人不知，把他的东征和900多年前亚加米农的充满神话色彩的军事行动联系起来，可鼓舞士气，使他的东征充满英雄主义色彩，同时还可祈求保佑。

在伊利亚的雅典娜庙前，亚历山大把自己的全副盔甲和武器与保存在庙中的、据说是阿基里斯的盔甲和武器作了交换。后来他打仗时，就让卫士在他前边捧着这些武器。他的用意很清楚，他已取代了特洛伊英雄的位置，得到神的特别宠爱，他要把阿基里斯的事业进行到底。据说他又到宙斯庙中向勇敢的特洛伊王子普瑞亚献祭，乞求不要对阿基里斯的后裔降灾。

随后，亚历山大发现了阿基里斯的墓，按照习俗，要净身后才能祭奠祖先，他不顾卫兵的劝阻，脱掉衣服，跳进城边的小河沐浴，随从们为他的虔诚所感动，也纷纷脱掉衣服跳入河中。沐浴后，亚历山大和他的随从一丝不挂地站在阿基里斯墓前，他把油涂在墓碑上，又在墓的顶端放上花环，他的挚友赫斐斯申也把花环放在阿基里斯的知心伙伴帕特洛克鲁斯的

《亚历山大朝见阿基里斯之墓》

墓上。亚历山大还和他的伙伴们赤身裸体在墓前赛跑。裸体祭神是希腊的传统风俗，表示对神的崇敬。亚历山大此次特洛伊之行，在某种意义上，也可以说是一次宣传活动，一次演出，应当说，亚历山大是一个很杰出的演员和宣传家。他借神灵以自重的目的显然达到了。

凭吊特洛伊古战场后，亚历山大迅速返回军中，率军向格拉尼库斯河挺进。当亚历山大率军到达格拉尼库斯河西岸时，波斯人已在河对岸严阵以待。

2. 河边激战：由失利变胜利

在亚历山大率军渡过赫勒斯滂海峡后，波斯方面召开了一次军事会议，商讨对策，参加的有波斯骑兵统帅阿萨米斯、行省总督阿西提斯及雇佣军首领迈农等。

迈农是个作战经验丰富的将才，他认为马其顿的步兵比波斯的强得多，亚历山大御驾亲征，士气正盛，在这种情况下，和亚历山大硬拼，刀对刀，枪对枪，对波斯不利。他建议波斯人采用焦土政策，向后撤军，烧毁村舍、庄稼甚至城池，这样，因为无粮无草，亚历山大就无法立足。这是一个有战略眼光的建议，如果波斯人采纳，亚历山大的东征便可能夭折，亚历山大纵有天大的本事，也无法深入一个无粮草的敌国领土作战。对于亚历山大来说，幸运的是这个建议是一个希腊人提出来的，而不是波斯人提出的。

阿西提斯首先站出来反对迈农的建议，他用不屑一顾的语气嘲笑迈农，他说，他决不允许自己人的房子有一间被烧。出席会议的波斯人都支持阿西提斯，他们不只是认为迈农的建议是不可接受的，而且怀疑迈农是为了保住国王封给他的官位才有意拖延战争。波斯人自有一套作战方案，他们有一种大国优越感，他们看不起马其顿军队，他们的国王大流士甚至认为亲自指挥这场战争，有失他大国皇帝的尊严，因此他并没有亲临前线。他的部下也和他一样狂妄，他们对自己士兵的作战能力充满信心，他们要和亚历山大打正规战，要在阵前一见高下。波斯人的自大和眼光短浅，导致这一战役的失败，给波斯带来无法弥补的损失。

波斯方面当时约有 2 万骑兵和稍少一些的步兵与希腊雇佣兵。波斯人把骑兵部署在河岸的边缘上，沿河列成一个拉长的方阵，把步兵部署在骑兵后面。这种部署在战术上犯了极大的错误，因为受步兵的影响，骑兵根本没有回旋的余地，难以发起冲锋。东岸地势较高，河岸陡峭，易守难攻，波斯人占有居高临下的地形之利。

亚历山大也在河西岸摆开了阵势，中间是方阵步兵；方阵右翼为近卫步兵、弓箭手和由长枪骑兵、轻骑兵、标骑兵以及近卫骑兵组成的混合兵力；左翼为色雷斯、塞萨利和希腊的骑兵。亚历山大派帕米尼欧指挥左翼，右翼则由他亲自指挥。亚历山大看出了对方排兵布阵上的错误，立即布置渡河进攻。但这时老将帕米尼欧提出了不同意见。帕米尼欧作战经验丰富，为人谨慎。他认为时间已晚，应在河边扎营，波斯人由于畏惧我军，必不敢在岸边扎营。等明天拂晓渡河必无困难，现在渡河进攻会有极大的危险。马其顿人要在如蝗的飞矢和梭镖下，冲过湍流，再爬上陡峭泥泞的河岸，然后才能进攻严阵以待的波斯军。这种行动太冒险了。他指出：“出师首战失利，对目前来说，后果将很严重，对战争全局来说，将更为有害。”

帕米尼欧的意见不能说没有道理，但亚历山大却认为，机不可失，不能给敌人以重新列阵的机会。他回答说：“这我知道，帕米尼欧。可是，在我们那么轻易地渡过赫勒斯滂海峡之后，如果让这条小溪挡住我们的去路，我认为这是可耻的。”

帕米尼欧是忠诚的，他没有坚持自己的意见。

但亚历山大也没有立即令部队渡河进攻，他在选择最佳的进攻时刻。在一段时间内，两军隔岸对峙，一动不动，双方都不敢轻举妄动。波斯方面在等待，等马其顿人强渡时，迎头冲杀。突然，亚历山大一跃上马，令托勒密率领一支骑兵中队为前锋，令阿明塔斯率领近卫步兵、长枪骑兵和轻骑兵攻击波斯军左翼，吸引波斯骑兵增援左翼，从而削弱其中央的兵力，然后由他亲自率领近卫骑兵、近卫步兵与方阵兵攻击波斯军中央。冲锋号角一响，马其顿士兵立即高呼战斗口号，奋勇扑入河中，向对岸冲去。

面对马其顿人来势凶猛的攻击，波斯人进行了顽强的抵抗，战斗异常激烈。当阿明塔斯的部队冲到对岸时，波斯人的箭矢和标枪从高处雨点般地投射过来，一些波斯骑兵还冲到河边阻击。于是，在河岸上展开了一场骑兵大混战，马其顿人拼命要登上彼岸，波斯人则千方百计阻拦。马其顿人终因寡不敌众，加上地势不利，伤亡惨重，许多士兵被急流冲走，另一些人在爬上对岸陡坡时陷入泥泞中不能自拔，有的死于箭矢或梭镖之下，那些活着渡过急流爬上岸的士兵也来不及重整队形就遭到攻击。在这危急关头，亚历山大率领右翼部队攻了过来，他身先士卒，领头杀入敌阵，与波斯人展开近身肉搏。接着，马其顿部队一队接一队地渡河攻了过来，在东河岸形成一场骑兵大战，鞍上人斗人，鞍下马战马，喊声震天，酣战如狂。混战中，亚历山大的部队逐渐占了上风，这不仅因为他们英勇顽强、纪律严格，而且也因为他们用的长矛比波斯人的短标枪更厉害。

但波斯人仍在拼命抵抗，当他们发现头戴白羽毛头盔的亚历山大时，他们中的几员大将都不约而同地向亚历山大处冲过来。古代战场，主将都亲临前线，勇敢者往往身先士卒，战斗在最激烈的地方。主将的勇敢是激发部下将士战斗激情的重要源泉。但主将的失利或死亡，也往往会导致战局的逆转。波斯人就是想通过把亚历山大斩于马下来反败为胜，但亚历山大却在敌人的围攻中显现出他的无比勇敢。

亚历山大在敌人的围攻中，挥舞长矛，奋力抵抗。混战中，他的长矛折断了，他从卫士手中接过另一支，这时，一名波斯将领、大流士的女婿向他冲杀过来，亚历山大一闪身，挺长矛刺中他脸部，将他挑于马下。另一名波斯将领冲到，举起大刀劈在亚历山大头上，幸亏有头盔挡住，只劈掉了一块头盔。亚历山大奋起神威，挺枪又把他挑于马下，并用长矛刺透他的胸甲扎入心窝。这时，一名波斯将领已在亚历山大身后举起弯刀劈来，在这千钧一发之际，亚历山大幼时的伙伴、奶妈的儿子克雷图斯拍马赶到，一刀砍断了这个波斯人的手臂，救了亚历山大。波斯人围攻亚历山大未得逞，却连损三将，士气大伤。波斯骑兵已无力支撑，节节败退。他们阵线的中央首先失陷，两翼的骑兵也被突破，全线溃退，争先恐后地夺路逃命，却被后面的步兵挡住了去路，步兵骑兵纠缠在一起，自相践踏，乱成一团。有 1000 多名波斯骑兵被消灭，由于亚历山大并没穷追猛打，大部分波斯骑兵逃走了。

迈农率领希腊雇佣军坚守阵地，拼死战斗。亚历山大对这些为波斯人卖命的希腊人，恨之入骨，亲自率领方阵向他们冲击，同时令骑兵从四面八方把他们包围起来。雇佣军死伤无数，只剩下 2000 人时才投降，只有迈农带几名卫兵逃脱了。

亚历山大和波斯人的第一次正面战斗，就这样以亚历山大的完全胜利而告终。波斯方面损失惨重，有 3 名骑兵将领、2 名雇佣军将领、大流士的女婿和妻舅及阿尔西克斯国王的孙子等重要将领阵亡，波斯骑兵战死 2000 人，雇佣军死亡更多，还有 2000 希腊雇佣军做了俘虏。更为严重的是这一仗大大挫伤了波斯人的士气。

马其顿方面，亚历山大的亲兵马队有 25 人阵亡，他后来命著名雕刻家莱西普斯为这些阵亡者雕塑铜像，塑好后被竖立在希腊。阵亡的还有骑兵 60 人、步兵 30 人。第二天，亚历山大把所有的阵亡者连同他们的武器和其他装备一起埋葬了，并下令豁免他们家属的一切税务和劳役。他对伤员也表示了极大的关怀，他亲自看望每一个伤员，查看伤情，询问所受到的照顾情况，鼓励并聆听每个伤员讲述自己的战斗功绩。为了瓦解分化敌人，在重创敌人后，又故示仁慈，释放了一些波斯俘虏，并下令掩埋了阵亡的波斯人的尸体。但对那些被俘的希腊雇佣军，却又露出了另一副面孔，他下令把雇佣军的军官全部杀掉，把其余的人全都贬为奴隶，戴上脚镣，送到马其顿去开垦荒地。在严惩这些为波斯人卖命的希腊人的同时，却又采取一个出人意料的行动来安抚和取悦雅典人。他把 300 套波斯盔甲送到雅典，作为给雅典娜的祭礼，并在献词中写上“腓力之子亚历山大和全希腊人（拉斯地蒙人除外）谨献上亚洲蛮族之战利品”字样。

3. 灵活统治：开门户稳立足

亚历山大任命马其顿的一位将军卡拉斯接任已逃跑的波斯总督阿西提斯的职位，管辖阿西提斯原来管辖的地区。他所任命的这位亚洲占领区的第一位官员，没有采用马其顿的官衔，也没有采用希腊的，而是沿用波斯的总督头衔。他还命令当地居民交纳和过去同样数量的捐税，并号召逃往山区的人返回家园。这是一项具有深刻意义的决定，它表明，亚历山大要像波斯人那样统治亚洲占领区；这也预示，亚历山大帝国不是雅典帝国那样的，而是近似波斯帝国的。

格拉尼库斯河战役后，亚历山大的活动和措施显示，他不仅是个杰出的统帅，也是个深谋远虑的政治家。在处理政治问题上的手段，其灵活和老练绝不比其在军事上的逊色。

格拉尼库斯河一役虽不能说是场很大的战役，但对于亚历山大来说，这次战役的胜利是有决定意义的。这次胜利使亚历山大有了立足之地，为他打开了小亚细亚西部的门户。更为重要的是，这次胜利增强了将士们对亚历山大的信赖和追随他获取胜利的信心，也激发了波斯统治区不愿受波斯统治者压迫的反波斯勇气。

当然，格拉尼库斯河的胜利只是一个初步的胜利。波斯军的主力并没受到多大的打击，迈农也逃脱了，强大的波斯海军还安然无恙。亚历山大仍处于前后夹攻的险地。前面有波斯陆军，后面有波斯海军和迈农率领的希腊雇佣军。他必须排除波斯海军和希腊雇佣军对他的威胁，才能后顾无忧地向东进军。他无力和波斯人在海上决战，但他可以攻占沿海城市和港口，使波斯海军失去根据地。这就是亚历山大的下一步计划。

亚历山大率部南下，向莱地亚的首府萨狄斯挺进。该城守卫部队指挥官不战而降，主动向亚历山大献出堡垒和财宝。亚历山大让这个投降的指挥官保留原职，随军征战，派一马其顿军官接管堡垒，允许萨狄斯人保持他们原有的风俗习惯。接着，他委派三名马其顿军官分别担任莱地亚的总督、税务官和堡垒司令，并留下一部分部队驻守。

亚历山大随后来到以弗所。守卫以弗所的雇佣军早在格拉尼库斯河战役的消息传来时就逃跑了，亚历山大的到来受到了居民的欢迎。亚历山大取消了该城的寡头政治，恢复了民主，召回了被放逐的居民。民主的恢复导致了多次集体报复行动，那些招来迈农的人、洗劫狄安娜女神庙的人、推倒腓力雕像的人等都被处死，支持僭主的人甚至他们的孩子都被愤怒的人们用石头砸死。亚历山大亲自干涉，才制止了这种报复行动。他也因此而深得人心。

小亚细亚沿海一带希腊城邦的波斯总督纷纷逃往内地，亚历山大几乎没有遇到什么抵抗，顺利地一个又一个地接收了这些城邦。他摧毁了各地的寡头政治，建立起新的地方民主政权。他允许各地制订自己的法律，并继续交纳和过去交给波斯一样数目的捐税。由于他打着"解放"和恢复民主的旗号，有一些城邦是把他当解放者欢迎的，但也有不欢迎并进行抵抗的。在米利都，他就遭到波斯驻军的断然阻击。该城守将希望得到波斯舰队的支援，守住该城。但波斯舰队行动迟缓，坐失良机，致使该城港口被希腊舰队抢先占领了，当波斯舰队到来时，已经晚了，亚历山大已在三天前就把米利都包围了。由于得不到外援，这个重要的海港城市很快就被亚历山大攻陷了。

4. 别出心裁：在陆上打海军

波斯人有一支强大的舰队，掌握着制海权，但不知是什么原因，波斯人没有利用他们这一优势。他们既没有利用舰队去阻止亚历山大横渡赫勒斯滂海峡，也没能在阻止亚历山大占领小亚细亚沿海城市中有所作为。波斯人甚至想都没想利用这支强大的舰队去扰乱马其顿的后方，煽动希腊的反马其顿势力。

亚历山大占领米利都之时，波斯海军曾想挑起一场海战，打击亚历山大的气焰。亚历山大的一些将领，特别是帕米尼欧，在陆战胜利的鼓舞下，也想在海上打败波斯人。帕米尼欧劝亚历山大向米利都港口外的波斯舰队发动进攻，因为有一只鹰落在亚历山大船尾的海岸上，帕米尼欧把这解释为海战的预兆，同时，他认为，如果打胜了，对整个远征有很大的好处，万一打败了影响也不会太大，因为波斯海军本来就控制了海上。他愿意亲自率领舰队和敌舰决一死战。亚历山大认为帕米尼欧的判断是错误的，他指出，用160只战船的小舰队去碰一支有400艘战船的大舰队，用那些缺乏训练的水兵去对付久经训练的由塞浦路斯和腓尼基水手组成的海军，简直是发疯。在毫无把握的情况下，他不能拿马其顿人的武艺和勇气去冒险。如果打败了，将会造成极大的损害，并会引发希腊人的暴乱。他还指出，那只鹰是落在陆地上的，这意味着，他将在陆地上打败波斯海军。

亚历山大的分析是正确的，这证明亚历山大的形势判断和指挥才能都高出他的副手一头。他扬长避短，发挥陆军的优势。他认为，只要把沿海的波斯海军基地都占领了，也就等于打垮了他们的舰队。这就是他从陆地上征服波斯舰队的计划。他不让海军出战，下令严密把守米利都港口，阻止波斯海军登陆，切断波斯海军的淡水供应，波斯海军除在海面游弋外，无计可施，只好离开米利都。

公元前334年夏，亚历山大干脆解散了他的海军，这一方面是考虑到这支希腊舰队根本无法战胜在数量上和质量上都占优的波斯人舰队；同时，他还担心希腊海军在战败的情况下会倒戈反叛；另一方面是财政困难，他没有财力维持这支舰队。解散海军后，他把从海军中抽出来的兵力补充到陆军中去，率军向米利都以南的卡里亚挺进，去夺取波斯人最后的海军基地——卡里亚的首府哈利卡纳苏斯。

哈利卡纳苏斯是波斯帝国从小亚细亚到爱琴海南部通道上的主要海军基地，战略地位十分重要。该城地势险要，城墙坚固，易守难攻。城外有一条45英尺宽、22英尺深的护城河，它向陆地的一面有三个卫城，包括西北角海岸上的萨尔马西斯要塞和西南部靠海的小岛上的“国王堡垒”。这里集中了大批波斯部队和雇佣军，港口则有战船驻守。守城的指挥官就是从格拉尼库斯河战场上逃脱的雇佣军首领迈农，他早已被大流士任命为下亚细亚地区的总督和海军的总指挥。迈农作好了一切准备，他不只是要守住该城，他的目的是配合大流士，使亚历山大处于两面受敌的境地。

公元前334年秋亚历山大兵临哈利卡纳苏斯城城下并面向该城安营扎寨。亚历山大知道，该城不是一两天就能攻下的，但也不能长期滞留在这里，因为有腹背受敌的危险，因此，必须尽一切可能早日夺取这个战略据点。

哈利卡纳苏斯城的攻防战是异常激烈的。亚历山大在这里几次受挫。他先是令部队把护城河填平，然后竖起攻城塔。但波斯守军乘夜进行偷袭，虽被惊醒的马其顿部队赶了回去，那些好不容易竖起的攻城塔却被烧毁了。就这样，亚历山大千方百计攻城，而迈农则想方设法守城。攻城时，攻城塔和扭力石弩发挥了巨大的作用，无数大块石头从塔上礌过去，威力无比；迈农也搭起木塔，从木塔上向攻城塔上射箭、投火把，力图把攻城塔烧掉。经过多日的反复拼杀、攻夺，双方都死伤惨重，亚历山大的部队不仅有四五十人死亡，还牺牲了几个著名的军官。波斯方面损失更大，死亡近千人，负伤者就更多，城墙的一部分已倒塌，另一部分也已百孔千疮。

哈利卡纳苏斯已无险可守了，也没有力量守了。在这种情况下，迈农和波斯将领欧戎托巴提斯开会，决定放弃该城，将部队的一部分撤到岛上的堡垒里，一部分撤到名叫萨马基斯的高地上。他们在撤出的同时，在大约当晚二更天，放火烧毁了用于对付攻城塔的木塔和一些军械库，城墙附近的民房也被烧毁，由于火猛风大，其他民房也被烧着了。亚历山大见城内火势猛烈，立即令部队进城救火，捉拿纵火者，不管是谁，抓住就当场处决。他还下令士兵抢救屋里被困的老百姓。

天明，亚历山大发现该城已无保存价值，便令部下把全城夷为平地，留下一些部队驻守残城和卡里亚地区。他考虑到波斯部队和雇佣军退守的堡垒和要塞地势险要，围攻要费很多时日，决定暂时放弃围攻。这个决定是明智的。这两个要塞直到一年后的前 333 年秋，经多次苦战，才最终被马其顿人攻下。

5. 认蛮作母：换身份就合法

在卡里亚，亚历山大做了一件出乎人们意料和有违他老师亚里士多德教导的事，他没有像过去那样，任命马其顿人为当地总督，而是任命卡里亚的一位女王为卡里亚总督。这位女王叫阿达，原是老国王的妹妹和妻子，老国王去世后，她继位为王，在家族的内部冲突中，被赶下了台，只占有阿林达一地。亚历山大进入卡里亚地区，阿达就前往拜会，请求帮助，并把阿林达献给亚历山大。亚历山大占领哈利卡纳苏斯和卡里亚全境后，任命阿达统辖卡里亚全境。这说明，亚历山大已打破他只是马其顿国王和科林斯同盟盟主的身份的局限，不仅马其顿和希腊人是他的臣民，亚洲被征服地区的人民也是他的臣民。当然，他这样做可以缓和当地人和马其顿人的对立情绪，有利于巩固他对这一地区的统治。为了他的帝国，他已开始抛弃亚里士多德的亚洲人只能当奴隶的思想了。

同时，他还做了一件更令人难以理解和接受的事，阿达要认亚历山大为义子，亚历山大竟高兴地答应了。一位令人崇拜的马其顿伟大国王竟成了一位蛮族女王的儿子！这种继嗣方式在古代是很普遍的，义子和亲子有同等的地位。亚历山大现在不是以征服者的身份而是以合法的君主身份进行统治了。

他的上述行为显示了他政治家的胸怀，为了达到目的，他可以采取任何手段，当然也可屈身为一位土著女王的儿子。如果说，他的这一举动使他的部下有些疑惑不解，那么，他的下一个命令却使部下欢欣雀跃，皆大欢喜。他部下的不少将士，是新婚不久出征的。他下令让这些人回马其顿和妻子团聚，度过冬天，来年春天再返回。他派皇家警卫队员托勒密做领队，由尼阿丘斯组织船只运送。他要求他们明年春天返回时，沿途招募骑兵和步兵，越多越好。

亚历山大计划利用冬天休整并征服周围地区。他派帕米尼欧率 3000 步兵和 200 骑兵向萨地斯、弗里吉亚进军。他自己则率军沿海岸线向莱西亚和潘菲利亚挺进，目的是占领沿海一带，使敌人的海军起不了作用。这次进军很顺利，大军到处，沿途城堡纷纷前来归顺，弗西利斯的使者还献给亚历山大一顶金王冠，表示奉他为他们的王。他委派总督等官员接管了莱西亚、弗西利斯等地。

亚历山大离开弗西利斯沿海向北进军途中，遇到阿斯潘达斯的全权代表前来献城，但乞求不要在城内驻军，亚历山大答应了他们，但要他们交纳 50 金塔伦特做军费，还要他们把为向波斯国王进贡而饲养的马匹交出来。阿斯潘达斯的代表答应了，但随后阿斯潘达斯人后悔了，不想履行他们的诺言。他们不但不把马匹交给派去接收的马其顿人，甚至款也不交。他们还加固城防，并把日用品搬进城里。亚历山大得知后，立即领兵前来把阿斯潘达斯团团围住。兵临城下，阿斯潘达斯人屈服了，他们派出代表，要求按原来的条件投降。亚历山大同意他们投降，但条件变了，更苛刻了。原来要交的马匹照旧交，钱款再增加 50 金塔伦特，把最有权势的那些人交出来当人质，服从他指派的总督，每年向马其顿进贡。亚历山大还要调查他们是否霸占了邻区的土地，因为有人控告他们。阿斯潘达斯人屈辱地接受了一切条件。

亚历山大处理完阿斯潘达斯的事情后，率军北上，向弗里吉亚挺进。沿途有只要大军一到就开城投降的，也有据城固守的，但挡不住亚历山大一路攻城夺寨。在塞拉那，驻守这里的弗里吉亚总督，由于久等援军不到，率领 1000 多守军投降了。亚历山大任命了新的弗里吉亚总督，然后率军向戈尔迪乌姆进发，同时，命令帕米尼欧也率军到那里与他会合。

6. 以神之名：巧斩结振军心

公元前 334 年春，亚历山大和帕米尼欧在戈尔迪乌姆会师了，那些返回马其顿和妻子共度冬季的新婚青年也在托勒密的率领下，来到这里与亚历山大会合，他们带来了一支生力军，其中有马其顿步兵 3000 人、骑兵 400 人、色雷斯骑兵 200 人和艾吉里亚士兵 120 人。几路大军会合使军营一片欢腾，军心振奋达到顶点。

亚历山大要把这种高昂的士气保持下去，为此，他做了一件令军心进一步振奋的事。

戈尔迪乌姆有一座卫城，卫城上有戈尔迪和他儿子迈达斯的宫殿，宫殿里放有一辆戈尔迪的战车，车辕和车轭之间用一个无法解开的结连接。

关于这辆车和这个绳结有一个广泛流传的故事。故事说，戈尔迪是古时弗里吉亚的一个穷人，有一次，他正在耕地，忽然有一只老鹰落在他的牛轭上，直到他卸牛时才飞走，戈尔迪以为这一定是什么兆头，便到台米萨斯去找人释疑，碰到一位姑娘，姑娘告诉他要回到现场去向宙斯献祭，于是，戈尔迪就请这位姑娘一起去向宙斯献祭，事后，戈尔迪娶了这姑娘为妻，后来生了个儿子叫迈达斯。弗里吉亚苦于内战时，有神谕说将有一辆战车给他们载来一位国王，他将制止内战。正在人们议论时，迈达斯和他的父母恰好驾着战车来到这里。弗里吉亚人以为神谕应验了，便立迈达斯为王，制止了内战。后来他把他父亲的战车放在卫城上，作为给宙斯的谢礼，感谢他派那只鹰下凡。

这辆车还有一个故事，说谁能把车轭上的绳扣解开，谁就是亚洲的霸主。这个结非常结实，看不出头尾，还没有人能解开。亚历山大听说这个故事后，立刻产生了解开这个结的强烈欲望，他要通过解开这个结，使他的部下将士和老百姓相信，他就是亚洲的主人。

他很自信地带领卫士来到卫城，但经过仔细观察后发现，这个结的两端都巧妙地藏在结里，用手根本无法解开，而他既然来了，势成骑虎，不解开这个结，将会影响军心，动摇部下将士和老百姓对他的信任和崇拜，好在神谕并没有说用何种方式解结，在众人的注视下，他拔出了宝剑，一剑就把这个绳结劈开了，同时他大喊一声："我把它解开了！"在场的人齐声欢呼，赞誉他是超凡的神人，只有他才能这样按神谕解开戈尔迪之结。这天晚上，雷电交加，亚历山大和他的将士更加高兴，因为通常都认为，这是上天示兆诸神的意愿将得到满足。第二天，亚历山大特向诸神献祭，感谢他们事先示谕，事后证实。

亚历山大剑断戈尔迪之结这件事，也可能仅仅是亚历山大的宣传，但是，无可否认的是，它产生了巨大的轰动效应。亚历山大不仅用这一出人意料的举动（近代"哥伦布的鸡蛋"和此类似）显示他过人的智慧，也明白无误地告诉人们，他要做亚洲的主人。他征服亚洲之行，现在成了神的旨意、神的安排。他因此可赢得更多的人民的拥戴，他的部下将士因此

剑劈戈尔迪之结

更加振奋，他的敌人则因此而气馁。

亚历山大斩断戈尔迪之结，表明他注意激发和提高将士的士气，同时，他也通过关心将士的休息和娱乐来保持高昂的士气。战斗的间歇，他常在军中组织竞技、文学和音乐比赛等活动。亚历山大本人的生活也是有紧有松的，只要有可能，他也要享受悠闲的日子，遇上这样的一天，他一起床便祭祀诸神，然后吃早饭，剩余的时间或狩猎或执法或读书或处理军务。如果正在行军而军情又不紧的话，他往往挽弓练射，或从车上攀上跃下，锻炼体力。夜间安营后，他要洗浴，他会召来厨师头和面包师，询问他们是否已做好开晚饭的全部准备工作。

亚历山大总是和朋友们共进晚餐，席间，他会花费很长时间边饮酒边同朋友们叙谈。常参加这种聚餐会的有他童年的好友阿里斯坦德、赫斐斯申、克雷图斯、哈巴鲁斯及帕米尼欧之子菲洛塔斯等。亚历山大偶尔也会喝得酩酊大醉，但一般而言，他是很有节制的，并不酗酒成性。酒酣耳熟时他会和部属、朋友轻松地叙谈童年的往事，了解他们的思想。这样重温旧谊可使他和朋友、部属保持亲密的关系。

亚历山大的戈尔迪乌姆之行，不仅使军心大振，也使他的威名响遍小亚细亚内地。亚历山大要全力以赴去对付波斯国王大流士三世了。

二、伊苏斯会战：双雄的巅峰对决

1. 追寻大流士：决战前的准备

亚历山大率军进入亚洲后，虽取得了一连串的胜利，控制了小亚细亚的一半土地，并在这些地方扮演“同盟者”和“解放者”的角色，根据各地的不同情况，采取了不同的统治方式，只委派行政长官（有马其顿人，也有本地人，有新派的总督，也有让原波斯的地方长官继任的）和留驻一些军队，就建立起一个较安全的后方，但是，在他公元前 333 年 7 月离开戈尔迪乌姆东进时，形势仍是不容乐观和很不稳定的。

大流士三世的海军并没遭到什么打击，仍掌握着制海权。波斯海军在迈农（公元前 333 年夏阵亡）和他的继任者的率领下，攻夺安纳托利亚沿海地区频频得手，夺回了许多岛屿，并在希腊各城邦点燃摆脱亚历山大控制的希望之火，波斯海军甚至有和亚历山大的坚决反对者斯巴达的阿基斯三世联合起来对付亚历山大之势。

波斯陆军所受到的打击也并不是致命的，大流士三世仍控制着波斯广袤国土的9/10，手中仍有数十万大军和无数的财富。他过去对亚历山大太轻视了，现在正准备集中力量和亚历山大决战，要给亚历山大致命的一击，把他赶出亚洲。

亚历山大这时想建立一支强大的舰队，对付波斯海军，以保证后方和供应线的安全。但这需要大量金钱，大约要1000金塔伦特，亚历山大即位时，国库只有70金塔伦特，他要筹集800金塔伦特，才有钱重建海军。当时传说波斯的中心城市波斯波利斯和苏萨的大流士的宝库中藏有价值23.5万金塔伦特的钱币和金子。这是非常诱人的，夺取大流士的宝藏就成了亚历山大东进的重要目的。

亚历山大在戈尔迪乌姆向诸神献祭后的第二天，率军向安卡拉前进，经卡帕多基亚，直奔西里西亚。沿途各城镇纷纷归顺。西里西亚是托罗斯山脉的主要隘口，这里山路十分狭窄，一夫当关，万夫莫开。波斯派有重兵把守。亚历山大令帕米尼欧率重装步兵跟在后面，自己则率领轻装兵飞速前进，敌人猝不及防，放弃阵地逃跑，他便以一昼夜62英里的速度迅速通过隘口，进抵塔尔苏斯。塔尔苏斯守将，急忙弃城而逃。

这时，亚历山大病倒了。病倒的原因有的说是疲劳过度，但真正的原因可能是在河里洗澡着凉引起的。当时，亚历山大又累又热，汗流浃背，便纵身跳进穿过市区的基得努斯河畅游一番，结果得了病，发高烧、失眠、昏迷。所有的医生都束手无策，认为不能治了。随军的一位叫菲利普的老御医，主张吃猛药大泻，但没人敢作主，亚历山大清醒时，听了老御医的意见，同意这么办。正当菲利普准备用药时，有人把帕米尼欧送来的一张条子交给了亚历山大。条子上写着："小心菲利普！我听说他被大流士收买了，要害死你，大流士答应赏以重金并把一个女儿许配给他。"亚历山大一只手拿着这张条子念着，另一只手接过盛药的杯子。念完就把条子递给菲利普，叫他念。就在菲利普念条子的时候，亚历山大把药喝下去了。这个场景搬上舞台也是非常感人的。只有像他这样的人物才能如此知人善任，才能如此用人不疑，才能在死亡的威胁面前，面不改色，勇敢无畏。他在随从面前显示，他是多么信任他的朋友。

亚历山大的病在菲利普的精心治疗下，很快就好了，康复了，但传出去的消息却是，亚历山大需要很长时间才能痊愈，这显然是个诱兵之计，是想把大流士引诱到西里西亚这块狭小的平原上来，因为这一地区对庞大的波斯军队极为不利。

但是，亚历山大也不能在塔尔苏斯长期按兵不动，作为征服者，他必须不断前进，必须无往而不胜，否则，军心就会发生动摇。不过，在亚历山大离开塔尔苏斯，寻找大流士主力决战时，发生了一件令人迷惑不解的奇事。

公元前 333 年 10 月，大流士已率领数十万大军来到索契，准备在这里阻击和围歼亚历山大的军队。对于大流士来说，这里是理想的作战之地，在它的西面是南北走向的阿马努斯山，地势险要，难以逾越；而索契却在一块开阔的平原上，非常适合他的千军万马作战。从南到北，翻越阿马努斯山只有三条隘道：叙利亚关口、约拉之柱和阿曼尼亚关口。

这时，亚历山大的军队已到达距索契只有 30 英里的地方，但却对 30 英里外的大流士部队毫无所知，这是令人奇怪的，要知道，亚历山大有一个很有效的情报网组织，为他提供必要的情报和数据。

更令人奇怪的是，就在亚历山大为寻找大流士而越过阿马努斯山的当天夜里，大流士恰好也从北边的阿曼尼亚关口翻过了这座山脊。两军相距仅数公里，如此近的距离，16 万人还有后勤装备，却互相都没有觉察到对方的存在，实在不可思议。

大流士是在索契等得不耐烦才离开的，他的一位部将、从马其顿逃亡到波斯的希腊雇佣兵指挥官阿明塔斯曾竭力劝他耐心等待，不要离开索契这个适合人多、装备多的波斯部队作战的地方。阿明塔斯认为，亚历山大发现大流士在哪里，他就会追到哪里。但是其他将领都极力反对，他们斥责阿明塔斯别有用心，说他企图暗中帮助亚历山大，有意贻误战机，建议大流士主动出击，说什么大流士的骑兵就可以把亚历山大全军置于死地。

狂妄的心态使大流士失去了判断力，他听从了大多数部下的意见，把辎重和金库转移到索契以南 200 英里的大马士革，率领大军越过阿曼尼亚关口，结果他到了亚历山大的背后。攻占伊苏斯后，才知道亚历山大已离开西里西亚向南进军了，为了泄愤，他把留在这里的马其顿伤兵全都残酷杀死了，然后又率军回身追击亚历山大，但不知出于什么原因，只追到比拉鲁斯河就停下来了，并在这里安营。这也许是大流士不愿短期内经受两次翻越阿马努斯山之苦，大流士随军带着后宫女眷，还有许许多多的后宫奴仆、乐师、舞女和厨师。上行下效，许多将领也带着家属，他们好像并不是参加一次生死决战，而是参加一场围猎，他们太看不起马其顿人了，他们好像是要让家属来参观他们如何猎捕马其顿入侵者的。这样一支迷恋享乐和狂妄的队伍当然不愿翻山越岭去追赶入侵者，而宁愿坐等敌人上门送死。但这一决策其实是把波斯军队放到了被动挨打的险地，大流士扎营之地，处于山岭和大海包围中，地形狭窄，没有回旋余地。

亚历山大听说大流士到了他的后面，还不大相信，派了一些人乘坐一只三十桨快船到伊苏斯去侦察一下，侦察兵回来报告，波斯军队的确在那里安营扎寨。亚历山大听了，兴奋异常，认为这是天赐良机。他立即召开军事会议，动员部下鼓起勇气，打好即将到来的大战。他认为，他们一定胜利，这不仅因为他们一直是胜利者，而且因为老天爷站在他们这一边。老天爷已把败局放进了大流士的脑袋里：他把自己的兵力扎营在一个狭窄不利的地形中，却把后面的开阔地留给了马其顿部队。他还进一步指出，波斯人虽多，但士气不振。他说："最重要的是，这一仗将是自由人和奴隶之间的大搏斗。跟着大流士打仗的人是为钱卖命，而拿到的钱也少得可怜；我们的部队却都是为希腊而战的志愿军。至于我们的外籍部队，则又都是欧洲最勇猛善战的战士，他们的对手却是亚洲最软弱无能的乌合之众。而且，在战略上，你们有亚历山大和大流士决一雌雄。"

亚历山大不仅是个杰出的军事统帅，能正确分析和判断形势，抓住战机，也是个优秀的宣传鼓动家，能用富有煽动力的言辞激发部下的战斗激情、鼓舞斗志。他还追述大家的英雄业绩，赞扬并列举每个人的功绩，他说，这是最后一场大仗，打完后，就只剩下在全亚洲称霸了。他甚至还用色诺芬的万人远征大军打败亚洲人的历史事例来坚定大家打胜这一仗的信心。他讲完后，群情激奋，齐声高呼，要他立即率领他们前进。

两军统帅战前的表现已使胜利的天平倾向马其顿一方了。

2. 以少胜多：狭路相逢勇者胜

亚历山大对部下作完动员，随即率领全军从原路返回，到比拉鲁斯河南岸扎营，与大流士隔河相望。两军对峙，大战在即。比拉鲁斯河距伊苏斯城仅八九英里，故这场即将开始的战役被称为伊苏斯会战。

波斯方面在军队的人数上要比马其顿多得多，但没有一个确切的数字。有人说总数有60万之多，其中希腊雇佣兵3万，民兵6万。有人说总数是50万，其中骑兵10万。这显然夸大了波斯的力量。伊苏斯平原根本容纳不下这么多的队伍，波斯帝国也不可能组建如此大的一支军队。还有人说波斯军队有骑兵和希腊雇佣兵各3万。这一说也是夸大了的。但不管如何，波斯军队比马其顿的多得多是无可怀疑的，否则就不会那么狂妄。亚历山大参加伊苏斯一役的兵力，只有步兵2万余人，骑兵5000人。

大流士三世也不完全是个无能之辈，不是个“纸老虎”，他即位之后，曾出兵镇压了小亚细亚各城邦的起义，并把埃及重新夺回到自己手中。他的部下对他也一直是忠诚的。现在他御驾亲征，威势吓人。

波斯国库充裕，军队装备精良，士兵配备了盔甲、护胫、长矛、刀剑和盾牌，连战马都有铠甲和披胸。大流士的将士是善战的，他们决心为他们的国王死战，应当说，这是一支令人畏惧的军队。

大流士列阵以待，他自居全军中央，这是波斯人的传统。希腊雇佣军约1.5万人被调到阵前，雇佣兵的两侧是由弓箭手掩护的民兵；右翼海岸附近是骑兵。第一线的后面是亚洲各部族的地方兵力。在沿河岸地带筑起了一道栅栏来加强防卫。

亚历山大仍把方阵放在中央，两翼是轻装步兵和骑兵，左翼由帕米尼欧和他的儿子菲洛塔斯指挥，受命要不顾一切守住海岸；右翼由亚历山大亲自指挥，他要集中兵力从他这一翼突破敌人的防线。

亚历山大布置调度好了后，先是逐一视察各个营地，用感人的话语鼓舞士兵的斗志，然后率领部队缓缓前进，到进入波斯弓箭手的射程之内时，亚历山大立即率领右翼部队以迅雷不及掩耳之势扑向波斯军左翼，以雷霆万钧之攻势一举将其击溃，接着他转向波斯军的中央，与大流士的御林军展开激战。亚历山大在激战中表现神勇，既是指挥官，又身先士卒；而大流士则在他部下的护卫下，趾高气扬地站在他的战车上，他的敌人凶狠地攻击他，他的部下奋身保护他。亚历山大一见大流士，便向他冲去，要把他斩于马下。大流士的兄弟奥克撒拉斯立即聚拢所率骑兵横拦在大流士战车前面。奥克撒拉斯身高体大，身着盔甲，奋力死战，把冲上来的人一个个打翻在马下。

“但马其顿人簇拥着亚历山大高声呐喊、互相激励，突然出现在阵前。接着是一片令人目不忍睹的情景。只见大流士战车四周僵卧着一些最高级将领，他们死得光荣，全部脸贴着地，就是在格斗中倒下去的原样，伤口都在前身。在这些死者当中可以找到杰出的地方总督和著名的将军。这些死者周围积尸累累，都是些无名的步兵和骑兵之辈。马其顿人伤亡也很惨重，阵亡者死得十分悲壮。亚历山大本人右股中剑。这时，大流士战车上的几匹挽马被矛刺伤，痛得发起狂来，甩掉了颈上的轭，险些使大流士摔下车来。”（C.A. 罗宾逊所著《亚历山大大帝》）大流士害怕落入敌手当俘虏，便驱车拼命逃命，完全弃他的部下于不顾，进入山谷后，弃车跳上一匹战马奔逃，盾牌、大斗篷，甚至弓箭都扔掉了。不可一世的大流士危急关头尽显懦夫的真面目。

实际上，大流士开始逃跑时，波斯方面并没有完全失败，希腊雇佣军仍在拼命坚持，帕米尼欧的左翼在波斯军的压迫下后退，但大流士逃跑的消息一传开，波斯军便全军溃散，人人争相逃命。大流士的逃跑使波斯人失去了一切获胜的可能。战斗变成了马其顿人追杀逃跑的波斯人，夜幕降临，马其顿人才停止了追杀。战斗结束，战场上尸骸遍地，其中绝大部分是波斯人的。

在这次战役中，波斯大军伤亡惨重，据托勒密说，追赶大流士的马其顿部队路上经过一条沟壑，沟壑被波斯军人的尸体填满了。有人说，波斯方面有 10 万人战死，其中包括 1 万名骑兵，这当然是夸大了的、不确切的数字。和波斯参战的人数一样，伤亡的人数，也没有一个确切的数字，但战场上留下了上千具波斯人的尸体是毫无疑问的。根据记载，亚历山大的军队死亡了 450 人，负伤 4500 人，这个数字可能是真实的。

3. 优待俘虏：超人的政治智慧

据普鲁塔克的叙述，亚历山大返回伊苏斯后，他的部下把他引到大流士的大帐里。帐内摆满各种珍宝，琳琅满目，美不胜收。亚历山大一走进大帐，立即被华丽的陈设所吸引，惊叹不已。随后，他脱去铠甲，走向浴室，并边走边说："让咱们到大流士的浴室去洗掉战斗中的汗水吧！"他的一位朋友说："不对，应该说是你亚历山大的浴室，因为被征服者的财产是属于征服者的。"走进浴室，又为浴室的奢侈和华丽而惊叹。浴室的水管、大水罐和首饰盒都是造型优美的金制品，浴室里弥漫着香料和膏脂的氤氲香味。

浴后众人把他带到大流士的专用宴会厅，桌上已摆好丰盛的菜肴和精美的各种餐具，亚历山大转身对朋友说："看来这才像个国王的样子啊！"他如此感叹是触景生情，他在马其顿的朴素生活和波斯国王的奢侈豪华生

《大流士家眷在亚历山大面前》

活真有天壤之别!

亚历山大正要进餐，士兵报告说，被俘的大流士的母亲、妻子（同时也是他的妹妹。波斯还有埃及，王室兄妹或姐弟结婚是平常事，甚至是理所当然的，目的是为了保持王室血统的纯洁）和两个未婚女儿看到了被缴获的大流士的战车、斗篷和弓箭，以为大流士已死，啼哭不止。原来大流士逃跑时，不仅弃军队和辎重不顾，他的几乎所有的家属也都被他抛弃了，成了亚历山大的俘虏。据说，亚历山大听了士兵的报告后，派人去给她们传话，告诉她们大流士还活着，大流士逃跑时把武器和斗篷留在战车里了。还告诉她们，亚历山大允许她们保留皇家的地位和一切皇家特有的东西。因为他和大流士打仗不是出于个人恩怨，而是依法为亚洲的主权而战。

亚历山大如此礼待大流士的家眷，目的显然是为了减轻波斯人的敌对情绪，数年之后，他为使自己的统治地位合法化，甚至和大流士的一个女儿结了婚。大流士的这个女儿是他的第二个妻子，在娶她之前，也是出于政治目的，他娶了一位有权势的伊朗贵族之女罗克珊娜。亚历山大不是个好色之徒，他对大流士的妻子从来就没有非分之想，尽管马其顿人把她看作是亚洲最美丽的女人。亚历山大也从未有过情妇，这可能是因为他日理万机根本无暇接近女色。普鲁塔克说他虽生性急躁，常常暴跳如雷，却并不沉溺于肉欲之欢，在这方面，他是极有节制的。

胜利的第二天，亚历山大不顾自己的腿伤，亲自探视和慰问了负伤将士，向那些作战突出的人发了奖品，组织掩埋了双方死亡将士的尸体，为自己一方的死者举行了隆重的祭礼，并设祭台向诸神感恩。

4. 如愿以偿：这只是第一步

伊苏斯会战的胜利改变了亚历山大的财政状况。会战结束后，亚历山大派帕米尼欧到大马士革夺取了大流士的金库。从这次战役中他获得了2600枚金塔伦特和2500公斤的白银。

伊苏斯会战的胜利改善和加强了亚历山大的政治和军事地位。这一胜利使整个希腊世界受到极大的震撼，斯巴达王与波斯舰队合谋解放希腊的计划流产了，亚历山大摆脱了两面受攻的处境，波斯人对东地中海的控制结束了。亚历山大对所征服地区的统治也因此得到巩固。

亚历山大从越过赫勒斯滂海峡以来，只用了一年半的时间和两次对阵战就大败不可一世的波斯军队，驱逐了沿海城市的波斯驻军，收服了无数的山区部落，征服了一块其面积略小于现在的土耳其的地区，他在其占领区内，恢复了大多数城邦的民主政体，并开始建立起一套行政管理机构。他把波斯人统治时总督独揽大权的制度改成由不同的人分管军、政、财，总督既有马其顿人，也有亚洲人。为了促进经济繁荣，他也开始从事大型公共建筑的重建工作，例如，他下令重建了以弗所的阿耳忒弥斯神庙，这座庙是在他出生的那天晚上烧毁的。

亚历山大 18 个月所取得的成就是惊人的，也是空前的。他的父亲腓力在赫勒斯滂海峡就停步不前了，他似乎已完成了他父亲的未竟之业，实现了他的梦想。但他并不想就此止步，他在鼓动战士勇猛作战时，曾说伊苏斯是最后的一场大仗，实际上，他远征的路还长得很，好像才只走了第一步。亚历山大下一步向何处去，没人知道，但有一点大家很快就清楚了，那就是他拒绝和大流士和谈。

5. 拒绝和谈：冲向亚洲霸主

大流士从伊苏斯逃跑后，不久就派使者给亚历山大送来了一封信，请求亚历山大把他的母亲、妻子和孩子们还给他。他的信中并没有丝毫自责之辞，也没有提出用什么来交换他的亲人，反而对亚历山大和他父亲腓力的不友善态度和挑起事端颇有微词。信中说，自从大流士继位为波斯国王之后，亚历山大也没派使者到他那里去重修两国旧谊和盟约，反而率领全军越界侵入亚洲，已给波斯臣民造成极大危害。因此，大流士不得已才率军前来保卫国土和祖传的主权。现在，他作为一个国王，向另一个国王请求把他那被俘的母亲、妻子和孩子们放回，并愿意和亚历山大修好结盟。他还提出，让亚历山大派全权代表跟随他的代表到他那里去，接受他提出的保证，同时，也代表亚历山大向他作出保证。

大流士这封信显示，他虽在战场上被打败了，在外交上，他仍要以一个国王的身份，平等地和亚历山大谈判。他无法通过战争取得的，或他在战场上丢掉的，他想通过外交手段得到或要回来。他甚至把战争的责任完全归于马其顿。

亚历山大怎能容忍战败逃跑的大流士在信中以平等者的口吻和自己谈话，并责备自己无故率兵侵入亚洲。他写了一封言辞严厉的信，派了一个使者给大流士带去。这不是一封讨论问题的信，而是战胜一方给战败者一方的最后通牒。

他在信中，首先开宗明义地指出："虽然我国从来都未曾侵略过你们的祖先，但你们的祖先却侵略过马其顿和希腊其他地区，对我危害极大。我已经正式被任命为全希腊总司令，并已率军进入亚洲，目的是攻打波斯，报仇雪耻。"亚历山大在这里说得很清楚，他是为报仇雪耻而来。接着，亚历山大进一步指出，战争是由波斯人挑起的，他列举了波斯挑起战争的各种事例，其中包括入侵色雷斯、鼓动并用金钱贿赂希腊人来反对马其顿、收买并腐蚀他的朋友来破坏他在全希腊建立的和平局面等确有其事的事情，但也有诸如指使人刺杀腓力、大流士非法占有王位的莫须有罪名，当然，欲加之罪，何患无辞。结论便是，挑起争端的是大流士，他是在忍无可忍的情况下才出兵的。出兵是被迫的，打胜仗和侵占对方土地则是天意。"因此，你应当尊我为亚洲霸主前来拜谒。如果你担心来到之后我会对你无礼，那你就可以派你的亲信前来接受适当的保证。等你前来拜谒时，提出请求，就可以领回你的母亲、妻子和孩子以及你希望得到的其他东西。只要我认为你提的要求合理，就可以给你。将来，不论你派人来还是送信来，都要承认我是亚洲的最高霸主。不论你向我提出什么要求，都不能以平等地位相称，要承认我是你的一切的主宰。"

这就是亚历山大的要求，他要主宰波斯的一切，他要把整个波斯都置于他的统治下。他在信的最后威胁说："不然，我就会把你当作一个行为不正的人对待。如果你想要回你的国土，那你就应当据守阵地，为你的国土而战，不能逃跑。因为，不论你逃到哪里，我总是要追的。"

这就是亚历山大给要求结盟修好的大流士的答复。显然，亚历山大在伊苏斯一役后，已下决心侵占整个波斯了，要当亚洲的最高霸主了，这里的亚洲霸主其实就是他心中的世界霸主。他说霸主而不说皇帝，说明这个时候，在他的心中，他所要建立的帝国还是希腊式的，而不是波斯式的。但他已不能容忍任何人以平等地位和他相称了，这已有点皇帝的味道了。亚历山大的信彻底打破了大流士企图通过外交方式停止战争的幻想，他现在只有两条路，要么屈辱地投降，要么继续战斗，和平解决已不可能。

帕米尼欧在大马士革除截获了大流士的财宝外，还俘虏了来向波斯人求援的斯巴达、底比斯和雅典的代表。亚历山大令人将底比斯和雅典的代表无条件地释放了。因为亚历山大把底比斯的居民都贬为奴隶，他们派代表来向大流士请求帮助情有可原。他私下还对人说，因为底比斯的两个代表，一个是贵族，让他回去照顾家庭，另一个则是奥林匹亚运动会的优胜者。释放雅典的代表是因为这个代表是伊索克拉底的儿子，而伊索克拉底是他父亲腓力的拥护者。其实，他是用这种手段来安抚希腊人。对于希腊人，他有时显露严酷的一面，有时又显示仁慈的一面。他就是用这种又打又拉的办法来稳定希腊，稳定他的这一后方。对于斯巴达的代表则没有这样仁慈，下令把他关了起来。

不久，大流士又一次派使者来求见亚历山大。这一次大流士不再以平等的地位和亚历山大讲条件，而是以战败者的身份向战胜者求和。他提出他出 1 万塔伦特，赎回他的母亲、妻子和孩子们。他还提出两国以幼发拉底河为分界线，把河以西直到爱琴海的所有亚洲地区都割让给亚历山大。他请求亚历山大娶他女儿为妻，互相修好，结成盟邦。

大流士提出的条件太诱人了，占有幼发拉底河以西的全部亚洲地区，这是希腊人想都没有想过的。我们不知道亚历山大读这封信时是如何想的，但他的部下，跟他出生入死的将士中的不少人肯定愿意接受这样的条件，仗打完了，他们可以回家享乐了。他父亲的老臣、他的副手、战功卓著的老将帕米尼欧，没有等亚历山大表态，便站出来发表自己的意见。他提醒亚历山大，波斯船队仍在活动，并可能在希腊煽动人们反对马其顿，大流士仍有很大的力量，而大流士提出的条件，使东征取得所有能够合理预期的最好结果。他肯定地说，如果他是亚历山大，他就会同意这些条件，停止战争，不再冒险。

亚历山大此时的目光已不在他所占领的地方，他看得很远很远，他已经看见了他的帝国的远景。他的部下没有他那么深邃的目光，看不了那么远。亚历山大对帕米尼欧的意见不屑一顾，他有点嘲弄意味地回答说，如果他是帕米尼欧，他也会同意这些条件。

亚历山大和帕米尼欧的对话后来成了常被人引用的名言。对话不只是显示了亚历山大的幽默，也显示了亚历山大和他的亲信之间已出现的裂痕。亚历山大东征开始时所提的目的，复仇和解放小亚细亚的希腊城邦，都已达到了，马其顿所取得的成就和所拥有的威望已远远超过了过去，在以帕米尼欧为代表的马其顿人看来，该满意了，战争该结束了。亚历山大本人不是也说过伊苏斯会战是最后一场大战吗？他们不知亚历山大要把他们带到何处去，他们开始不理解他们国王的行动了。

亚历山大给大流士回了一封十分傲慢的信，信中说，他不需要大流士的钱，也不愿意只得到他国土的一部分而非全部，因为大流士的全部财产和整个国家都已经是他的了，假如他愿意的话，他当然可以娶大流士的女儿，大流士不给，他也可以娶。至于大流士本人，如果他愿意从他手里得到友谊的话，那他就应当亲自前来。

亚历山大这封信完全关上了和谈的大门，杜绝了和解的一切可能。亚历山大给大流士的第一封信，还只是把已占领的地区看成是他的，并没提出另外的土地要求，而这封信，竟把波斯的全部国土和所有财产都视为自己的囊中之物，其思想变化之快，非常人所可想象。

亚历山大的回信打碎了大流士和谈的一切幻想，他开始准备和亚历山大再决一死战。

三、争夺制海权：控制东地中海

1. 南下计划：制敌海军的秘诀

伊苏斯战胜后，亚历山大虽一再拒绝大流士的和谈要求，却也没有贸然率兵去追击败逃的大流士。亚历山大虽然在战斗中神勇非凡，往往冒着生命的危险，身先士卒，但在战略上，他却是非常稳重的，决不轻易冒险。他的作战计划都是深思熟虑的结果，都是建立在对形势正确判断的基础上的。当时，摆在亚历山大面前的有两条进军路线：一是东进，追击大流士；二是沿腓尼基沿岸南下，占据沿岸城市，打击并摧毁波斯海军，控制整个东地中海。

追击大流士，是谁都能想到的，但此时进行追击却是十分危险的。大流士新败，却仍有巨大的不容轻视的战斗力。伊苏斯一役给波斯帝国的打击也比马其顿人所估计的要轻，大部分波斯骑兵在波斯的一些杰出将军的率领下，有秩序地撤退到波斯统治区内，驻扎在未被马其顿军占领的地区，并在当地招兵买马，很快就成为一股可观的力量。从战场上逃跑的大流士也很快在巴比伦集合起一支队伍。大流士虽写信求和，但也一直在作抵抗的准备。波斯人仍有一战之力，甚至仍有打败亚历山大的可能。

亚历山大深入波斯腹地作战，没有了像小亚细亚希腊城邦那样所给予的支持和欢迎，“解放”、“民主”和复仇等宣传也失去了作用，必然会遭到当地居民的顽强抵抗，马其顿军队有可能成为“一座在敌人领土上游移不定的小岛”（E.巴迪安）。深入波斯腹地作战更为困难的是，战线拉长，后勤供应更加难以保障。而后勤供应的好坏，正是亚历山大能否成功的关键所在。

对于亚历山大的后勤供应线来说，还有一个致命的威胁，那就是波斯海军。波斯海军一直是个使亚历山大头痛的问题。亚历山大没有可与波斯海军对抗的舰队，他原定的计划是在陆地上打击波斯海军，占领波斯海军的港口，征服大流士建造军舰和征集士兵的地方，这一计划由于亚历山大攻占了小亚细亚沿海的一些港口城市而取得了部分成功，但并没有解除波斯海军对亚历山大后方的威胁。腓尼基沿岸仍受波斯控制，波斯的腓尼基舰队已驶入爱琴海，正在寻找机会进袭希腊。希腊的斯巴达也仍然坚持和马其顿对抗。在这种情况下，在没有制海权的情况下，如果亚历山大率军向东深入波斯腹地，东地中海沿亚洲海岸线一带就有落入波斯海军之手的危险，后果是不堪设想的。亚历山大，一个伟大的军事家，当然不会这样去冒险。

亚历山大在对形势作了正确判断后，认为在追击大流士之前，必须摧毁波斯的腓尼基舰队。虽然他自己没有海军，但他确信，只要攻占了腓尼基诸城，夺取了腓尼基舰队的大本营和基地，波斯海军就会瓦解，舰队的水手就会弃船投奔他，因此他决定率军沿腓尼基沿岸南下，甚至推进到埃及，以便将整个东地中海置于他的控制之下，然后再去追击大流士。

亚历山大在南下之前，任命塞琉古为西里西亚总督、托勒密为地中海沿岸地区的总督，同时还保留他们在军队的职务。随后又任命米农为下叙利亚总督，并拨给他希腊联军骑兵，驻守该地。作了这些安排以后，亚历山大亲率大军向腓尼基进发。

腓尼基的沿海城市有20多个，它们虽然承认波斯的宗主权，却都是些与希腊城市一样的独立小王国。腓尼基人素以经商、航海和殖民著称，工商业十分发达，每个城市都是一个贸易中心，每个城市都有自己的舰队，彼此之间，充满矛盾和竞争。其中最重要的城市是西顿和推罗。这两个城市也是波斯帝国舰队的重要基地和港口。

亚历山大的进军，开始非常顺利。由于腓尼基人对波斯和大流士的统治不满，不少腓尼基城市对亚历山大持欢迎态度，同时，亚历山大大军压境，它们也无力抗拒。亚历山大先是得到了阿拉达斯岛及其附近地区的族长斯特拉唐的迎接。斯特拉唐一见亚历山大，就给他戴上一顶金冠，并把阿拉达斯岛和岛对面大陆上的一个繁华城市马拉萨斯献给他，属于自己势力范围的其他一些地方也一块交了出来。

随后，亚历山大又接受了比布拉斯和西顿的归降。在从西顿向推罗进军途中，又碰上了来迎接他的推罗代表。代表中有贵族，还有国王的儿子，他们告诉亚历山大，推罗全体市民已决定接受他的治理。亚历山大很高兴，称赞了他们，称赞了他们的城市。他让代表们回去告诉市民，他将去推罗城，向那里的赫拉克勒斯神庙献祭。

推罗城有一座古老的赫拉克勒斯庙，但这个赫拉克勒斯并不是亚历山大奉为祖先的那位。推罗人世代供奉的这位赫拉克勒斯，早在公元前14世纪就有了，而亚历山大奉为祖先的那位，则是数百年后底比斯王后和宙斯所生。还有另一个赫拉克勒斯，埃及人供奉的。埃及人认为他是十二神之一。这个埃及人供奉的赫拉克勒斯显然也不是被亚历山大当作祖先的那位。

不过，亚历山大准备去献祭的就是推罗城的赫拉克勒斯。当推罗的代表告诉市民，亚历山大要进城向赫拉克勒斯献祭时，推罗人坚决拒绝了亚历山大入城献祭的要求。他们让代表转告亚历山大，他们愿意接受亚历山大的一切命令，但决不能允许任何波斯人或马其顿人进城。

推罗人这种既不欢迎波斯人，也不欢迎马其顿人的态度，看似中立，其实是对亚历山大的挑战。推罗人之所以敢和刚打败波斯人的亚历山大对抗，一是因为他们有抵抗外敌的光荣传统，他们的城市曾经受住敌人一次又一次的围攻，巴比伦国王尼布甲尼撒曾围攻14年，而未攻破。这种传统激励他们不向任何强敌屈服。二是因为城池坚固，有恃无恐。推罗城在一个距大陆有半英里的岛上，有坚固的石头城墙，东面有两个港口，北端的叫西顿港，南端的叫埃及港。推罗人还有一支强大的海军和许多优良的作战器械。

亚历山大得到推罗人的回答，非常生气。他要求祭祖只是个借口，目的是要进城。推罗人不让他进城，就是拒不归顺他。如果不占领推罗这个腓尼基最重要的港口，他的计划就会落空。

他打发推罗的代表回去后，召集了他的部下将领，作对推罗宣战的动员，讲述了自己的计划和决定。他说："朋友们，盟友们，只要波斯仍然掌握着制海权，我就看不出我们怎么能够安全地进军埃及。推罗现在态度暧昧，如果把它留在我们背后，同时埃及和塞浦路斯又仍在波斯手中，特别是由于希腊当前的局势，我们在这种情况下去追击大流士显然很不妥当。恐怕当我们率领全军进逼巴比伦和追赶大流士的时候，波斯部队很可能再把沿海地区占领，然后还要用更大的兵力把战争推向希腊。而在希腊，眼下拉斯地蒙人正与我作战；雅典现在虽还算安分，但也只是惧怕我方而不是亲近我方。不过，一旦我战胜推罗，就能占有整个腓尼基，而且波斯海军中最强大、最精锐的腓尼基这部分就有很大可能转到我方。因为就腓尼基的橹工和水兵来说，当他们的城镇已入我手之时，就不可能有勇气再为别人出海冒险。再进一步，塞浦路斯或者主动投降我方，或者我以海军袭击，轻易地把它占领。到那时，如果我方以马其顿舰队加上腓尼基海军控制海面，而且塞浦路斯又已在掌中，我方将稳操制海权。在这种情况下，我军再远征埃及将如探囊取物。得到埃及之后，即不必再担心希腊和我本国。到那时，国内既已安定，又有我们日益增长的威望，整个大海又和波斯以及幼发拉底河北岸广大地区完全隔绝，我们远征巴比伦即可毫无后顾之忧矣。"

亚历山大在这里对他为什么要南下腓尼基，为什么一定要攻占推罗，为什么要远征埃及，说得非常清楚。他的目的就是摧毁波斯海军，掌握制海权，稳固后方，以便远征巴比伦、追击大流士时，无后顾之忧。这就是他的南下计划。

2. 最惨烈的一战：推罗攻坚战

为了坚定将士们夺取推罗的信心，亚历山大还声称他做了一个梦，他在梦里见赫拉克勒斯引导他进了推罗城。他的占卜师阿里斯坦德解释说，这个梦意味着推罗城可以攻下，但要付出很大的力气，因为赫拉克勒斯的成就是用力气取得的。而在另一方，据说，很多推罗人梦见太阳神阿波罗要离开他们到亚历山大那里去。为了不让阿波罗离去，他们随即把这位尊神的塑像绑起钉在坐垫上面，就好像阿波罗是个普通的叛逃者，在投向敌人时，被发现逮住了。这样两个梦反映了对阵双方的心态，有他们的希望、决心，甚至还有一些对对方的恐惧。推罗人的恐惧好像更大些，而希望却小些。

要攻占推罗城确是非常困难的，亚历山大决定先修筑一条从陆地通向推罗的宽 200 英尺的长堤。在进行这一工程中，亚历山大亲临现场，对工程的每一步骤都亲自进行指导，并不时发表鼓动性的讲话，还对干活特别出色的人给予奖励。开始时，由于近岸地区水浅，施工地区又在推罗人作战器械的射程之外，工程进行得很顺利。但当工程推进到接近推罗城时，水深已达 18 英尺，施工地区也已处于推罗人作战器械的射程之内，施工的将士不断遭到从推罗高耸的城墙上射来的排箭的袭击，更为严重的是，制海权仍掌握在推罗人手中，推罗人驾驶三行桨位战船不断向长堤攻击（这种三行桨位战船是古代常用的战船，由三组人，而不是三层人划桨，每组约有 60 名桨手，因此而得名。全长约 120 英尺宽 20 英尺，船头装有一个大金属撞锤，船上载有两栖作战士兵）。推罗人的战船一会儿冲击这边，一会儿冲击那边，使马其顿人的筑堤工程在许多地方都无法进行。

为了保护自己、控制局势，亚历山大令人在堤上修筑起两座塔楼，塔高达 150 英尺，与城墙等高，塔楼外层包上皮革以抵挡火箭，楼内安装石弩用以射击三行桨位战船。推罗人针锋相对，他们在一条大船上装满干柴、树脂、沥青和硫磺，在船头竖起两根桅杆，又在每根桅杆上栓上两根桁杆，桁杆上悬挂着装满易燃物的大锅。他们还在船尾压上重物，使船头尽量升高。风一起，他们就在船上放起火来，用战船拖着这着了火的船向长堤猛

三行桨位战船

扑过来，转眼间，塔楼和长堤便都着了火，由于桅杆被火烧坏，大锅内的易燃物便全部倾出，塔楼和长堤的火势立即大得不可收拾。亚历山大马上命令从陆地这边把堤道加宽，以便在上面修建更多的塔楼，同时命令工匠制造更多的石弩。

这时，亚历山大已意识到，他必须有他自己的三行桨位战船，因为如果他没有自己的舰队，他就没法控制海面，而没有制海权，他就很难攻下推罗城。于是，他亲自率领一支部队去西顿和其他腓尼基城市，集合他自己的船队。而腓尼基沿岸各城市的国王，得知大流士在伊苏斯战败、自己的城市被亚历山大占领后，纷纷率领自己的舰队离开波斯舰队，来投靠亚历山大。很快，就有 80 艘腓尼基三行桨位战船和 120 艘塞浦路斯战船归降了亚历山大。为了能有更多的木材来建造更多的战船，亚历山大随后又率军进山，去采伐黎巴嫩著名的雪松。

在山中，亚历山大还曾冒死救出他青年时代的老师雷西马楚斯。在一次行军途中，天色已晚，他们两人沿陡峭的山路徒步而行，大多数马其顿人已走远，亚历山大不愿丢下年老体弱的雷西马楚斯。他可以看见远处敌人的点点篝火。夜里非常冷，他摸到最近的一堆篝火旁，刺倒火边的两个敌人，抓过一根燃烧的树枝，再跑回到自己那一小队人中，用这根树枝点起一堆大火，吓跑了敌人。亚历山大时常做出这样一些忠于友情和与部下共患难之事，反映了他深得人心的一面。

他返回西顿时，从伯罗奔尼撒赶来的4000名希腊雇佣兵也已来到这里。亚历山大终于在西顿集结起一支有200艘战船的庞大舰队。现在亚历山大可以和推罗人在海上一决雌雄了。他率领足够多的近卫军登船，令舰队以密集的队形由西顿向推罗驶去。他自己在右翼，塞浦路斯诸王和他在一起；由尼塔高拉斯和克拉特拉斯共同指挥左翼。舰队驶到推罗时，在海面上停泊，想把推罗的海军引出来交锋，但推罗人一见亚历山大舰队如此庞大威武，大惊失色，自知他们的海上优势已荡然无存，便拒不出港作战，并在海港入口处密布战船，封锁海港。同时，他们加固了城墙，并在城垛口竖起木塔，以便从塔里向外射箭礌石。他们还把许多大块圆石推到海里，形成许多石堆，以阻止敌船靠近城墙。

亚历山大一面令海军封锁了城北、城南的两个港口，一面令人把大量的石弩等礌石器搬到堤道上和船上，这些礌石器都是由从塞浦路斯和腓尼基招来的工匠制造的。一切准备好了后，亚历山大便下令堤上的木塔和海上的船同时向前推进，向城墙发动进攻。但是，亚历山大的进攻遭到推罗人的有力抵抗，他们从面对长堤的城墙高塔里向外发射火箭，用一些加了装甲的船只冲断攻城船只的锚索，而那些被推到海里的大圆石，又使攻城的船只无法靠近城墙。因此，为了使运载攻城器械的战船能靠近城墙，亚

礌石器

历山大令人用小艇把这些挡道的圆石搬开，推罗人就派人潜水割断船锚的缆绳。于是，马其顿人便改用铁索代替缆绳，推罗的潜水员才无计可施。然后，亚历山大用起重器把大圆石块吊起来，再用礌石器把它们投进深水中去。

这样，通向城根儿的水道就被打通了，船只很容易地就开到城墙根儿前停泊，发动总攻击的时候到了。

推罗危急了，但推罗人不愿坐以待毙，不甘心就这样失败了，他们要进行最后的一搏，决定主动出击，摧毁马其顿人的船队，夺回制海权。他们乘封锁北端港口的塞浦路斯舰队的船员回大陆用午餐、亚历山大也下船回他城南的帐篷里去的机会，让满载最熟练的水手和最善战的水兵的10艘战船出击。它们利用港内的船帆作掩护一字形慢慢地、静悄悄地驶出港口，突然向塞浦路斯舰队发动攻击。塞浦路斯舰队由于船员下船用餐去了，猝不及防，4艘战船被击沉，剩下的一些船被推到岸边砸毁。

但是，这时推罗的海军力量已无法和亚历山大的海军抗衡，只能得逞一时。亚历山大从岸上用餐回来，看到塞浦路斯舰队被推罗人偷袭的惨状，立即令水兵赶快上船，让一部分船队火速驶往南部港口加强封锁，以防其他的推罗战船冲出；自己则亲自率领几艘大战船，环绕城墙追击推罗人的船只。城墙上的推罗人看到亚历山大亲率舰队出击，就大声呼喊自己的舰队回来，但已经晚了，推罗船队发现亚历山大舰队攻来，已来不及掉头逃回港内了，只有几只船好不容易地逃出了险境，绝大部分舰艇都遭到亚历山大舰队的冲击，许多船只被撞坏了，一艘五行桨位战船和一艘四行桨位战船当场被俘。

推罗人的偷袭失败了，他们的海军遭到了致命的打击。推罗人失去了海军的支援，亚历山大的船只就直接驶到城根儿前攻城，并在靠城墙处多处搭上了浮桥。然而，推罗人仍拼死抵抗，马其顿人攻城时，他们从城上往下撒网，把套进去的人投入水中，他们用一种叫铁蒺藜的兵器把攻城的马其顿士兵拽下城去，他们把锋利的镰刀绑在长竿上割断大撞锤的绳索，使大撞锤失去作用，他们把烧热的大铁块投向攻城者，他们还把滚烫的沙子从城墙上往下倒，战斗异常酷烈。推罗人这时犯了个错误，他们把俘获的马其顿人押上城头，当众杀死，并把尸体抛进大海，这更激发了马其顿人的斗志。

亚历山大使用了当时最先进的诸如撞锤、攻城塔、穿城螺旋锥等所有攻城武器，推罗城墙最终还是被轰塌一大段。亚历山大立即命令一些三行桨位战船朝两个港口驶去，打击港内的敌人，命令其余的战船绕城行驶或停泊在浅水处，从四面八方向推罗人投掷梭镖、射箭。亚历山大自己率领舰艇驶到城根儿处，搭板立即从船上搭到城墙上，阿德米塔斯率领士兵第一个登上了城墙，亚历山大也随后率部冲了上去。他既是攻城的勇士，也是其他指战员英勇行为的目击者。阿德米塔斯站在城头鼓励战士往上冲时，被一支矛刺中，当场死亡。但亚历山大还是率领部队把敌人逐下城墙，随即进入市区，追击敌人。同时，腓尼基舰队和塞浦路斯舰队也分别攻入南北两个港口，击毁了港内推罗人的剩余船只，夺占了港口附近的城墙。

推罗人见城墙大部分落入亚历山大之手，便纷纷逃离城墙，退到阿基诺圣殿进行顽抗，结果被亚历山大一举歼灭。这时攻克两个港口的亚历山大部队也开始在城内进行大屠杀。由于马其顿军队久攻不下，多次受挫，士兵心中已经积满了怒气，一旦攻入城中，便狂性大发，把推罗城当成了屠宰场，见人就杀。当时有 8000 名推罗人被杀害。马其顿方面，阿德米塔斯和随他冲上城墙的 20 名战士全都战死了，整个围城战共约有 400 人牺牲。推罗的一些要人城破后逃到赫拉克勒斯神庙避难，其中有推罗国王，还有一些迦太基来客。他们受到了亚历山大的仁慈对待，被赦免了。而其余的未死的 3 万推罗人和外籍人则全都被卖为奴隶。

推罗就这样被亚历山大攻占了。这一战役从公元前 332 年 1 月开始，到同年 7 月末攻占该城结束，历时 7 个月，是古代历史上最惨烈的一次攻城战。对于亚历山大来说，攻占推罗是建立他的大帝国必不可少的重要一步，成功了，他的计划就向前推进了一步，如果失败了，他的全部计划就都可能落空。因此他不惜花费巨大的人力财力，采取一切手段攻下推罗。攻下了，仍不肯放过推罗人民，其手段之狠毒，令人发指。如同他毁灭底比斯一样，他毁灭推罗也是向那些不服从他统治的人民发出警告，发出一种信息。对于推罗人来说，这是一场毁灭性的灾难。一个多世纪以后（公元前 146 年）推罗人的殖民城市迦太基同样也遭遇一场毁灭性的灾难。

亚历山大围攻推罗

亚历山大如愿以偿，向赫拉克勒斯献祭，把轰垮城墙的那架石弩献给神庙，举行全军武装大游行和海军大检阅来表示对它的敬意，又在赫拉克勒斯神庙的大庭院里举行体育比赛和火炬赛跑。

3. 逆我者亡：加沙的人间悲剧

占领推罗后，亚历山大有了一支强大的海军，波斯人的舰队溃散了，东地中海已基本控制在亚历山大手中了。但亚历山大却认为他还必须占领埃及，这本是他计划的一部分，只有占领了埃及，才能说完全控制东地中海，才有一个巩固的大后方。同时，这个有着古老文明的地方，它的神奇和财富也吸引着他。公元前 332 年冬天，亚历山大率军从推罗出发，向南挺进。叙利亚和巴勒斯坦的其余部分也都纷纷归顺，但通往埃及的路仍不平坦，他在叙利亚南部的边境要塞加沙，受到一支阿拉伯部队的顽强抵抗。

加沙是通往埃及的必经之地，具有重要的战略地位。加沙城市坐落在距海岸 1 英里的一个高岗上，四周有非常牢固的城墙围绕，城墙外围都是很深的沙土，城对面的大海海边有许多水坑。波斯总督巴提斯率领一支阿拉伯雇佣军据守在这里，他想依仗这里的险要地形、坚固城墙和储备丰富的物资，与亚历山大对抗。他坚信他的堡垒是永远攻不破的，因此，他决定不让亚历山大进城。

亚历山大当然不会让这个孤立无援的要塞挡住他前进的路。他一到达，就布置攻城。他令人安装礌石器，但操纵礌石器的人却说，高岗太高了，强攻是攻不下这座城的。亚历山大有了攻打推罗的经验，根本不把加沙放在眼里，他的好强心，使他不愿在任何困难面前退却，越是难攻越要攻下。而且，如果他攻不下加沙，便会对他已树立起来的威望造成极大的损害。高岗太高，亚历山大就令人绕城修筑一道土岗与高岗相对，修筑好了后，就把礌石器放在土岗上，好平射石弹轰击城墙。但在土岗修筑好了，礌石器也在上边安装好了时，城里的阿拉伯人突然大举出击，居高临下，犹如急雨般地向马其顿部队射箭投石，要把马其顿部队赶下新修的土岗，烧毁礌石器。亚历山大不顾个人的安危，亲自率领近卫队支援受攻的马其顿部队，顶住了阿拉伯人的攻击，但他本人却负了伤，一颗石弹穿透他的盾牌和胸甲，打进了他的肩膀。

亚历山大的伤使攻城暂时停了下来，伤好后，攻打推罗的礌石器也从海上运来了。亚历山大立即下令把土岗加高加宽加固，环绕全城，同时令人再从城墙下挖坑道，准备爆破。一切准备好了后，所有的礌石器都被搬到土岗上，一声令下，同时开始轰击，被认为牢不可破的城墙立即被轰得弹坑累累、面目全非。由于城墙下面好些地方被掏了洞，城基逐渐下沉，城墙随之下陷倒塌，掉进下面的地道里。而在此同时，地面上的马其顿部队也用石弹把城墙轰平了好大一片，墙倒人亡，加沙守军伤亡惨重，但仍拼死抵抗，一连顶住了马其顿人的三次大冲锋。亚历山大最后把马其顿方阵调上来，组织第四次冲击。马其顿战士从四面八方猛扑上去，被挖空地基的城墙被推倒了，被石弹轰得松松垮垮的城墙被撕开了一个很大的缺口，大批梯子搭到了城墙上，马其顿战士展开了攻城大竞赛，争先恐后地抢登敌城。随后，大批马其顿战士一营一营地登上城墙，城门被一个个打开了，全军也随即开入城中。接下来，和在推罗一样，又是一场惨绝人寰的大屠杀。成年男子被杀得一个不留，妇孺都被卖为奴隶。加沙成了无人的空城，亚历山大再把附近部族招来城内居住，使它成为新的为自己所用的要塞。

亚历山大攻占加沙费时两个月，就这样，在一年之内，他先后在推罗和加沙两地导演了两出人间大悲剧，但随后却又在耶路撒冷导演了一出颇为滑稽的人间喜剧。耶路撒冷是犹太人的圣地，一直和推罗很友好，亚历山大攻打推罗期间，耶路撒冷曾援助推罗，给推罗提供粮食。亚历山大认为耶路撒冷的这种行为是不可饶恕的，决心给以惩处。在攻占了加沙后，亚历山大便回军包围了耶路撒冷，并令人搭起攻城塔，准备攻城。

耶路撒冷无险可守，耶路撒冷的人民也不敢和亚历山大对抗，他们担心推罗、加沙的噩运降临到自己头上，便群集在耶和华神殿，要求大祭司想办法解救他们。这可难住了这位大祭司，苦思冥想一夜，终于想出了一个办法，有没有用，就只有天知道了。他随即向全体市民宣布，他已经得到神的启示，耶路撒冷可以得救了。他的办法就是，他和他庙里的所有祭司都穿戴整齐，在他的率领下，态度庄严地向剑拔弩张的马其顿阵地走去。马其顿人看见城内走出这样一支队伍，觉得好奇，并没有阻挡他们，想看看他们要做什么。这队人一直走到亚历山大面前，然后以十分虔诚的态度仰天祈祷："万能的神啊，耶路撒冷人求您保佑年轻的马其顿国王吧……"

奇迹发生了，本是下决心要好好教训耶路撒冷人一下的亚历山大，突然态度变了，竟以同样的虔诚态度在大祭司面前跪下，垂首抚胸，用希腊语说了一句表示感谢的话。一场眼看就要发生的大屠杀就这样戏剧性地化解了。表面上看，亚历山大喜怒无常，实际上，这件事反映了亚历山大高人一等的政治智慧，他并不是嗜杀成性之徒，虽然为达到目的他不择手段，但能不战而屈人似乎更符合他的要求。他对推罗、加沙和耶路撒冷的不同处理方式，是在向全世界宣布这样一个信息：顺亚历山大者昌，逆亚历山大者亡。

第五章　征服者的脚步（二）：万王之王

现在南下埃及的一切障碍都已扫除了，神秘的埃及已近在眼前。公元前 332 年 11 月，亚历山大率军从加沙出发，令海军从腓尼基启航，水陆两路同时向埃及进军。很快两路大军就都到达了位于尼罗河东口的埃及边境要塞柏路西亚，踏上了埃及的土地。

一、进军非洲：短暂的埃及之行

1. 不战而降：受欢迎的王者之师

埃及位于非洲大陆东北角，早在公元前 6000 年就产生了国家，是古代文明的发源地之一。尼罗河孕育的埃及文化对世界文明的发展有着巨大的影响。公元前 525 年，波斯人征服了埃及，埃及成了波斯帝国的一个行省。波斯人对埃及实行高压和掠夺政策，苛征重赋，虐待僧侣，霸占良田。波斯人的野蛮统治和残酷掠夺，激起了埃及人民一次又一次的反抗，人民起义此起彼伏，远在大流士三世继位以前，波斯人在埃及的统治就已有名无实了。

埃及人和希腊人很早就有了相当频繁的交往，文化上互相影响，商贾间互通有无。被西方誉为“历史之父”的希腊历史学家希罗多德曾到过埃及。在他的历史著作中，记述了那里许多引人入胜的奇闻轶事。例如：

古埃及壁画

怎样用药物涂尸防腐，怎样捕捉鳄鱼，怎样造金字塔等。亚历山大一定看过希罗多德的书，他肯定对这些埃及文明的奇迹怀有浓厚的兴趣。他的母亲奥林匹娅斯迷恋神秘宗教，受他母亲影响，亚历山大对埃及的宗教可能也有一种敬畏之情。对于亚历山大来说，埃及之行，既是一次征服，也是一次探险。

和征服小亚细亚和腓尼基等地相比，亚历山大的埃及之行是十分轻松的。由于埃及人痛恨波斯人的统治，他们把亚历山大的大军当成王者之师，当成解放者。波斯的埃及总督马扎西斯也早已在柏路西亚迎接亚历山大，因为他早已得知大流士兵败伊苏斯，也知道腓尼基、叙利亚和阿拉伯的大部分地区都已落入亚历山大之手，而且他自己手中也没有波斯军队，不要说他不愿抵抗，就是想抵抗也没有可打仗的兵。

马扎西斯一见亚历山大到来，就客客气气地迎接他和他的军队进入埃及城乡各地。这种情况使亚历山大感到意外，也使他惊喜。他一路征战而来，本以为在埃及这样一个古老、文明而又具有战略意义的地方，一定会遇到更加激烈的抵抗，谁知一进入埃及就受到地方总督和埃及人民的隆重欢迎和友好接待，埃及不战而降，这太让亚历山大高兴了。亚历山大在柏路西亚留下一支部队驻守，然后水陆两路大军直奔古都孟斐斯，沿途各地居民都来归顺，不费吹灰之力就占领了沿途一带，顺利地到达目的地。在孟斐斯，为了表示对当地宗教信仰的尊重，亚历山大特地向当地主神阿皮斯献祭，还举行了体育和文艺比赛，希腊的一些著名艺术家也赶来参加。

亚历山大在孟斐斯的行动赢得了埃及人民的好感。亚历山大的做法完全不同于波斯人，波斯人曾捣毁他们的神庙，屠杀了他们认为是阿皮斯化身的神牛。亚历山大还接受了埃及人授予他的法老称号。法老是埃及国王的称号，埃及人认为法老是神，他的意志是至高无上的。埃及人授予他这一称号，说明埃及人承认他是他们的合法统治者。亚历山大接受这一称号，是要表明他的统治不同于波斯人，是为了使他的统治更容易被埃及人接受。只要有利于他的统治，他是乐于接受各种称号的，何况法老这一称号还给他蒙上了一层神圣的光环。

2. 璀璨明珠：亚历山大城的建立

亚历山大在埃及做的影响最大的一件事是他在这里建起了一座城市，一座以他的名字命名的城市。公元前 331 年的一天，亚历山大带着他的卫队和他的智囊团，乘船来到尼罗河三角洲，上岸溜达时，突然萌发了要在这里建造一个城市的想法，在他随行科学家的帮助下，他很快就选定了未来城市的位置，这是个非常适合建立城市的地方，位于尼罗河最西端河口以西，由于地中海海水的冲击，这里不受河水泥沙的淤塞。亚历山大对这座城市的兴建，满怀热情，投入了很大的精力。他亲自为城市设计草图。什么地方建市场，什么地方盖庙，盖什么庙，哪些是希腊神的，哪些是埃及的，城墙修在哪里等，他都一一在草图上标画出来。他还向神明献祭，得到很好的启示。他的占卜师阿里斯坦德也预言，这座城市将来在各方面一定都很兴旺，特别是土地上的收益更是兴旺。

亚历山大在埃及建立这座新城市当然不是突发之举，而是和他过去所做的其他事情一样，是深思熟虑的结果，是他计划中的大帝国不可缺少的一环。这座亚历山大城并不是亚历山大建立的第一座城。在这之前，已经有了几个亚历山大城，在这以后，在亚洲所到之处建立的亚历山大城据说有 70 座之多。这些城市大都位于战略要地，除殖民、安置年老体弱或负伤的战士外，还可作为该地区的军事要塞，但在亚历山大所建城市中最为成功、作用最大的却是埃及的这座亚历山大城。

亚历山大城的战略地位特别重要，处于东地中海的中心地带，面向希腊和小亚细亚，东邻腓尼基，背靠埃及。如果亚历山大最后战胜大流士，这里就可做他的大帝国的首都，最少也可成为一个大行政中心，同时，在推罗被夷为平地后，新建的亚历山大城可以填补空白，成为这一地区新的商业中心。事实上也的确如此，虽然修筑亚历山大港花费了数年时间，消耗了大量的人力和财力，但不久之后，它就以它少有的优越地理位置而得以成为东地中海的最主要港口，灯塔岛守卫着港湾（后来亚历山大的一位后继者在岛上建起一座高 400 英尺的灯塔，被世人誉为世界七大奇迹之一）。城与岛之间筑起了一条长堤，从而形成了东北和西南两个港口。城内有埃及人、希腊人和犹太人等三个居民区。居民人口很快就增加到 100 万。它不仅成为一个工商业中心，它也是一个科学文化中心，市内的亚历山大图书馆是古代文化最有名的收藏处，可惜在公元前 48 年毁于一场大火。亚历山大城的建立是亚历山大对人类历史的重要贡献。

亚历山大城是按照希腊模式建的，同时也吸收了一些埃及的风格，如埃及神庙和埃及人居住区的建设等，这里也透视出亚历山大是要使他的帝国成为希腊文化的传播者，而同时又能广泛融合各地的传统文化。他的这一想法，在当时是非常超前的、崇高的。

正在亚历山大热心于他的城市建设时，有人从爱琴海来到埃及，向亚历山大报告，爱琴海上的位于赫勒斯滂海峡附近的提尼多斯岛的波斯守军已起义投诚，米提利尼已被攻克，开俄斯岛、累斯博斯岛和科斯岛也都归顺了马其顿。马其顿海军已进驻各岛，那里已完全成了马其顿的天下。被俘的几个岛的僭主和波斯占领军的头目也已押送到这里，听候亚历山大处理。亚历山大放了那几个僭主，而把其他的人关押起来。

3. 死亡之旅：拜埃及的神

现在埃及已被兵不血刃地占领了，爱琴海已成马其顿一家的天下了，波斯海军已被完全消灭了。亚历山大城也正在兴建中，在这里该做的或计划做的都已做了，该是去追击大流士的时候了。但是像过去常有的情况一样，亚历山大的下一步行动又一次完全出人意料，他没有发兵亚洲，而是去利比亚，去拜访那里的阿蒙神。他把建城的事交给哈帕鲁斯，让塞琉古留守，统领军队，他自己则带领一支 2000 人的卫队、10 位考古学家和地理学家启程去利比亚的阿蒙神庙，随同的还有他的亲信将领托勒密。

这座阿蒙神庙坐落在利比亚沙漠的锡瓦绿洲，在希腊人的心目中，这座神庙的地位仅次于底比斯的阿波罗神庙，而且，由于它远离希腊，又在沙漠中，就更具神秘色彩。阿蒙的神谕具有神验，无人怀疑。据说，希腊的柏修斯和大力神赫拉克勒斯都曾来到这里问卜，而柏修斯和赫拉克勒斯却又都是亚历山大的祖先。这可能是亚历山大此行的一个目的，去向阿蒙神问卜，问问自己的未来。亚历山大认为阿蒙神也是自己的祖先，他可以祈求阿蒙神的护佑，使自己未来的一切行动都披上神的意旨的外衣。当然，他此行也可赢得埃及人的好感，有利于他在埃及的统治。如果他能取得神

以公羊形象显身的阿蒙神

庙祭司们的支持，他就成了埃及的合法统治者。他对能否以阿蒙神的名义统治埃及是很重视的，因为他知道，他虽然很轻易地就占领了埃及，但要有效地统治它却是不容易的。

亚历山大此行的另一目的可能是军事性的，他没有按惯常的路线从孟斐斯出发，穿越沙漠，直奔阿蒙神庙，而是沿着海岸向西。显然，亚历山大是要借此行侦察沿海的情况，因为这里的西端有希腊重镇昔兰尼加，他要弄清楚昔兰尼加的态度，他要知道，在他离开埃及去追击大流士时，埃及的这一边会不会遭到攻击。因此，亚历山大一直沿海岸而行，大有直奔昔兰尼加之势，直到碰到了昔兰尼加派出的使臣，并接受了使臣递交的献城降表，才离开海岸，前往沙漠。

亚历山大的穿越沙漠之行是十分艰苦的，甚至可以说，是一次死亡之旅。波斯国王冈比西和他率领的波斯大军就曾在这茫茫无境的沙漠里全军覆没。亚历山大一行进入沙漠不久，就迷失了方向，除了沙漠，一望无边的沙漠，什么都没有。连向导都不知往哪里走。白天，酷热简直使人无法忍受，火热的阳光，滚烫的沙子，似乎要把人烤焦。晚上，严寒也使人禁受不起，刺骨的寒气几乎要把人冻僵。干渴、劳累、饥饿、酷热、严寒，马疲、人乏，一些人倒下了，更要命的是，他们不知往哪里走，不知那神秘的神庙还有多远。一些人心生不满了，他们不知为什么要去那神庙，不知为什么要这样穿越沙漠去那神庙。这时，鼓励他们前进的，也许就是他们的国王亚历山大也和他们一样在忍受这旅途之苦。为了充饥他们开始杀马，马杀完了，便开始杀骆驼。但他们仍不知往哪里走，要走多远。

阿利安的书里记述，当时，在他们前面出现了两条大毒蛇，并向他们发出声音，亚历山大便令向导跟着蛇走，最后，蛇把他们带到了神庙那里。但也有人说是两只乌鸦把亚历山大引导到神庙的。这些带有神奇色彩的传说，其实都是要把亚历山大到神庙说成是神的意旨。不管如何，虽经历了千辛万苦，亚历山大还是如愿以偿了。他很欣赏这个地方，对沙漠中竟有如此一个绿洲，十分惊奇。

4. 阿蒙之子：治埃及的人

阿蒙神庙的祭司们以法老的礼仪接待了亚历山大。亚历山大向阿蒙神献祭，并答应保护祭司的各种权利，祭司们则在神庙里为亚历山大举行隆重的授名仪式，这是埃及历代法老都必须接受的仪式。通过这一仪式来说明他的法老称号是神授的，因而可以享受至高无上的权力。

亚历山大个人还被祭司单独带到内殿瞻仰，并和祭司进行了对话。这段对话后来被大加宣扬。据说，祭司称亚历山大为阿蒙神的儿子。但据普鲁塔克说,这是个误解。那个祭司出于友好的问候,对亚历山大说"Opaidion（啊，我的儿子）。"但这个祭司是外国人，他把最后一个希腊字母读错了，成为"Opaidios"。这句话可以分写成"O Pai Dios"，于是便成了"啊，宙斯的儿子"。

亚历山大之所以要宣称自己是阿蒙神或宙斯的儿子，除了要在埃及人面前树立自己合法的至高无上的地位外，还和这样一个传说有关。传说，腓力有一次对奥林匹娅斯说，他是不是亚历山大的生父，他自己也拿不准。这个传说又同另一传说联系在一起。腓力在一次战斗中被打瞎了一只眼，但传说这只眼不是由于他勇敢战斗而失去的，而是因为一天夜里当宙斯化作一条毒蛇跟他的妻子同枕而眠时，他从钥匙孔向里窥视而被宙斯弄瞎的。特尔斐神庙的神谕也早就预言他会一目失明。

亚历山大并没有公开宣布他和祭司的谈话，他声称自己在阿蒙神庙获得了神谕，但对其内容却秘而不宣，这更增加了神谕的神秘性。据说，他曾写信给他母亲，说要把神谕的内容告诉她，但他一直征战在外，至死也没有告诉她。不过他以神之子自居是毫无问题的，亚历山大甚至让人把自己戴着阿蒙神公牛角的头像铸在银币上，公开让大家奉自己为神之子。埃及阿蒙神庙祭司说亚历山大是神之子，是一种东方式的模糊观念，因为在埃及人看来，所有的法老都是神之子，这就像中国把皇帝称为天子一样。但按希腊人的观念，神之子意味着他的父母或父母中的一个是神。有关腓力和亚历山大的某些传说可能就是希腊人的这种观念。

亚历山大在锡瓦绿洲呆了一些时候，他在这里还和当地的一位名叫普萨蒙的哲学家进行了交谈。普萨蒙指出，亚里士多德把人类分成高贵的和低贱的两类，把亚细亚人看作野蛮人和天生的奴隶，是不公正的。亚历山大毫不犹豫地表示他赞同普萨蒙的这一观点。普萨蒙接着进一步指出，既然王权和统治都是神的赐予，那么全人类就都必须服从受命于神的统治，这里并没有民族之分，各民族的神也没有什么不同，只是名称不一而已。亚历山大欣然同意，但他又补充说，神能预见未来，告诉人应该怎样去做，保护天下的好人，因此希腊人和埃及人都受到神的保护。亚历山大这里所显示的思想境界要比他的老师亚里士多德高得多，开阔得多。亚里士多德固执地认为只有希腊人是文明的，而亚历山大却认为埃及人和希腊人一样，他后来还这样总结说，人们应该把所有的好人视为自己的同族，只有坏人才是异族。亚历山大的这种思想和亚里士多德比较起来，简直有天壤之别。他的这种观念，最早可能是受了伊索克拉底的影响。伊索克拉底曾说过："凡分享我们的文化而非我们同血统的人，均应叫做希腊人。"当然，普萨蒙的话又使他的认识前进了一步。他这时可能已认识到，这种观念可能会成为促进帝国统一的推动力。

亚历山大在锡瓦绿洲了却了心愿后，从另一条近路回到孟斐斯。他对埃及的政务进行了整顿，把全埃及分成两个省，分别任命埃及人多劳斯皮斯和坡提西斯为两省总督，但坡提西斯不愿就任，于是就让多劳斯皮斯统辖全境。总督没有军权，亚历山大任命了手下的两个将领分任孟斐斯和柏路西亚的驻军司令。西部的利比亚总督和东部阿拉伯人居住区的总督则任命了两个希腊人担任。他指示地方官吏用他们惯用的方法管理他们的辖区，也就是说保留他们原有的政治制度和行政管理权力，但有一个条件，就是必须交纳他所要求交的贡赋。他还指派马其顿人普塞斯塔斯和巴拉克拉斯为留驻埃及的陆军大将，坡莱蒙为留埃舰队司令。亚历山大对埃及的特点和实力感到吃惊，认为把全埃及委托给一个人掌握是不稳妥的，因此他把埃及政府分派给许多军官掌握。

二、回师亚洲：追击大流士

1. 精心部署：后顾无忧去战斗

从公元前 332 年年末到公元前 331 年春，亚历山大在埃及停留了 4 个多月，时间虽不长，却在埃及做了不少工作。在埃及建立了一套有效的统治机构；到锡瓦绿洲聆听了阿蒙神谕；建立了亚历山大城。波斯在地中海的势力已被彻底清除了，亚历山大的后方稳固了，他现在可以后顾无忧地追击大流士了。

公元前331年春，亚历山大率军离开埃及，从孟斐斯启程，返回腓尼基。到达推罗时，受到了先行到达的海军舰队的欢迎。在这个曾经进行过拼死诛杀的地方，部队进行了休整。亚历山大也许对自己在这里诛杀过甚有点不安，又一次向赫拉克勒斯献祭，并举行体育和文艺竞赛来娱乐士兵和保持高昂的斗志。

亚历山大还在这里接见了雅典来的代表团。雅典代表团请求亚历山大释放原在格拉尼库斯河战役中俘虏的雅典雇佣军。这些雇佣军被俘后一直在马其顿服苦役。雅典人曾在公元前333年春向亚历山大请求过一次，但当时亚历山大考虑到波斯海军正向他发动反击，他不能在这样的关键时刻"减弱希腊各城邦对他的惧怕心理"，因而拒绝了雅典人的请求。但这一次，亚历山大为了对雅典不参加斯巴达的反马其顿活动的行为表示鼓励，答应了雅典人，释放了所有的雅典俘虏。随后，他听说伯罗奔尼撒有一个拥护他的起义正在酝酿中，便派安福特拉斯率领舰队去支持那些对波斯战争的前途有信心且不愿意听从拉斯地蒙人的伯罗奔尼撒人。同时，还命令腓尼基和塞浦路斯合派100艘战船到伯罗奔尼撒去。

不久，亚历山大决定进行财税管理改革。他让科伊拉诺斯掌管腓尼基的税收，菲罗克森那斯负责小亚细亚地区的税务，征收各希腊城邦为"复仇战争"而交纳的贡品。亚历山大之所以设这两个税务官，是因为这些城邦在名义上是自治的，它们并不隶属总督，设这两个官就是为了监督它们的捐税和贡品的交纳。这种管理方法一直继续到公元前330年春希腊军队返回希腊为止。亚历山大还任命哈帕鲁斯重新担任财务总监，负责保管他随身的钱财。哈帕鲁斯是亚历山大少年时的伙伴，腓力当年曾怀疑他和亚历山大的其他一些伙伴挑拨他们父子关系而把这些人放逐了，腓力死后，这些人都受到重用，哈帕鲁斯就被任命为财务总监，但他后来却开了小差，回来后，亚历山大不仅没有处罚他，反而又委以重任，可见亚历山大对他的这些少年时伙伴的信任和重视。

作了这些安排后，公元前331年夏，亚历山大本人率大军经大马士革和阿勒颇，向幼发拉底河进发，到达幼发拉底河上游的萨普萨斯时，与正在这条河东岸架桥的帕米尼欧的部队会合了。本来大流士派了原叙利亚总督马扎亚斯率领3000名骑兵（其中有2000人是希腊雇佣兵）在这里守卫，但马扎亚斯在伊苏斯被亚历山大打怕了，听说亚历山大率领大军即将到来，便率军向东撤退了。亚历山大因此很顺利地架好了桥，渡过了河。

过河后，本可直接进军巴比伦，但他听说大流士正纠集了一支大部队在底格里斯河等着和他决战，这正合他心愿，他就是要找大流士决战，因此他没有去巴比伦，而是立即率军穿越美索不达米亚，赶往底格里斯河。但到达底格里斯河时，却既没发现大流士的踪影，也没发现他留下的守卫部队。部队过河后，亚历山大下令停止前进，稍作休息。这一天是公元前331年9月21日，晚上出现了月全食。在古代，这种天文现象往往会引起部队情绪的惶恐，其实亚历山大本人也十分相信预兆。为了消除部下的疑虑和祈求神灵保佑，亚历山大向月亮、太阳和大地献祭。他的占卜师阿里斯坦德宣称，这次月食对马其顿部队和亚历山大有利，大战即将在本月内发生，所献的牺牲预示亚历山大将获胜。

过河后的第4天，侦察兵报告说，平原上发现敌人的骑兵，但人数不详。亚历山大立即令部队以战斗队形前进。随后，侦察兵又飞马来报告说，他们估计敌人的骑兵不超过1000人。亚历山大随即率领皇家卫队、一个步兵中队和侦察兵快速前进，而让其余部队随后跟上。但波斯骑兵一发现亚历山大亲自率领部队攻过来，掉头就跑。大部分波斯骑兵都跑脱了，但也有一些被追上杀死，一些成了亚历山大的俘虏。亚历山大从俘虏口中得知，大流士的大部队在离这里不远的高加米拉村。

大流士在求和不成后，便一直在努力聚集军队，准备和亚历山大进行一次新的决战。从战略思想来说，大流士这种想通过战场上的兵对兵、将对将的大规模战斗来打败亚历山大的想法是极端错误的。伊苏斯已证明，在战场上，大流士不是亚历山大的对手。大流士唯一的取胜之道，就是在这场战争开始时，采取希腊雇佣军统帅迈农所建议的坚壁清野政策，不与敌人进行阵地战，这样，由于亚历山大在敌区作战，战线太长，给养就会发生困难，就会陷入敌区大海中而疲于奔命。这是亚历山大最害怕的。可惜大流士和波斯将领的盲目自大和傲气使他们不愿也不屑这样做，他们宁愿对阵一决高下。

大流士为这一仗作了充分的准备，但是，正如有人所指出的，其实最必要的准备是把大流士本人调离指挥岗位。大流士召集了尽量多的兵力，到底有多少，现在已无从知道，有人说有步兵 100 万、骑兵 4 万，这显然是夸大其词，估计波斯的兵力可能是 8 万左右，这个数字已大大超过亚历山大所能投入战斗的兵力了。大流士准备了新的武器来对付亚历山大的方阵兵：装有大弯刀的 200 辆战车，还有一种马其顿人没见过的"武器"——15 头战象。他那精良的骑兵被用短矛武装起来，因为以往的战斗已证明标枪用起来不灵便。大流士吸取了伊苏斯战役的教训，选择了一个开阔的平原做战场，为了便于战车和骑兵驰骋，把不平的地方都铲平了。

亚历山大从俘虏口中得知大流士的上述情况后，没有立即率队去攻击大流士，而是让部队在原地停下来，好好地休息了 4 天。然后，他把辎重牲口和非战斗人员留下，自己带领作战部队开赴战场，战士除武器外，什么都不带。部队以战斗队形前进，到可以看见敌人的距离时，他下令方阵停止前进，而把将领召集到一起，商讨下一步行动。多数人主张立即进攻，帕米尼欧则建议暂时就地扎营，对战场和敌人的部署作一次全面的周密的侦察。亚历山大采纳了帕米尼欧的意见，让部队按战斗序列部署就地扎营。亚历山大自己则亲自率领侦察兵对未来的战场作了细致的侦察，回来后，又召集将领作了简单但却富有煽动力的战前动员，指出即将开始的战斗，是一次解决整个亚洲主权问题的战斗，因此每个人都要在战斗中显示英雄本色，要大家回去鼓励自己的部下。将领们受到很大的鼓舞，纷纷表示决心。会后，他下令部队吃饭休息。但这时老将帕米尼欧却建议亚历山大趁黑夜偷袭敌军，理由是，夜间攻击更加出敌不意，易于引起敌人更大的惊慌，造成更大的混乱。亚历山大对这一建议不以为然，他回答说，偷来的胜利是不光彩的，他要正大光明地去夺取胜利。其实他是考虑到，夜间偷袭虽容易造成敌方的混乱，但也容易引起己方的混乱，不确定因素太多，他不愿冒这个险。这显示出亚历山大既勇敢而又谨慎的性格，他是不打无把握的仗的。说完他就上床睡觉去了。

和亚历山大一方的从容镇定、对胜利充满信心相反，大流士一方却显得惊慌不安、精神紧张，大流士害怕亚历山大夜间突然袭击，让战士全副武装、枕戈待旦。

大象作战

两军还没交锋，胜利的天平已倒向亚历山大一边了。

2. 高加米拉战役：两大帝国终极之战

第二天，公元前 331 年 10 月 1 日，清晨，士兵们已在吃早饭，而他们的统帅亚历山大却仍高卧未起。大战在即，形势紧急，帕米尼欧只好走进亚历山大的大帐将他唤醒，责问他为什么像打了大胜仗似的睡大觉，而不像马上就要打一次最大的仗。亚历山大没有回答帕米尼欧的责问，反而笑着问他是不是没有意识到他们已经胜利在握了。确实，亚历山大已把一切都筹划好了，他已成竹在胸了，因此他才能放心睡觉。说完他走出营帐，作战前的最后调度。

亚历山大投入的兵力有骑兵 7000、步兵 4 万。考虑到敌人的兵力人数大大超过己方和 200 辆带弯刀的战车，亚历山大将整个部队收缩为方形阵地。方阵居于中央，右翼是最精锐的骑兵——亚历山大的亲兵马队，由亚历山大亲自指挥，骑兵的左侧有步卫兵压阵。左翼由帕米尼欧负责，有精锐的提沙里骑兵和希腊盟军的骑兵。为了对付敌方战车，亚历山大将掷石兵、弓箭手、标枪手摆在方阵之前。由于敌人人多，自己一方一定会遭到围攻，因此主阵线一定要比通常的短，为此，亚历山大在每一翼的后面又另派驻一支兵力，如果波斯人从那边攻来，这支兵力就出击波斯军的侧翼。方形阵地的第四边由雇佣兵组成，位于方阵之后。波斯人如果从后面攻击，就由他们迎战。亚历山大的布置是周密的，最重要的是亚历山大的布兵排阵是建立在知己知彼的基础上的。

波斯方面，大流士仍和过去一样，在阵中央，他高高立于战车上，作为最高统帅，俯视着整个战场。在他的周围有国王亲属组成的近卫步兵和近卫骑兵，有 2000 名希腊雇佣兵，还有印度和卡里亚的骑兵和米底亚的弓箭手。在他们前面有 50 辆战车和 15 头战象，后面是亚洲各民族的骑兵。左翼有 1000 名巴克特里亚骑兵和 1000 名身着锁子甲的萨卡骑兵，还有一些带弯刀的战车，指挥官是非常英勇的巴克特里亚总督比修斯。右翼的指挥官是波斯人马扎亚斯，他这一翼有帕提亚人和米提亚人，有装有大弯刀的战车，有亚美尼亚和卡帕多西亚的骑兵。大流士的主力是骑兵和战车，他取胜的希望就寄托在骑兵和战车上。

一切准备就绪后，亚历山大跨上战马，举起右手，抬头向天，祈祷诸神给马其顿人和希腊人以庇护和力量。他的占卜师阿里斯坦德用手指点着在亚历山大头顶上飞翔的一只雄鹰，这只雄鹰立即在众人的注视下向敌阵飞去。这情景使群情激动，勇气倍增。

亚历山大率领全军向右逼进，使他的右翼面对波斯军的左翼。大流士的军队采取了相应的行动，使他的左翼伸展到亚历山大右翼之外，形成包抄之势。波斯军中还出动了一队骑兵，拦截亚历山大军队的去路，但被马其顿军队冲散了。亚历山大率领军队继续向右前方逼进，越过波斯军的阵地。大流士随即令他的左翼前沿部队包抄亚历山大的右翼，阻止它继续向右延伸，进入高低不平的丘陵地带。如果亚历山大的军队进入丘陵地带，他的战车就发挥不了作用。亚历山大洞悉大流士的意图，立即令希腊雇佣骑兵向他们冲击，逼得他们逐渐后退。但比修斯又从其左翼调来一队骑兵，依仗其人多势众把马其顿军队赶了回去。马其顿则又出动几个骑兵中队冲向波斯骑兵，双方形成混战局面。

大流士意识到，如果继续让亚历山大逼上来，他的战车就可能被挤出平整的好地段，而陷入坎坷之地，这样，战车就会失去作用，因此，大流

高加米拉战役

士命令战车冲锋，一辆辆由四匹马拉的战车刀光闪闪地向马其顿军队冲来，威势吓人。但亚历山大早有准备，列于阵前的弓箭手和标枪兵对冲过来的战车迎头痛击，波斯战车立即陷入枪林箭雨中，战马和战车兵纷纷倒下，冲上来的马其顿轻装兵又对拉车的马匹一阵大砍大杀，许多战车兵也被拖下车。那些冲破阻截的战车，在接近方阵时，发现方阵兵并不阻拦它们，而是按照命令分开行列，让它们钻进去，再一个个消灭。

波斯战车冲锋时，比修斯的骑兵正在攻击亚历山大的右翼，和马其顿的希腊雇佣骑兵混战在一起。大流士为加强攻势，下令两翼骑兵全部出动，分别攻击左面的亚历山大和右面的帕米尼欧。但奉命攻击亚历山大近卫骑兵的部队，却为躲避马其顿的标枪兵和弓箭手的攻击，而向左奔跑，结果，大部分波斯骑兵都跑到了比修斯作战的地方。波斯军的正面立即成为一个兵力薄弱的缺口。

亚历山大立即抓住这稍纵即逝的机会，把近卫骑兵和近卫步兵组成一个楔形队列，快速插入敌阵缺口，他们高呼着战斗口号，冲向大流士身边。大流士的近卫部队急忙抵挡，短兵相接，战斗异常惨烈。这时，马其顿方阵的其余战士手持长矛压向敌人，方阵队伍整齐严密，长矛如林，杀声震天。大流士的近卫部队被成片成片地刺倒，大流士一见马其顿方阵逼近，便又重施故伎，放弃指挥责任，丢下他的士兵，拨转马头就逃。但是，亚历山大这时却顾不上去追击他了，因为帕米尼欧负责的左翼出了问题，他必须赶去支援。

在比修斯率领的波斯左翼骑兵与亚历山大的右翼骑兵鏖战时，马扎亚斯也率领波斯军的右翼向由帕米尼欧率领的马其顿军左翼骑兵冲击，一些印度和波斯骑兵突破了马其顿的左翼阵线，直奔马其顿人的后方营地。这支波斯骑兵队伍勇敢善战，杀死许多马其顿士兵，使马其顿左翼陷入困境。波斯军的目的是要劫掠亚历山大后方的辎重营，这里不但有辎重和牲口，还有被押解到这里的大流士的母亲、妻子和女儿。如果让波斯军队成功地把她们救了回去，必将大大挫伤马其顿将士的斗志。这是大流士成功的一招，可惜他自己先逃了，这一招也没能挽回败局。

亚历山大接到帕米尼欧的求援信那一刻，正是亚历山大出发追击大流士之时。他立即回师，转向右翼波斯骑兵的背后，配合帕米尼欧，形成对波斯骑兵的前后夹攻之势。这时，由比修斯率领的波斯左翼骑兵也向这边包抄过来。双方骑兵迎面相遇，展开了一场骑兵大战，由于距离太近，已无法投掷长矛，也无法整理队形，只能面对面地冲杀，近身搏斗。在这种拼杀中，只有杀了敌人才能活命，因此战斗异常激烈，亚历山大的 60 名近卫骑兵战死沙场，他的好几位伙伴包括赫斐斯申都负了伤。

但是，大流士的率先逃跑动摇了军心，苦战的波斯右翼和比修斯率领的骑兵也无心恋战，波斯军队全线溃退，争相逃命。亚历山大立即改变方向追击大流士，一直追到天黑，然后让骑兵休息了半夜，又接着猛追到距战场有 35 英里之遥的阿贝拉镇，还是没追上。这是因为亚历山大为解帕米尼欧之危，耽误的时间太长了。和在伊苏斯一样，大流士本人逃脱了，他的战车和弓箭却留下了，成了亚历山大的战利品。帕米尼欧也率部追敌 12 英里，占领了高加米拉的大流士御营，俘获了波斯人的运输队、大象队和骆驼。

高加米拉战役就这样以亚历山大的胜利而告终。据阿利安的记述，亚历山大的部队只有 100 人战死，马匹损失了 1000 匹，而波斯军队战死的竟达 30 万，俘虏的数字比打死的还要多。这显然是一些有意缩小胜利一方的损失，而随意夸大失败一方的伤亡人数的虚假数字，因为在古代，在武器和作战技术相当的情况下，是不可能以如此小的损失来取得那么大的战果的。遗憾的是，我们现在已无法知道双方的伤亡人数了。但有一点是肯定的，这确实是亚历山大打得漂亮的一仗，是亚历山大以少胜多、以较小的损失取得极大战果的一仗。亚历山大获胜的原因，虽众说纷纭，甚至有人说，胜利的原因不是由于亚历山大的精明干练，而是因为大流士太无能了，但无论如何，亚历山大的杰出指挥才能，他的勇敢，是他获胜的重要原因。

大流士又一次大败而逃。他的失败当然是和他的无能和胆怯分不开的，但战略上的失算也是一个重要的原因。大流士自始至终都没能采取一个正确的战略方针，完全寄希望于阵地战可能是导致一而再地失败的一个不容忽视的原因。

大流士失败了，而且是彻底地失败了。为了摆脱亚历山大的追击，他马不停蹄地一路狂奔，沿途有一些残兵败将聚集到他周围，其中有巴克特里亚的骑兵，有残余的 2000 希腊雇佣兵和其他部队。他带着这些部队没有敢去名城巴比伦，也没有去帝国首都苏萨，因为他知道亚历山大一定会夺取这两个地方，尽管苏萨有着帝国的无数宝藏，他也顾不得了，保命要紧。高加米拉的惨败已使大流士完全丧失斗志了，他带着残余部队远遁到米底亚去了。

大流士现在已不成其对手了，亚历山大也并没有急着去追他。他收兵回到高加米拉，准备为这次战役的胜利好好庆贺一番。

需要庆贺的还不仅是高加米拉战役的胜利，从希腊也传来了令亚历山大十分兴奋的消息。在亚历山大取得高加米拉战役胜利的前夕，他留守马其顿和希腊的大将安提柯，征召科林斯同盟各城邦的军队，对一直拒绝归顺并时常煽动希腊城邦反叛的斯巴达发动了进攻，在迈加洛波利斯城下一举打败了斯巴达人，他们的国王阿基斯三世也在战斗中丧命。这去掉了亚历山大一块心病，确保了后方的安全，解除了亚历山大对他的后方的担心。

亚历山大在高加米拉举行了盛大的祭神活动，感谢诸神的庇佑，同时，大肆犒赏众将士，奖给他们金钱和财产。全军上下无不兴高采烈、欢天喜地。亚历山大也自诩为亚洲之王，不久，他就常以亚洲之王自称了。这说明，他已不把大流士当作是波斯国王，亚洲的主人已是他亚历山大了。亚洲的一切都属于他了，他可随意支配和取用了。当然，亚历山大的亚洲就是波斯，他的亚洲之主就是波斯之主。他不知道波斯之外的亚洲还有一个比波斯更大的中国，他甚至也不知恒河流域也有非常发达的文明。但就波斯而言，他这个亚洲之王的称号好像也叫得早了些，他要最终征服全波斯，还有很长的路要走。不过，高加米拉一役的结果的确敲响了波斯帝国的丧钟，波斯帝国的灭亡已是无法挽回的了，欧洲人的确要成为亚洲人的主人了。这是历史上的第一次，以后还会多次发生。

三、万王之王：波斯帝国的覆灭

1. 入主巴比伦：文明古城的救世主

亚历山大在高加米拉祭神和犒赏将士后，又建立了两座城市，以确保交通线的安全和控制邻近地区。不久，亚历山大率军向今天的巴格达以南的巴比伦进发。

巴比伦，在古代一段很长的时间里，都是两河流域的政治文化中心，它虽几经兴废，却一直是两河流域文明的一个象征。当时的巴比伦城是新巴比伦王国国王尼布甲尼撒建立的，规模十分宏大，城市是方形的，每边长 22 公里，城墙有 8.5 米高，是用砖砌和油漆浇灌而成，非常坚固。四匹马拉的车可以在宽阔的城墙上奔驰。全城有 100 扇用铜做的城门。城墙周围还有很深的护城河。幼发拉底河从城墙下流进来，穿城而过。尼布甲尼撒的原意是要使巴比伦城成为牢不可破的，但事与愿违，坚固的城墙并没能阻挡敌人进入该城。除城池坚固外，巴比伦还有相当可观的军事力量，在高加米拉战役中指挥大流士的右翼部队与帕米尼欧激战的马扎亚斯也逃到了这里。

巴比伦本可和亚历山大一战的，但是，马扎亚斯已毫无斗志，巴比伦城的首脑们也已对大流士完全失望，想改换门庭，投靠新的主子。因此，当亚历山大率领大军走到距离巴比伦城不远的地方时，便受到马扎亚斯、巴比伦的政府官员、神职人员和居民的热烈欢迎。他们带着献给新主子的礼物，当然，最重要的，是他们将城市、堡垒和财宝拱手送给亚历山大。亚历山大在欢迎者的欢呼声中，像一位阿契美尼德王朝的君主一样，登上一辆战车，以胜利者的姿态进入城中。这是公元前 538 年欢迎居鲁士的一幕的重演。当时，巴比伦人也是这样欢迎居鲁士的，也把居鲁士当成救世主。

亚历山大入城后，没有把巴比伦人当被征服的人民对待，而是尽一切可能安抚他们，把自己打扮成他们的救世主。他下令把被波斯国王薛西斯破坏的庙宇，特别是巴比伦人最崇拜的拜尔的庙宇，重新修建起来。他在这里还遇到了迦勒底人，听从了他们有关神庙的建议，特别是对拜尔神的祭祀。神庙修好后，他便完全按照他们的宗教仪式向拜尔神献祭。他这样做当然主要是为了赢得当地人民的好感和宗教人士的支持，使他的统治披上合法的受命于神的外衣，但也有祈求神保佑的用意。他在埃及也是这样做的。

在行政安排上，他也采取这种安抚拉拢的政策。他任命曾在伊苏斯和高加米拉两次和自己作战的马扎亚斯为总督。这一安排显示了亚历山大政治家的胸怀，他不只是改变了把亚洲人都当作是蛮族的看法，早在公元前 334 年就改变了，而且他还不念旧恶。要知道，在高加米拉战役中，马扎

《亚历山大进入巴比伦》

亚斯曾使帕米尼欧陷入困境，他手上是沾有马其顿人鲜血的。但在任命马扎亚斯为总督的同时，军事和财经方面的职务则委任马其顿军官担任。他还任命曾在公元前 334 年把萨狄斯献给亚历山大的米色瑞尼斯为亚美尼亚总督。

亚历山大尽可能地安抚巴比伦人，巴比伦人也想尽一切办法来取悦马其顿人，他们急于想在亚历山大面前留下一个好印象。他们不仅献出了大量贡品，而且把该地的一些奇观显示给马其顿人看。例如，有一天晚上，在夜色越来越浓时，他们把这里常喷涌而出的石油泼洒在街上，然后他们再站到街的一头把火炬扔到石油上，火焰眨眼间就烧到街的另一头，整条街道立即成了一条火龙。

亚历山大让部队在这里休整了整整一个月的时间，可能是古城美妙的文化吸引了他，因为亚历山大对各地的优秀文化有着浓厚的兴趣，但在这样一个大城市停这样长的时间，却也严重损害了军纪，暴露了征服者丑恶的一面。用拉丁文写亚历山大传记的柯蒂斯·鲁弗斯在描写亚历山大军队在巴比伦逗留的情况时写道："国王在巴比伦停留的时间比任何地方都长，同时也更加严重地损害了军纪。没有一座城市比这里还要道德败坏，也没有一座城市比这里更适合去勾引人们无节制的欲望。父母以及丈夫容忍他们的女儿和妻子与陌生人通奸，只要付钱就行。狂欢畅饮在整个波斯都是国王们和他们的宫廷大臣所喜爱的活动，而巴比伦人是最沉湎于醉酒和放荡不羁之中的。出席宴会的妇女们，开始还穿着体面的服装，接着脱掉她们的上衣，渐渐地已置所有的羞耻于不顾，最后竟然，如果容许这么说的话，已是一丝不挂。小女孩是不允许这么做的，她们都是已婚妇女和未婚的姑娘。这样丢脸的出卖肉体却被他们当作是一种礼貌。那支征服了亚洲的军队 34 天来醉心于这种耻辱的放荡纵欲之中。毫无疑问，如果还有敌人的话，他们已是无力再战了。"

幸好亚历山大本人不是一个醉心于享乐的人，适当地娱乐一下部下，是他团结将士和提高他们战斗激情的一种常用手段。一个月后，也就是在公元前 331 年 11 月，亚历山大率部向苏萨进军。

2. 苏萨献城：波斯帝都的归顺

苏萨位于今天伊朗境内海拔 4000 多米高的扎格罗斯山山脚下，是波斯帝国的首都，它历经几代君主，储存有无数宝藏。得知亚历山大正向苏萨前进，苏萨总督的儿子在半路迎接，途中还碰到菲罗克森那斯的信使。菲罗克森那斯是亚历山大在高加米拉战役刚结束时派到苏萨去的。他让信使送来的信说，苏萨人已准备献城归顺，而且把全部财宝都封存好了，准备献给亚历山大。和在巴比伦一样，11 月底，亚历山大在波斯官吏、贵族、神职人员和当地居民的欢迎下，进入波斯帝国的首都，接受了所有的皇家财宝，其中包括价值 5 万多塔伦特（约 9000 万美元）的金币和金块。象征着波斯国王权力的无所不在的一罐罐尼罗河水和多瑙河水，也都落入亚历山大之手，这标志波斯国王的全部权力都已转移到亚历山大手中。波斯国王薛西斯从希腊劫掠的所有东西，也转交给了亚历山大，其中有两座雅典人的铜像，这两人都是公元前 6 世纪的诛戮暴君者。亚历山大派人把这两座铜像送回雅典。亚历山大是要希腊人记住，他是在为希腊人复仇。

为了庆祝胜利，亚历山大按传统礼节举行了祭神大典，感谢并祈求神灵的保佑，随后又举行了火炬赛跑和体育运动会。亚历山大每到一地，只要有时间，便要举行体育运动会，这一方面是为了娱乐将士，另一方面也是为了把希腊人的生活方式介绍给当地的居民。亚历山大把他自己看成是希腊文明的传播者，他要把希腊文明传播到他帝国的每一个角落。举办这种完全希腊式的体育运动会就是他这一总计划的一部分。在地方行政安排上，和在巴比伦一样，他任命了一个波斯人为苏萨地区总督，但军权则交给马其顿将领。这时，安提柯给他召集的大批增援部队也来到了苏萨，增强了亚历山大的兵力。同时，由于夺得了阿契美尼德王朝的巨大财富，经济上也宽裕了。

3. 火焚波斯王宫：令人费解的罪行

亚历山大的下一个目标是波斯波利斯。波斯波利斯是波斯帝国的另一都城，位于苏萨东南 500 公里处，靠近今天的设拉子。这里是波斯帝国的另一政治中心，有巨大的列柱式豪华宫殿，有国王的金库和大量宝藏。但亚历山大的这次进军却不像前两次那样顺利，这不仅是因为这次进军要穿过山峦起伏的山地，而且因为沿途遭到山地居民和波斯军队的抵抗。亚历山大先是粉碎了山地居民的抵抗，这些山地居民要求亚历山大经过他们的地区时要交买路钱，然后亲自率领小部分精兵向有波斯军队把守的山口进发，而让帕米尼欧率领大部队和辎重沿大路前进。

这个隘口是进入波斯省的门户，地势非常险要，悬岩峭壁中只有一条山路可通行，一夫当关，万夫莫开。波斯省总督还在隘口外修筑了一堵高墙，守军据说就有 4 万步兵和 700 骑兵。亚历山大率军到达这个隘口后，立即进攻，但由于敌人占了地形之利，无功而返。亚历山大意识到，只能智取，不能强攻。于是，他设计了一个两面夹攻的计划。留下一部分队伍在高墙前扎营，由克拉特拉斯指挥，听见亚历山大发出的号角声，便向敌人发动进攻。亚历山大本人则率领另一部分部队绕道到敌后发动攻击，并吹响号角。亚历山大率部趁黑夜出发，由一个俘虏带路，通过另一条崎岖难行的山路，绕到敌人后边，袭杀了守卫的哨兵，天亮时，突然对波斯总督的大营发动攻击，克拉特拉斯听见号角声也立即向敌人进攻。敌人腹背受敌，无心恋战，争相逃命，被马其顿人一阵围杀，只有少数骑兵逃走了。

过了隘口，亚历山大率部全速向波斯波利斯挺进，在波斯驻军还没来得及在城内抢劫财物之前，就冲入城中，掠获了大量珍宝和 12.6 万塔伦特的金币和金块（约 2.5 亿美元）。

为了安抚波斯人，亚历山大到距波斯波利斯 50 公里的古都帕萨尔加德去拜谒了波斯帝国的创建者居鲁士的陵墓。因该墓年久失修，已多处毁坏，他还提出要重修居鲁士的陵墓。

但就在他极力拉拢并亲近波斯人的时候，却做了一件完全出人意料的事情，他在从帕萨尔加德返回波斯波利斯后，下令把波斯波利斯的宏伟王宫烧毁。

这是一件很奇怪的事，他过去虽先后毁灭了底比斯城和推罗城，但和烧毁波斯波利斯王宫完全不同。亚历山大进入波斯波利斯后，受到了这里的贵族和平民的盛情接待，无一日不举办宴会和舞会来娱乐亚历山大和他的将士们。王宫的豪华宏丽也使他感到波斯文明的伟大。当他第一次坐在波斯帝国黄金华盖下的御座上时，他和他的部下都为他成了“万王之王”而激动不已。他的一位老友科林斯的德玛拉图斯竟突然大哭起来，说道，那些没能眼见亚历山大登上大流士宝座就身先死去的希腊人真是无福。亚历山大也陶醉得让将官们向他行匍匐跪拜礼。他对这个王宫无丝毫厌恶仇

波斯波利斯王宫遗址

视之意，而充满仰慕之情，现在成了他自己的了，他怎会把它毁掉，令人难以理解。据说帕米尼欧曾劝他不要这样做，说他这样任意毁掉已经属于自己的财富是不智之举，而且会使人觉得他不想把亚洲的主权紧紧地握在自己的手中，只不过是要以胜利者的姿态在亚洲巡游一番，这会破坏他与亚洲人合作的计划，损害他的地位和声望，但亚历山大没有听取他这位副手的意见。

亚历山大事后解释说，他是为希腊人复仇，波斯人曾在雅典大肆破坏，烧毁庙宇，对希腊人还干下了其他数不清的残暴罪行，因此他要报复，要叫他们赔偿，以示惩罚。亚历山大的这种理由是站不住脚的。要报复，进城时就应当报复，为什么要等进城备受欢迎和隆重接待之后，而且，烧毁王宫也不能算是对波斯旧时代人物的任何惩罚，何况王宫已归亚历山大所有。

还有一个流传甚广的说法。有一次宫里盛宴，宾客如云，其中也有妇女。有一个雅典女人泰丝，是个名不见经传的人，是普托拉米家的小姐，也有人说是个妓女。在大家都喝得醉醺醺时，她说，走遍亚细亚之后，如能在大流士的王宫里放上一把大火，让子孙后代说，一个随着亚历山大征战的女人给予波斯人的惩罚比他的全体将士所给予的还要重，那才有意思哩！在一片狂呼乱喊的喝彩声中，亚历山大头戴花环兴奋地喊着亲自为她开道，参加宴会的人，人人手执火把，把王宫点燃。

当然，这只是一则并没有什么事实根据的传说，传说的目的也许是为亚历山大开脱，但也反映了人们对烧毁王宫的不满，那么宏伟壮丽的建筑就这样开玩笑地化为灰烬。这是令人发指的罪行。

最可靠的说法来自阿利安和普鲁塔克，他们认为，这场大火是亚历山大蓄意放的，可是他又立即下令扑灭了这场大火。放火和灭火这样两个截然不同的举动都充满了戏剧性，但目的是一致的。大流士还没有死，波斯仍有大片土地没有被占领，仍有不少的民族不愿屈服于马其顿人，波斯仍有力量一战。波斯王宫是阿契美尼德王朝的象征，烧毁它，可在精神上给波斯境内的反马其顿势力以沉重打击，摧毁他们的斗志。灭火也有同样的目的。他要用这场大火向世界宣告，阿契美尼德王朝的统治结束了，他亚历山大已取而代之了，他是亚洲的新主人了，亚洲以及世界人民的命运现在都掌握在他亚历山大手中了。当然，他烧毁波斯王宫也是因为他不可能把他的帝国政治中心放在这里，而又不放心在他离开后，仍留下一个王朝权力象征的王宫。但他烧毁波斯王宫之举，却给他的部下、给希腊和马其顿人造成一种错觉，战争结束了，他们可以回家了，这和亚历山大想的根本不是一回事。

4. 大流士之死：新时代的开始

高加米拉战败后，大流士逃到了米底亚的首府埃克巴塔纳（今伊朗哈马丹），他决定在这里停一下，看看亚历山大是否会立即追上来，如果亚历山大不立即追击他，而是留在苏萨和巴比伦暂不前进，他就在米底亚等一等，根据亚历山大的新动向，再决定自己下一步的行动。如果亚历山大继续追击，他就想到内地去，撤退到遥远的巴克特里亚去。他一方面把妇女和辎重撤退到东部，另一方面他准备采用坚壁清野政策，行军所经之处，统统烧光掠光。这本是战争一开始雇佣兵首领迈农提出的建议，当时波斯将领不屑一顾。现在实行，已经晚了。大流士这时所有的兵力，只剩下骑兵3000、步兵6000了，其中包括希腊雇佣兵残部、巴克特里亚人的精锐骑兵，还有几个像比修斯这样的战将。

亚历山大得知大流士的情况后，立即率军离开波斯波利斯，快速北上，直奔米底亚的埃克巴塔纳城。但在亚历山大的大军离埃克巴塔纳只有三天路程的距离时，大流士已在5天前逃离该地了。

亚历山大没有立即去追击大流士，而是在埃克巴塔纳停下来。这好像不是他的一贯作风，是什么原因使他这样做，至今仍不完全清楚。有可能是他和他的将领们在是否继续追击大流士的问题上发生了矛盾。他的部下可能认为，波斯帝国的首都都已被占领了，波斯的王宫也被烧了，波斯帝国已经灭亡了，战争结束了，没必要去追击大流士了。他们还认为埃克巴塔纳是东方最远的地方，不要再往前去了。征战多年，离家又如此远，将士们早就有厌战情绪了。但亚历山大不这么想，他的目标远没达到，他的征战之路还长得很。这是一个无法解决的矛盾，而且随着时间的推移，矛盾会愈来愈大。

亚历山大在这里对军队作了一些调整。他解散了他的希腊盟军。他给每个人都发了全饷并犒赏一份礼物，派人护送他们返回家园。如果他们愿意留下来，也可以个人名义重新入伍。不少希腊士兵选择了留下来。

解散希腊盟军是亚历山大一生中的一个转折点，他的盟军统帅的头衔也就随着盟军的解散而去掉了。这也意味着为希腊复仇的战争结束了，科林斯同盟作为他的统治工具，仍然保留，因为他在和希腊诸城邦打交道时仍用得着，但亚历山大在战争中和希腊人的特殊关系已经不复存在了。自此以后，亚历山大率领的就不是什么同盟军而只是帝国大军了。

亚历山大还命令帕米尼欧把在苏萨、波斯波利斯等地掠获的金银财宝带到埃克巴塔纳卫城，交给哈帕鲁斯，由哈帕鲁斯负责保管这批价值18万塔伦特（约3.24亿美元）的财宝。同时给他留下6000名马其顿士兵负责警卫。

在作了这些安排后，亚历山大不顾一些将士的不满，又开始追击大流士。他命令帕米尼欧率领雇佣军、色雷斯部队和地方骑兵以外的其他骑兵，通过一条虽较艰险却较近的捷径追击；他自己则率领皇家卫队、骑兵侦察兵、马其顿方阵兵、弓箭手和艾吉里亚部队继续他的追击大流士的大进军。

亚历山大率部飞速前进，由于行军速度太快，许多马匹倒下了，许多士兵也因疲劳过度而掉队了。但亚历山大并没有因此而放慢速度，继续飞速前进，只用了 11 天的时间就赶到了拉迦（今德黑兰附近），第二天又急行 50 英里，到达帕提亚沙漠边缘的里海关口。但他还是慢了一步，大流士已经过了这个关口，逃到东边的荒漠中去了，不过，许多跟随他的人都离开他回家去了，还有他的一大批随从投降了亚历山大。

亚历山大面对帕提亚沙漠没有贸然前进，他让部队在这里休息了 5 天，并任命了一个波斯人为米提亚总督。然后他率军向帕提亚前进。帕提亚是波斯帝国的一个行省，相当于今天伊朗的呼罗珊地区。这里土地贫瘠，人烟稀少，大流士又实行坚壁清野政策，这给亚历山大的后勤工作造成很大困难。第二天，走到有人烟地区的边缘时，因为再往前走，就进入荒漠地区，为了储备今后的给养，亚历山大专门派了一队骑兵和少数步兵去收集粮秣。

这时，从大流士处逃来了巴比伦皇族巴基斯坦尼斯和原叙利亚总督马扎亚斯的儿子按提贝拉斯，他们向亚历山大报告说，巴克特里亚总督比修斯、骑兵司令那巴赞斯和阿拉科提亚、索格吉亚那的总督巴散提斯等人合伙劫持了大流士，剥夺了他的王权。听到这一消息，亚历山大立即挑选出一支精兵队伍，只带上两天的给养，以前所未有的速度追击，而让其余的部队以平常的速度随后跟进。亚历山大通宵达旦地急速行军，一直到第二中午，他才让部队稍事休息，又日夜兼程地往前追赶，天亮时，到达那个来投降的巴基斯坦尼斯逃离的营地，但敌人已经走了。在这里得知，大流士确实是被比修斯等劫持了，并被囚禁在一辆篷车里带走了。比修斯已取而代之掌握了一切大权，巴克特里亚骑兵和跟随大流士逃跑的波斯部队都支持他，因为现在在他的辖区，而他又和大流士有亲属关系。忠于大流士的少数波斯军队和希腊雇佣军虽不赞成废黜大流士，却也无可奈何，只能逃入深山。比修斯等人之所以废黜和劫持大流士，是因为他们认为，大流士已失人心，但他们可用大流士做和亚历山大谈判的筹码，用大流士换取有利的条件。

亚历山大决定继续全力追赶。当地人给他指了一条近路，但这条路上既无人烟，又无水。亚历山大为了更快地前进，命令 500 骑兵把马让给他挑选的装备精良的步兵。他亲自率领这 500 步兵上马，抄近路快速追赶。由于沿途无水，一路奔驰下来，所有的人都干渴难忍，一些士兵发现了一点水，他们便用铜盔盛着水送给亚历山大，而亚历山大又把水还给他们。众将士都被亚历山大这一举动感动了，高声欢呼赞美。他们立即上马继续赶路，当夜前进了 50 英里。离开拉迦后，5 天行军 200 英里。

破晓时，亚历山大和紧随他的 60 名部下终于赶上了敌人，被追得狼狈不堪的波斯人一见亚历山大追来，大部分只顾逃命，作鸟兽散了，只有少数人掉头进行抵抗，但被亚历山大一阵冲杀，也跑了。比修斯带着关在大篷车里的大流士逃了一段路，见亚历山大很快就要追上来了，那巴赞斯和巴散提斯立即把大流士刺伤，弃之不顾。他们自己却带着 600 名骑兵逃掉了。亚历山大追上时，除见丢弃一地的金银财宝外，士兵们还在一辆马车上发现了奄奄一息的大流士，他被用金色的链子捆着，身上被梭镖刺得伤痕累累，一个士兵给他喝了一点水，他说，他感谢亚历山大善待他的家小，说完，这位波斯国王，这位万王之王就死了。

一直在追逃跑者的亚历山大返回时，见到的只是大流士的尸体。我们不知亚历山大当时是种什么心情，他可能为没有生擒他的这个对手而遗憾，他也可能为这样一个大帝国的国王就这样可怜地死去而感到惋惜，他脱下自己的战袍盖在大流士的尸体上，下令将他的遗体送到波斯波利斯他母亲处，以君王之礼把他和波斯的历代国王葬在一起。

大流士死时（公元前 330 年夏）50 岁，在位 18 年，虽没有什么了不起的政绩，也没有突出的劣迹。在波斯人的眼中，他并不是一无是处的昏君，甚至有人认为：“大流士身居王位，当之无愧，因为他比所有其他的波斯人都勇敢。”他曾在一次一对一的格斗中，打败过一个卡迪西亚首领。他的不幸在于他的对手是亚历山大，是亚历山大这样一位历史上少见的军事天才。和亚历山大相比，他的确显得愚蠢、胆怯和虚弱。他一败再败，最后落得个众叛亲离，成为亡国之君，惨死在自己的亲信手下。这对于他个人来说，确实是个悲剧，但就历史而言，波斯王朝的覆灭也许并不是坏事。

大流士死于他自己人之手，这对于亚历山大来说，可能是最好的结果。如果他生擒了大流士，杀了他，可能会引起波斯人的仇恨，不杀他也会有很多麻烦。现在好了，亚历山大还可以借为大流士复仇，去追杀比修斯等人，去征服还没有征服的地方，他后来正是这样做的。

大流士之死使亚历山大可以向世界宣告，那个曾经在亚洲、非洲和欧洲称王称霸 200 多年的大帝国不再存在了，灭亡了。他亚历山大现在不仅是希腊世界的主人，也是亚洲的主人、世界的主人了。亚历山大的胜利是希腊人对亚洲人的胜利，在某种意义上说，也是希腊文明对波斯文明的胜利，但同时又是东西方文化的新融合的开始，是一个新时代的开始。

第六章　内忧外患：征途中的“绊脚石”

大流士的死亡并不是战争的结束，波斯人和帝国境内的一些其他民族并没完全放下武器，他们还在继续进行抵抗。大流士的堂弟、原巴克特里亚总督比修斯自称是波斯国王薛西斯的继承人、亚洲之王，他回到了他的辖区巴克特里亚，也就是中国古籍上的大夏，他不仅得到巴克特里亚部队和一大批波斯军队的拥戴，北方的西徐亚人也要和他结盟，如果不尽快消灭，有可能给亚历山大的统治造成很大的麻烦，成为抵抗亚历山大的旗手。

一、部下不满：挑战无上权威

就在亚历山大想尽快出兵去追击比修斯时，遇到了来自内部、来自他的马其顿将士的强烈不满和抵制。亚历山大部下的不满主要表现在两个方面：一是他们对没完没了的战争有日益增长的厌战情绪，他们远离家乡，长年征战在外，有强烈的返回故乡与亲人团聚的愿望和要求。亚历山大当年发动战争所提出的目的，什么解放，什么复仇，他们认为都已达到了，波斯的都城被占领了，大流士死了，战争结束了，他们征战多年，饱尝艰辛，为的是实现亚历山大所提出的“把战争带到亚洲，把黄金和财富带回希腊”，现在该带上丰富的战利品返回家乡，尽情享受了。他们不明白为什么亚历山大还要继续打下去，也不知亚历山大要把他们带到什么地方去。

二是文化观念上的不满情绪也在增长。希腊人有认为自己是唯一的文明人，而其他人都是野蛮人、都是蛮族的成见，他们看不起亚洲人、非洲人，看不起他们的文化和宗教，看不起他们的生活习俗。他们对亚历山大出于统治的需要，对当地的宗教表示尊重，起用一些当地人当地方行政长官，甚至采用一些波斯人的礼节等做法，由不理解到不满。因为这损伤了他们的自尊心，分享了他们的利益。

对亚历山大不满的代表人物是亚历山大的副手、战功卓著的老将帕米尼欧和他的儿子、亚历山大最主要的青年将领菲洛塔斯。帕米尼欧是亚历山大父亲腓力的旧臣，有些倚老卖老，功高压主。他不时提出一些和亚历山大意见相左的建议，公元前 331 年他建议亚历山大接受大流士求和的要求，公元前 330 年又劝阻亚历山大焚毁波斯波利斯的王宫，更为严重的是，当亚历山大在埃克巴塔纳命令帕米尼欧率领一支部队抄近路追击大流士时，帕米尼欧却拒不受命，按兵不动，这是一种对亚历山大不忠的行为。他抗命的后果是悲剧性的。亚历山大在处理他所不信任的部下时，和他指挥作战一样，非常果断，毫不拖泥带水。尽管帕米尼欧是位作战经验丰富的老将，又有显赫的战功，亚历山大还是很快就免去了他的全军副统帅之职，而任命克拉特拉斯取代他。

帕米尼欧抗命丢了兵权，他的儿子菲洛塔斯也在公元前 330 年因被人控告阴谋叛乱而被逮捕。菲洛塔斯是亚历山大少年时的伙伴、最受信任的将领之一，战争一开始，他就被亚历山大委以骑兵司令的重任。但随着时间的推移，他逐渐成了马其顿军队中对亚历山大不满者的代表人物。在亚历山大向将士们宣布，他计划去里海作一次考察时，遭到了强烈的反对，这是将士们厌战情绪的一次发泄，亚历山大感到震惊。他开始怀疑部下对自己的忠心了，并准备进行必要的整顿。就在这时，他接到密告，说有人正在密谋谋杀他，菲洛塔斯参加了这一阴谋活动，并是其中的核心人物。亚历山大勃然大怒，立即令人逮捕菲洛塔斯，交给将领们公审。亚历山大早在埃及时就接到过这样的报告，但他当时对帕米尼欧父子非常信任，根本不相信会有这种事。那时亚历山大和菲洛塔斯的关系是亲密无间的。

菲洛塔斯是马其顿的名门望族之后，亚历山大和马其顿贵族的关系在进入亚洲之前，并不完全像东方的君臣关系。臣见君也无须行跪拜礼，国王和贵族在一定程度上还可平等地商讨问题。所以帕米尼欧还敢对亚历山大说什么，如果我是亚历山大我就怎么怎么样的话。在东方，臣下是无论如何也不敢用这种语气和君主说话的。但后来亚历山大愈来愈像东方的君主了，他甚至要求部下对他行跪拜礼，君臣的亲密关系淡化了，等级观念强化了。菲洛塔斯虽完全听命于亚历山大，但并不那么谦卑、恭顺，甚至有些专横恣肆、不可一世，连他的父亲帕米尼欧都为他担心，劝他说："儿啊，气焰要收敛一下哩！"但菲洛塔斯并没听父亲的劝告，仍我行我素，这招来了亚历山大的不满。现在亚历山大已是万人景仰的至尊，他再也不能容忍马其顿贵族的骄横，不能容忍他们对自己无上权威的挑战，他要用菲洛塔斯来做个样子，起杀一儆百的作用。

菲洛塔斯被五花大绑地带到亚历山大和众将领面前进行公审，亚历山大首先斥责他，要他招供自己的罪行，但菲洛塔斯申辩说，他并没有犯什么罪，他没有背叛亚历山大和马其顿，他只想知道，这场战争要打到什么时候才能完。菲洛塔斯拒不认罪，那些揭发者只好出来指证，他们揭发的菲洛塔斯的犯罪事实是：有一个普通的马其顿人阴谋反对亚历山大，有几个青年军官发现后，报告了菲洛塔斯，但菲洛塔斯虽每天去亚历山大帐篷两次，却没把这事向亚历山大报告。这就证明菲洛塔斯知情不报，有意包庇罪犯，图谋不轨。接着亚历山大又召开了军队代表大会，因为马其顿的法律规定，叛国罪由国王审讯，在马其顿境内由人民代表大会判决，在境外由军队代表大会判决。军队代表几乎是清一色的步兵，而骑兵大都是贵族，有不少菲洛塔斯的同情者。开庭后，菲洛塔斯在代表面前进行了自我辩护，亚历山大用严刑拷打逼他认罪，最后，代表大会以叛国罪判菲洛塔斯死刑，立即执行。于是在场的马其顿人就用标枪把菲洛塔斯和他的同谋犯刺死。

处死菲洛塔斯，当时和后来都有人认为证据不足，是一起冤案。当时军队中弥漫着厌战情绪，发牢骚，出怨言，是司空见惯之事，亚历山大本人也知道，而谋杀国王，却显然是捕风捉影的事，菲洛塔斯当然不会用这种事去惊扰亚历山大。而他的一些竞争对手便以此诬告他，亚历山大则借此除掉一个不崇拜他的家族。他把菲洛塔斯看作是那些在腓力去世时觊觎王位者中的一个。

亚历山大的胜利

处死菲洛塔斯事情并没结束。按照马其顿的法律，阴谋造反者其亲属也要连坐处死。亚历山大杀了儿子，也不放过老子，他派亲信给埃克巴塔纳的驻军将领送去一纸命令，他们接到命令后，就把他们往日的上级、腓力时的老臣、全军副统帅帕米尼欧秘密处死了。处死儿子还经过审讯，由军队代表大会判决，而处死老子则只需亚历山大一个命令。据阿利安的记载，亚历山大处死帕米尼欧，是因为他觉得，帕米尼欧儿子搞的阴谋，如果说他这个当父亲的完全没有插手，是很难使人相信的；或者，他可能认为，即使帕米尼欧并没参加，处决了他的儿子，留下他本人也是严重的后患，因为帕米尼欧是一位公认的了不起的人物，不但亚历山大本人，而且全军都这样看，不只马其顿部队崇敬他，连那些外籍雇佣军也都如此。

处死帕米尼欧是一个标志，表明亚历山大不只是喜爱阿契美尼德王朝的礼服和礼节，他的行事作风也快和他的对手波斯国王一样了，他可以不受法律的限制，随意处决他不满意的人了，既然连全军的副统帅、德高望重的帕米尼欧都可以不经任何审讯随意处决，还有什么人不可以随意除掉呢？这一事件也标志，亚历山大和他部下关系的性质变了，传统的贵族和国王之间在一定程度上的平等关系没有了，只有森严的东方式的君臣关系了。如果还有人想维持过去的那一套，就可能走上帕米尼欧父子的不归路。

帕米尼欧父子死了，他们的死对亚历山大将领们心灵的震撼是巨大的。要知道，帕米尼欧是王室的挚友，为腓力父子两代拼杀了一生，他的两个儿子都战死疆场，而今父子两人又落得个身首异处的下场，怎不令人心寒。处死帕米尼欧父子并没有平息马其顿人对亚历山大的不满，反而激发了更大的新的不满，应当说，亚历山大解决内部矛盾的这一方法是错误的。不过，这一事件的确使他的部下清醒了，他们的国王和统帅已成了绝不可冒犯的至尊了，其意志就是法律。亚历山大征服波斯，而波斯的文化也在影响着他。这不仅是为了拉拢和安抚波斯人，其实他本人对波斯文化也有极大的兴趣。或者说，他有当一个波斯式的君主的强烈欲望。

二、异族叛乱：一波未平一波又起

在处理内部反对派的同时，亚历山大并没有放松对外部敌人的斗争。

大流士死后，比修斯就成了他的主要对手。比修斯已自封为波斯国王，他还拥有不可忽视的军事力量，足可与亚历山大一战。但亚历山大在追击比修斯之前，和他历来的做法一样，先做了些必要的准备工作，巩固后方，去掉隐患。

他首先率兵进攻里海之滨的赫卡尼亚，并委任帕西亚人阿明那匹斯为帕西亚总督，这人在埃及和马扎西斯一起投降了亚历山大。委任近卫军将领特莱波利马斯为帕西亚和赫卡尼亚的军事总监。然后他分兵三路，进入艾尔布尔兹山地，征服塔普里安与马尔地安等部落，搜索隐藏在山地的大流士余部和希腊雇佣军。一路由他自己率领，沿着一条崎岖难行的近路前进，这是军队的主力，是一支精兵队伍；第二路直接去攻击塔普里安人；第三路护送辎重、行李和车辆，沿大路前进。亚历山大率兵以极快的速度越过山口，在一条小河边宿营，这时，被追得无路可逃的波斯高级将领、骑兵大将那巴赞斯和帕西亚、赫卡尼亚总督福拉塔弗尼斯等都前来投降。

在这里停了几天，亚历山大又率兵向赫卡尼亚内地的扎德拉卡塔城进发。在扎德拉卡塔，亚历山大和另外两路人马会合了。亚历山大在这里接受了与比修斯分道扬镳的波斯帝国首相拉巴尔查尼斯、重臣阿尔塔巴扎斯和他的三个儿子的归顺。跟他们一起来的还有 1500 名希腊雇佣军的代表和希腊各城邦派驻波斯帝国的使臣。

亚历山大对来归顺的波斯人很宽容，给他们荣誉地位，称赞他们对大流士的忠心，而对希腊人却很严厉，他拒绝和他们谈任何条件，因为他们跟着外国人打希腊人，犯了严重的罪行，只有集体投降，由他来决定怎样处理他们。如果他们不愿意这样做，他们可以自己决定采取什么方法来保护他们自己的安全。雇佣军的代表当即表示，全体雇佣兵都同意投降，因营地较远，请亚历山大派专人前去把他们带来。亚历山大同意这样办，派了两个将领去接收希腊雇佣军。亚历山大在营地接见了他们和希腊各城邦派驻波斯的使臣。对希腊雇佣军，凡是在希腊各城邦跟马其顿议和并结盟之前就在波斯部队服役的，亚历山大放了他们，恢复他们的自由，其余的则都编入马其顿部队，继续服役。对于各国使臣，亚历山大也根据不同情况区别对待，斯巴达和雅典的使臣被监禁起来，因为雅典使臣明知违犯联盟章程却仍能来波斯，而斯巴达的使臣则因为没有在斯巴达加入希腊联盟后卸任。非同盟国的使臣都被释放了，因为这些国家派使臣到波斯并没有什么不对。亚历山大在这里显示了他政治家的风度。

在接收希腊雇佣军时，亚历山大还率部进攻马尔地安人。马尔地安人所居地区，交通闭塞，与外界很少往来，居民生活十分贫困，但却勇猛好战。他们有很长时间没有受到外族的入侵了，因此没有作任何抵抗入侵者的准备。当亚历山大率兵攻来时，他们非常吃惊，来不及作任何抵抗，但有一大批人逃到山里去了。他们认为，山高路陡，亚历山大不会到这样远的山里来。而亚历山大偏又追来了，他们无处可逃，只好派代表出来投降，献出领土。亚历山大委任波斯人、原塔普里安总督奥托夫拉达提斯为马尔地安和塔普里安的总督。

然后，亚历山大率部去赫卡尼亚的最大城市（也是王宫所在地）扎德拉卡塔，他在这里停了 15 天，向神献祭和举行体育竞赛。接着率军进入阿瑞亚境内，到达苏西亚城时，阿瑞亚总督萨提巴赞斯前来迎接，亚历山大让他留任阿瑞亚总督，并派一名近卫兵将领率 40 名马上标枪手在沿路站岗，以免后续部队通过时骚扰阿瑞亚人。亚历山大为在当地居民中树立一个好形象，不能说做得不好，但效果却不像他所期望的那么好。

这时有波斯人来向亚历山大报告说，比修斯已不再叫比修斯了，而称阿太薛西斯，他按国王的样子戴帽子，穿皇家的锦袍，俨然以亚洲之王自居。亚历山大感到消灭比修斯的势力，活捉比修斯，已刻不容缓了。他立即率领经过整编的全部军队向巴克特里亚前进，但在进军途中却接到一个使他不得不改变行军路线的消息。不久前才投降的阿瑞亚总督萨提巴赞斯，出于民族情绪，在比修斯的支持下，趁亚历山大进军巴克特里亚之机，在后方发动了叛乱，杀死了留驻当地站岗的马其顿马上标枪手和带队将领。他把阿瑞亚人都武装起来，进入阿瑞亚王宫所在地阿塔考那城，并决定带领部队去会合比修斯，准备和比修斯一起伺机攻打马其顿部队。

亚历山大这时已进军到巴克特里亚边境附近的马迦斯河旁，但仍然决定回师平定叛乱。除留下一部分部队，由克拉特拉斯率领，在马迦斯河边待命外，亚历山大亲自率领近卫骑兵、马上标枪手、弓箭手、艾吉里亚部队和两个步兵旅返回阿瑞亚，火速追赶萨提巴赞斯，两天后就到达阿塔考那城。

萨提巴赞斯没想到亚历山大这么快返回来攻击他，没有抵抗，就急忙带着少数阿瑞亚骑兵逃跑了。他部下的大部分士兵则一哄而散。但亚历山大并没因叛乱者逃散而就此罢休，他又一次显示了他严酷的一面。他迅速地进行搜捕，把那些离开村庄参与叛乱的人从各处搜出来，一一就地杀戮，其余的没参加叛乱的村民则都贬为奴隶。他要用这样的血腥行动告诫所有被征服的人们，叛乱者会受到严厉的惩罚。他废弃了阿瑞亚的旧都阿塔考那，而在它的旁边另建了一座新城，新城被命名为“阿瑞亚的亚历山大”，同时委任波斯人阿萨米斯为阿瑞亚的新总督。

这时，留在马迦斯河畔的克拉特拉斯率领的部队也到阿瑞亚和亚历山大会合，于是，亚历山大率领全军向南边的扎兰迦亚地区前进，当时占据这一地区的是巴散提斯，这个人曾在大流士逃跑时参与谋害他，见亚历山大大军快来了，就逃跑到印度河这边的印度人地区。但印度人却把他抓住送交亚历山大，亚历山大就因他参与谋杀大流士而把他处决了。接着，亚历山大又到西边的阿拉科提亚（阿富汗）地区捉拿参与叛乱的波斯总督阿萨提斯，并就地处决。然后在弗里达建立了一座取名为“亚历山大希望城”的新城。

这时军队中出现严重的不满和厌战情绪，因为从波斯波利斯开始，战争成了对一个亡命君主和一个弑君者的追逐。对于亚历山大的将士来说，战争已毫无吸引力。为平息将士的不满，亚历山大以叛国罪处死了功高权重的帕米尼欧父子，并对部队核心部分的指挥官进行了调整。原由菲洛塔斯担任的骑兵司令一职，改由赫斐斯申和克雷图斯两人担任，各指挥一个旅，以免权力过分集中。托勒密被任命为皇家卫队长，而帕米尼欧副统帅一职也早已由克拉特拉斯担任了。

随后亚历山大率军进入阿瑞阿斯皮亚人居住的地区，因为这一地区的人民曾为居鲁士出过力，亚历山大对他们有好感，便允许他们自治。

接着亚历山大就继续向巴克特里亚前进，追击比修斯。沿途征服了德兰吉亚人、迦德罗西亚人和阿拉科提亚人，委派了新的总督。公元前 329 年冬季，他率部到达塔尔拉克河畔印度人居住的地区。他一路行来，克服了很大的困难，饥饿、疲劳、积雪、寒风使部队吃了不少苦头。将士们有时只能靠猎取野生动物为食，不少人病倒了，还有许多战马冻死在雪地上。

就在亚历山大向巴克特里亚艰苦挺进的途中，又传来萨提巴赞斯再次在阿瑞亚进行叛乱的消息。萨提巴赞斯从比修斯处得到 2000 名骑兵后，又侵入阿瑞亚，发动当地人跟着他造反。亚历山大只好又分出一部分兵力来对付萨提巴赞斯。这次他没有亲自回师镇压，而是派波斯人阿塔巴扎斯和两位骑兵将领率兵去征讨，同时令帕西亚总督前往支援，对萨提巴赞斯形成东西夹攻之势。一开始，萨提巴赞斯的部队进行了顽强的抵抗，和马其顿的骑兵部队展开了一场激战，但随着萨提巴赞斯脸上中枪而死，他的部队瓦解了，抱头鼠窜了。

亚历山大这时已率部进抵兴都库什山，但因大雪封山，部队只能等冰雪融化才能过山，就在这期间，即公元前 330~ 前 329 年，他在这里，在加兹尼城的旧址上建立起一座新城，亲自命名为“高加索的亚历山大城”，因为亚历山大认为兴都库什山脉就是高加索山脉向西的延伸。他向平常祭祀的神献祭，任命波斯人普罗克西斯为该地区的总督，派骑兵军官内劳克西尼斯为军事总监，给他留下了一些部队。

三、亡命之君：比修斯的抵抗

春天到来时，亚历山大开始率领部队向北进军，翻越兴都库什山。这是座非常大的山脉，山高路险。亚历山大选择了一条路程虽远但地势较低的哈瓦克山口，但部队还是因积雪难行和给养短缺而大吃苦头。最后亚历山大率部翻过了群山，进入巴克特里亚。

巴克特里亚，中国称之为大夏，为波斯帝国的一个行省，居民属雅利安民族，好斗善战。在比修斯的领导下，他们联合粟特人，对抗亚历山大的入侵。比修斯有 7000 巴克特里亚部队，他采用坚壁清野政策，把兴都库什山下一带大肆破坏，想把他自己和亚历山大之间的地方都变成一片荒地和废墟。他认为这样一来，亚历山大就来不了了。但出乎他的意料，亚历山大还是来了，大山、积雪、饥饿都没能阻挡住他进军。驻扎在奥克苏斯河南岸的比修斯得知亚历山大的大军逼近时，立即用船把部队运过河，过河后把船烧毁，然后率部向粟特地区撤退，巴克特里亚骑兵不愿跟随比修斯逃跑到粟特去，分成小股各奔家乡。他们后来受几个亲王的领导，期望“焦土”会使亚历山大放弃巴克特里亚而去征服印度。

亚历山大北进到得拉普萨卡，部队稍事休息后，就向东攻占了巴克特里亚的最大城市阿尔诺斯和巴克特拉。巴克特拉是巴克特里亚的首府，被称为“人间天堂”，但现在该城连同它周围的广大地区都被比修斯和他的粟特同盟者斯皮塔米尼斯与欧克西亚提斯夷为平地了。随后，巴克特里亚的其他地区相继归顺，亚历山大在阿尔诺斯要塞留下驻军，并任命一个波斯人为该地总督。

占领巴克特里亚后，亚历山大率部进抵奥克苏斯河，准备渡河继续追击比修斯。奥克苏斯河是亚历山大部队在亚洲所经过的最大的一条河，河宽 1000 多公尺，又特别深。亚历山大在没有一条船的情况下，试图渡河，他开始想打桩架桥，但因河底是沙土，水流湍急，根本无法打桩，而且附近又缺少木材，从远处运来又需时日。为抢时间，亚历山大令部队把盖帐篷用的兽皮集中起来，做成许多塞满草料的皮筏。亚历山大就用这些皮筏在 5 天内顺利地把部队运过了河。

在亚历山大决定进军奥克苏斯河时，他遇到了他出兵以来从未遇到的问题，他最精锐的骑兵队伍之一塞萨利骑兵哗变了。

塞萨利骑兵一直隶属帕米尼欧，在高加米拉战役以及整个远征中，战功显赫。就是这样一支队伍，现在公然违抗命令，不再跟随亚历山大前进了。他们的哗变，一方面是对亚历山大处死帕米尼欧不满的发泄，另一方面也是对无止境的征战感到厌恶和对前途的悲观。

亚历山大虽然非常需要这支精锐部队，却无法挽留他们，他也不能像对待帕米尼欧父子那样去惩罚他们，因为这是集体行动，是一大批人的联合行动。亚历山大无可选择，只好将他们遣散回家，同时把那些超过服役年龄的老兵也一起送回家。但这样一来，亚历山大就面临兵源不足的问题。

实际上，亚历山大虽战无不胜，处境仍很危急，他身在遥远的亚洲，到处都是仇视马其顿的异族人，部队又充满厌战情绪，一支精锐部队又离他而去，在这种情况下，稍有闪失，就可能导致远征的失败，甚至全军覆没。适可而止，班师回朝，可能全军都皆大欢喜。但这不符合亚历山大的性格，在亚历山大的经历中，就从来没有退缩过。他毫不动摇地决定继续追击比修斯，同时他采取了一项空前的具有历史意义的政策，他决定从周围地区招募新兵以补充兵源。

亚历山大从亚洲地区招募新兵，当然是出于军事的需要，但这也是他构造他的新帝国的一项重要内容。亚历山大所设想的帝国是把欧亚融为一体的大帝国。他任命一些波斯人当地方行政长官，他自己有时穿波斯服装，采用一些波斯礼仪，尊重当地的宗教信仰等都有此意。不过，亚历山大还从来没有把军权交给亚洲人，他的军队中也没有亚洲人部队，他的军队还是一支纯粹的欧洲军队。现在他开始把亚洲人补充到他的军队中去，从而为实现他的各民族联合的大帝国理想前进了一大步。亚历山大要把世界统一起来的观念要比他的老师亚里士多德进步得多。

亚历山大在过奥克苏斯河前，还派人逮捕了阿瑞亚的总督，因为他有反叛之意，任命骑兵将领斯塔萨诺接替他的总督职务。

亚历山大率部渡过奥克苏斯河后，立即向比修斯所在地粟特前进。这时，斯皮塔米尼斯派信使来了，说他们已把比修斯逮捕了，可以把他交给亚历山大。亚历山大令托勒密带领一部分军队火速前往接收，托勒密用 4 天走了 10 天的路程，到达斯皮塔米尼斯的营地，但斯皮塔米尼斯已带领大部分队伍跑了，却把比修斯留在一个村庄里。托勒密率领一队骑兵包围了这一村庄，然后向村里的波斯兵宣布，如果他们交出比修斯，他们可以安全离开。于是，波斯兵放开路，让托勒密和他的部下进村。托勒密很快就捉住了比修斯，然后派人报告亚历山大。亚历山大下令将比修斯脱光身子，五花大绑，戴上木枷，押到他那里去，托勒密一一照办。

亚历山大见到比修斯时，对他进行了审问。有意思的是，亚历山大没有责问比修斯为什么坚持与马其顿对抗，而是责问他为什么要把大流士抓起来，大流士是他的王上，又是他的堂兄，是他的恩人，为什么还要给他戴上镣铐到处奔波，最后还要把他杀死。

比修斯的回答和他坚持抵抗亚历山大的身份有点不符，他在战场上的英雄气概荡然无存。他回答说，这件事不是他一个人决定的，而是当时大流士所有随从的共同决定，目的是讨好亚历山大，保全他们的性命。

比修斯回答的真实性可能有点问题，因为这些话都出自亚历山大部下的记录。不过，亚历山大的问话是完全可以相信的。他在这里不是以征服者的身份而是以大流士保护者的身份说话，他是在为大流士复仇，如果大流士在天有灵，不知有何感想。其实亚历山大痛恨比修斯不是因为他杀了大流士，而是他不屈不挠地进行抵抗。比修斯被严刑拷打后，被送到埃克巴塔纳。后来，在那里，比修斯被割掉鼻子和耳朵，然后当着米底亚人和波斯人的面把他处死了，他的尸体还被绑在两棵折弯的树上，撕成两半。亚历山大想用这种极端野蛮的刑罚来警告与他对抗的人。但他的这一做法遭到不少人的非议。阿利安在叙述这件事后评论说："有人说亚历山大在抄袭米底亚人和波斯人的豪华和在仿效蛮族土司把手下臣民当作低等动物对待方面，都搞得过火。这个说法我同意。我也不赞成他不穿马其顿的传统服装而改穿米底亚服装，特别是因为他是赫拉克勒斯的后代，就更不该如此。尤其是，他把长期以来一直戴着作为胜利者标志的马其顿帽，换成被征服了的波斯人的头巾，他并不感到羞耻。"

阿利安的话说明，亚历山大的一些做法，不仅当时许多人不理解，就是一个多世纪以后的希腊历史学家阿利安也不理解。希腊人的自大狂妄，使他们对其他文明不屑一顾，他们认为自己是征服者，穿被征服者的衣服应被看成是一种可耻行为。而亚历山大的目的却是要淡化征服者与被征服者的区别和界限，他以弑君罪和用波斯的法律、刑罚处决比修斯，就是为了使人们，特别是波斯人不把这看成是马其顿人杀了一个波斯人，而是亚历山大帮助波斯人抓住并处死了波斯的一名弑君犯。这正是亚历山大的高明之处，他给赤裸裸的侵略披上了一件冠冕堂皇的正义外衣。这正是他和其他侵略者不同之处，当然，不应忘记，亚历山大的最终目的是要把希腊文明推广到全世界，建立一个希腊化的统一帝国。为达此目的，他可以不择手段。

四、游击泥潭：前所未有的挑衅

1. 粟特人：最难对付的敌人

现在除印度河以东的地区外，原波斯帝国的所有领土都已处于马其顿人的占领下，亚历山大建立起了一个比波斯帝国大得多的大帝国，这个大帝国被命名为亚历山大帝国。它的领土包括欧洲的马其顿、希腊和色雷斯等，非洲的埃及、利比亚和亚洲西部的广大地区。其地域之广大，种族之繁多，宗教信仰之复杂，文明习俗之多样都是空前的。亚历山大也由马其顿国王、科林斯同盟盟主、埃及法老、巴比伦王而成为亚历山大大帝。不过，亚历山大并不满足，他还要征服印度，还要征服其他没有征服的地方，对于亚历山大来说，整个世界没有完全置于他的统治之下，他的军事征服行动就不会停止。

但是，他还没有来得及去征服新的地方，已征服的地方就出现了大麻烦。在中亚的广大地区，在沙漠和草原，他碰到了前所未有的困难，陷入了一场长达两年之久（公元前 329~ 前 327 年）的游击战泥潭中。这一次的对手和他过去所碰到的完全不同，他要对付的粟特人领袖斯皮塔米尼斯，根本不和他进行对阵战，而是不断进行伏击和奇袭。你大军来了，他就跑，你大军走了，他又来了。而且，和过去不同，亚历山大要对付的不只是哪一支部队，而是粟特，甚至还有巴克特里亚整个部族，每一个村庄都是一个堡垒、一个战斗单位，使亚历山大不得不一个城镇一个城镇地去攻打，这也是他从来没有碰到过的情况。过去，一般地说，只要占领了首府，这一地区就被占领了。

其实，比修斯一被俘，斯皮塔米尼斯就成了亚历山大最难对付的敌人

粟特人

了。当亚历山大率军进占了粟特的首府马拉坎达（撒马尔罕）并抵达北部的边界药杀水河（今锡尔河）时，分散到各处去收集粮草的马其顿士兵却被当地的粟特人杀了，这些反叛的粟特人躲在十分陡峭、极其崎岖的大山中，由于地势险要，亚历山大几次进攻都无功而退，许多人都负伤了，亚历山大本人也被一支箭射穿了腿，腿骨部分破碎，但最后还是攻下了。据说，据守的 3 万人，被杀了一部分，从悬岩上跳下去摔死了一部分，活下来的还不到 8000 人。

攻占了边境要塞后，亚历山大计划在药杀水河边修建一座城，这座计划中的城市仍以他自己的名字命名，称为“边区亚历山大”。他认为这里的战事已毕，便召集巴克特里亚和粟特地区的部落酋长到巴克特拉城开联席会议，粟特人的首领斯皮塔米尼斯不仅没奉命来开会，反而召集本地区的牧民，公开起义，参加者有 3 万人之多。起义者对留驻各城镇的马其顿军队发动了突然袭击，攻下了这些城镇，杀死了全部驻军。

亚历山大得知这一消息后，十分吃惊，如果不及时进行镇压，让起义者和西徐亚人会合，再攻击他们就非常困难了。因此他立即回师北上，去镇压那里的造反者，夺回被他们占领的城镇。

当时，造反者集中在边境的 7 个城镇要塞中，为了抵抗亚历山大的军队攻城，他们加强了城防工事。不过，亚历山大有丰富的攻城经验，这些边境小城是抵挡不住的。他令人事先就制造了许多云梯，他攻打的第一个城镇叫迦扎。同时他令克拉特拉斯带领一部分军队去攻打那个叫西罗波利斯的最大城市，以免这里的敌人去支援其他被攻的城市。他亲临迦扎指挥攻城，令部下向一座不是很高的土墙攻击，同时把梯子在四周靠城根儿放好。攻击令一发，步兵开始攻城，标枪手、弓箭手和投石器一起向城上守军发射箭石，各种投射物如倾盆大雨般地落到城墙上，顷刻间，城墙上就无一人把守。于是城墙根儿前的梯子都竖立起来了，攻城部队立即爬梯上城，迦扎城就这样攻下了。随之而来的是一场大屠杀，亚历山大下令把敌人斩尽杀绝，把妇女、小孩和全部缴获都带走。然后亚历山大又立即率兵去攻打第二座城，如同第一座城一样，这第二座城也很快用同样的方法攻下了。对俘虏也如法处理。接着又兵进第三座城，第二天，也是一举攻下。

亚历山大在攻占一个又一个城镇的同时，还派骑兵到另外两城去，监视城里的敌人，防止他们逃跑。因为，他估计他们在听到附近城市被占领时，会赶在他到来前逃跑。事实正如他所料，那两个还没被攻占的城市守军，看到前面城市起了大火，听了几个从被攻占城市里逃出来的人所叙述的他们城市的惨祸，便决定尽快弃城逃跑，但一出城，立即陷入亚历山大派来的骑兵包围圈，大部分被杀死。就这样，亚历山大两天就连下五城。对被攻占的城市，亚历山大采取了极端残酷的斩尽杀绝的政策，幸存者也全都被贬为奴隶。

攻下五城后，亚历山大率军向最大的城市西罗波利斯前进。这座城是居鲁士建的，城墙比其他城市高，城里的军队人数也最多。克拉特拉斯为防备城里的部队出来支援其他城市，已经在城的四周挖了一道沟，修了一条栅栏。亚历山大来后，本准备用礌石器轰击城墙的一边，轰开缺口，再从缺口冲进去，但后来亚历山大发现有一条引水渠从城墙下通过，当时正是冬天枯水季节，水渠里没多少水，士兵可通过水渠钻入城内。于是，亚历山大一面令部队全力攻城，吸引敌人注意力，一面自己亲自带头从渠道钻进城里去。进去后，立即从里边把城墙的几个门打开了，把其余的部队接应进城。粟特兵一见他们的城市已落入敌手，立即掉头向亚历山大和他率领的部队发动猛烈的进攻。激战中，亚历山大被一块石头砸在脑袋和脖子上，克拉特拉斯也中了一箭，其他将领负伤的也不少，但最终马其顿人还是把该城攻占了。据说，守城的有 1.5 万人，被打死的有 8000 人，其余的都躲到要塞里，亚历山大在要塞外扎营围困，敌人坚持了一天，终因缺水而投降了。

第七座城没费多大劲就攻下了，城内的敌人被通通杀光。亚历山大就这样血洗了边境这七座城镇。这是亚历山大对拒不投降者、对反叛者的一贯做法，在底比斯、在推罗，我们都看到同样的惨剧。

2. 西徐亚人：马背上的强大民族

这时，北方大草原上的西徐亚人的一支部队开抵药杀水河畔，想趁粟特人反叛亚历山大之机，联合粟特人，攻打亚历山大。

西徐亚人也称斯基泰人，公元前 9 世纪，活动在阿尔泰山以东地区。周宣王（公元前 827~ 前 781 年在位）时期，对猃狁（匈奴）用兵，迫使他们向阿姆河流域地区退却，并赶跑了那里的马萨格泰人。马萨格泰人西迁进入了西徐亚人地区，又迫使西徐亚人西迁，引发了一场民族大迁徙。西徐亚人是出色的牧民、优秀的骑士，后来，他们在西波斯地区到哈里滋斯河（克孜勒河）流域一带建立了一个王国。强大时曾侵入叙利亚，其势力范围一度达到埃及边境，后虽被赶出安纳托利亚，却仍然控制着俄国南方大部分地区和伊朗北部边境地带。在咸海地区居住的西徐亚人则和达哈人混居而同化，成为安息人。另外还有一些单独活动的西徐亚人部落，他们活动在匈牙利和东普鲁士一带。

在强大的西徐亚人陈兵境外的同时，又有消息传来，说斯皮塔米尼斯已率部包围了留守马拉坎达的部队。当时亚历山大并没有十分重视斯皮塔米尼斯的这一行动，只派了一支由近卫骑兵和 1500 名雇佣兵组成的队伍，由翻译官发拉科斯和 3 名军官率领，前去救援马拉坎达的驻军。而他自己则忙于他所计划的新城建设，他用了 20 天的时间修筑了城墙，同时对该城的未来居民也作了安排：任何愿意在这里定居的希腊雇佣兵，附近各部族中曾参加修建新住宅区的人以及马其顿部队里一切不适于服现役的人，都可在城内定居。和他建立其他城市一样，他要把这座城市建成一座移民城市，一个军事要塞，一个传播希腊文化的中心。他还在这里向神献祭并举行了骑术和体育比赛。

这时，陈兵药杀水河北岸的西徐亚人不断地向南岸的马其顿人挑衅，向河对岸射箭（这一段河道不宽），大声冷嘲热讽，侮辱亚历山大，说什么亚历山大不敢动西徐亚人，如果他敢动一下，他就会知道西徐亚人和亚洲蛮子有什么不同。这是激将法，想激怒亚历山大，让他过河到他们熟悉的地方和他们作战。亚历山大也的确被激怒了，不过他主要还是想好好教训一下西徐亚人，使他们不敢侵犯边境。因此他决定渡河攻打西徐亚人，并下令部队准备渡河的皮筏子。但在他献牲问卜时，却显示了不吉的兆头。一直深信神灵的亚历山大只好暂时放弃了渡河攻击西徐亚人的念头。但西徐亚人仍不断进行挑衅，亚历山大忍无可忍，决定不管吉凶如何，都要渡河。当他再次就渡河问题献牲问卜时，他的占卜师阿里斯坦德告诉他，兆头还是危险。亚历山大回答说，他已经征服了整个亚洲（当时欧洲人所知道的亚洲），在这个时候，他宁愿冒天下最大的危险，也不当西徐亚人的笑柄。

阿里斯坦德是亚历山大非常信任的首席占卜师，他这次显然是有意阻止亚历山大渡河，这也可能是马其顿贵族的愿望，因为他们不愿再卷入和强大的西徐亚人无把握的战争中去，而且西徐亚人的地区非常荒凉，毫无吸引力。

在亚历山大的命令下，马其顿士兵在3天内就造了几千只皮筏。亚历山大率领部队来到河边，摆好阵势，见对岸敌人沿河驰骋，立即令投石手用石弩向西徐亚人发射石弹。石弹如雨点落到对岸的西徐亚人头上或身上，非死即伤，这使他们惊惶万状，没有想到石弹能打这么远，有这样大的威力，甚至有一枚石弹还穿透了一个人的盾牌，又穿过护身甲，把他从马上打下来。于是他们开始从河岸往后退。亚历山大见敌人秩序开始紊乱，立即下令吹进军号，亲自率领部队强渡，首先登岸的是弓箭手和投石兵，他们登岸后立即向西徐亚人射箭投石，阻止他们靠近，掩护骑兵和步兵渡河。全军登岸后，一场奇特的马其顿人从未打过的大战开始了。亚历山大首先派一部分部队进攻，而西徐亚人却采取沙漠战的战术，围绕包抄，飘忽不定，杀一阵不见了，一下子又钻出来了。这是西方世界从未听说过的战术，后来被称为“帕提亚战术”，不可一世的罗马军团也在这种战术面前一筹莫展，溃不成军。

不过，亚历山大很快就把弓箭手、骑兵和其他轻装部队组成一支突击部队，亲自率领追击西徐亚人。靠近敌军时，一部分骑兵向敌人冲击，而亚历山大则率领其余骑兵成纵队向敌扑去，使敌人无法迂回包抄。西徐亚人伤亡惨重，开始溃逃。亚历山大率兵猛追，但没追多久就被迫停了下来，因为天气炎热，干渴难忍，亚历山大在追击途中喝了不干净的水而腹泻不止。亚历山大病倒了，他的部下不得不把他抬回营地。这正好应验了阿里斯坦德的预言。

不久，西徐亚国王派来了一个使团来见亚历山大，对已经发生的事表示遗憾，并申明这件事不是西徐亚国家的行动，而只是一些强盗干的，但国王本人还是愿意承担责任，他将按亚历山大的要求办。亚历山大考虑到西徐亚人的确不好对付，打下去并没有一定获胜的把握，而且现在也不是追击西徐亚人的时候，便趁机下台，表示了对西徐亚国王的信任，不再追击。

3. 全军覆没：出征以来的首次失败

在亚历山大与西徐亚人大战时，马拉坎达要塞的马其顿驻军对围城的斯皮塔米尼斯进行了一次成功的反击，打退了敌人主力。随后，斯皮塔米尼斯听说亚历山大派来的援兵快到时，立即解围，佯装撤退。发拉科斯和同来的军官求胜心切，见敌人撤退，不辨真假，就率部在后紧追不舍，一路还漫不经心地对西徐亚牧民发动攻击。斯皮塔米尼斯乘机把 600 名西徐亚骑手吸引到他的队伍中。有了西徐亚人的加入，胆子更壮了，他摆好阵势，等待马其顿追兵的到来。马其顿部队来了，他们就围绕马其顿的步兵方阵兜圈子，不停猛射排箭，发拉科斯率部向他们冲击时，他们又轻易地避开。他们的马匹精力充沛，跑得快，而马其顿部队的马匹则因长途跋涉，又缺少草料，早已疲惫不堪。

在西徐亚人和粟特人连续不断的猛冲猛打下，马其顿人既无法守住阵地，又无法撤退，大批士兵中箭，或死或伤。发拉科斯于是把部队撤退到波利提米塔斯河河边的山谷中，想靠这里茂密的树木躲避敌人的箭矢。但在敌人骑兵的追击下，马其顿军慌忙渡河，结果遭到敌人痛击，有的被乱箭射死，有的被拖入水中。马其顿军走投无路，没死的都躲到河心的一个小岛上，被敌军围住，也全都死在箭下。据说，发拉科斯在危急时，曾以自己不熟悉军事为由，要其他军官接掌指挥权，但其他军官都不接受。因为他们觉得这超出了亚历山大的指示范围，同时也怕承担责任。结果在互相推让、无人负责的一片混乱中全军覆没。逃得性命的骑兵只有不到 40 人，步兵有 300 人左右。

一支马其顿部队全军覆没，这在亚历山大率兵出征以来还是第一次，消息传开，一定会大大挫伤将士的士气，因此，亚历山大得知这一噩耗后，立即封锁了消息，严禁生还者泄露真相，违者处死。同时，他下决心为死难者复仇，立即率兵朝马拉坎达疾进。这时斯皮塔米尼斯又率部包围了守卫要塞的部队，但在得知亚历山大正率兵逼近时，他未等亚历山大到来就率兵逃跑了。亚历山大以每天平均 45 英里的速度前进，在第 4 天赶到马拉坎达，紧追逃跑的斯皮塔米尼斯，追到那支马其顿部队被歼灭的地方，埋葬了死者，然后再继续追击，一直追到沙漠的边缘。为了让反叛者同样尝尝战争的残酷，他回兵把整个地区都彻底破坏了，把逃入堡垒内躲着的部族土著都杀了。

但是，波斯东北部的战争并没结束，这里似乎所有的人都对马其顿人心怀敌意，斯皮塔米尼斯又一次逃脱了，不知什么时候在什么地方他又会突然出现，进行偷袭，高山、草原和沙漠给他们提供这种打了就跑的条件。亚历山大第一次陷入了游击战的泥潭中，过去那种长驱直入、势如破竹的情况，那种敌人闻风披靡不战而降的场景不见了，现在每一城镇都要反复争夺，每一要塞都要精兵把守。公元前 329 年冬，亚历山大不得不把部队撤到巴克特里亚休整和过冬。

在巴克特里亚，亚历山大接见了西徐亚的使团，西徐亚老国王死了，新王刚继位。新国王让使团带来许多礼物，并向亚历山大表示，西徐亚人愿意服从他的领导。为了加强两国的友谊和同盟，他们的国王还希望把他的女儿嫁给亚历山大。如果亚历山大不愿意，他就希望把西徐亚各地的总督和其他要人的女儿嫁给亚历山大最信任的追随者。这一不同民族联姻的建议后来亚历山大真的采纳了，不过不是和西徐亚女子，而是和波斯姑娘。西徐亚国王还说，如果亚历山大要召见他，他愿意来聆听亚历山大的指示。亚历山大向使团表达了他和西徐亚友好的愿望，但说他暂时还不需要用联姻的办法和西徐亚结盟。

亚历山大还接见了科拉西尼亚的国王发拉斯马尼斯。发拉斯马尼斯说他们住在科其亚和阿马宗女人国的边界上，如果亚历山大想远征科其亚和阿马宗的话，他愿意当向导，并为远征军提供一切供应。亚历山大向发拉斯马尼斯表示了谢意，并和他友好结盟。亚历山大还告诉他，他现在考虑的是印度，因为征服了印度，就等于把全亚洲都掌握在手，在他成为亚洲霸主后，他就要回到希腊去，然后统率全部兵力远征黑海一带，那时再请发拉斯马尼斯实现他现在的诺言。亚历山大这些话是他第一次公开发表他的远征计划，透露出了他的最终目的，就是要征服整个世界。当然，亚历山大的世界是当时欧洲人所知的世界。

这两次外交活动反映出，亚历山大帝国的影响已远远超出了原波斯地区，周边的一些国家和部落也纷纷讨好亚历山大，理所当然地把他看成当时世界的霸主，要求和他结盟。

4. 穷追猛打：不灭粟特誓不罢休

亚历山大虽然把印度作为他下一个征服的目标，却不可能立即进行。他做事是谨慎的，在后方不稳的情况下，在粟特反叛势力仍在大肆活动的情况下，他是不会贸然进军的。他在公元前 328 年还是要集中兵力围剿追击粟特的反叛势力。他的恐怖政策并没有使粟特人屈服，他接到报告说，许多粟特人逃到他们的堡垒里，拒不服从亚历山大派去的总督的领导。公元前 328 年春天，亚历山大再次率军北上粟特地区，同时，他在巴克特里亚留下了一支由克拉特拉斯指挥的强大军队，用来防止各部族的捣乱和镇压造反者。当他率军回到奥克苏斯河，并在河边扎营时，在他帐篷附近发现一个水泉和一个油泉，往外冒水和油。托勒密得知这一奇迹后报告了亚历山大。亚历山大让占卜师阿里斯坦德占卜一下这神灵显示的预兆。阿里斯坦德占卜的结论是，这眼油泉象征着将进行的战争是艰苦劳累的，但劳累之后会有胜利。亚历山大为这一预兆祭了神，祈求保佑。

随后他把他自己率领的军队分成五部分，分别由赫斐斯申、托勒密、坡狄卡斯、科拉斯和阿塔巴扎斯指挥一、二、三、四队，他自己率领第五队。前四队对粟特地区进行一次拉网式的扫荡，攻打那些在山头阵地和堡垒中坚守的敌人和接受前来投降的人。他率领第五队向马拉坎达方向扫荡。在全部兵力横扫粟特大部分地区到达马拉坎达后，他又作了新的布置，派赫斐斯申到粟特各城镇去重建居住区；派科拉斯和阿塔巴扎斯率军去赛提亚（土耳其斯坦），捉拿躲在那里的斯皮塔米尼斯；他自己则率领其余部队攻占那些仍被叛军占据的粟特地区，没费多大力就达到了目的。

正当亚历山大忙于粟特地区的战事时，斯皮塔米尼斯却又率兵回到巴克特里亚地区，突然对这里的一座堡垒发动攻击。这座堡垒的司令完全没有想到会遭到敌人的攻打，措手不及，驻军被全歼，司令本人也做了俘虏。过了几天，他又率军包围了扎瑞亚斯帕城，并抢了不少财物装车运走。扎瑞亚斯帕城有一些近卫骑兵因病留在这里，现在病好了，见敌人来攻，便集合城里的雇佣军对围城的敌军发动了一次出其不意的攻击，夺回了被抢的财物，杀死了大批赶车的人，但在他们回城时，遭到斯皮塔米尼斯的伏击，几乎全军覆没。克拉特拉斯听到报告后，立即率兵从巴克特拉赶往扎瑞亚斯帕，但斯皮塔米尼斯得知克拉特拉斯赶来时，又迅速逃向沙漠，克拉特拉斯紧追不舍，在距沙漠不远处追上了敌人，一场激战后，斯皮塔米尼斯丢下了 150 多人的尸体，逃进了沙漠。马其顿部队只好眼望着敌人逃走，停止追击。

亚历山大不能深入沙漠去进行追击，便进一步加强各地的驻军。他给科那斯增派两个营的方阵步兵、两个中队的近卫骑兵、全部标骑兵以及新编的巴克特里亚和粟特轻骑兵部队，让所有这些部队都在粟特地区的营房过冬，一面监视，一面设伏，等斯皮塔米尼斯窜来骚扰时，把他抓住。

斯皮塔米尼斯发现到处都有马其顿部队驻守，便领兵向科那斯及其部队所在地进攻，他在途中轻易地诱使 3000 名西徐亚骑兵加入了他的队伍，但西徐亚人并不是他坚定的伙伴，正如阿利安所叙述的："这些西徐亚人极端贫困，既没有村镇，又没有定居之处，所以他们对于家园毫无顾虑。因此，只要有人劝，很容易就能把他们拉去打仗，不管打什么仗都行。"透过阿利安的叙述我们可以看出，西徐亚人和粟特人不同，他们并不是真正反对亚历山大，他们没有粟特人的那种民族感情。当科那斯得知斯皮塔米尼斯正率领骑兵逼近时，就带领队伍上前迎战。一场激战开始了。结果，斯皮塔米尼斯的各部族骑兵不敌马其顿骑兵，搏杀中死亡了 800 多人，而科那斯一方只阵亡了骑兵 25 名和步兵 12 名。斯皮塔米尼斯溃逃时，粟特人和大部分巴克特里亚人都离开了他，投降了科那斯。而西徐亚人则抢劫了他们的同伙巴克特里亚人和粟特人的运输队后，跟随斯皮塔米尼斯逃到沙漠里去了。但后来他们得知亚历山大亲率大军向沙漠里追来时，便杀了斯皮塔米尼斯，割下了他的头，送给亚历山大，对亚历山大表示友好，想以这一行动避免亚历山大的指责和军事进攻。

斯皮塔米尼斯死了，亚历山大去掉了一个顽强的敌人，但粟特的战事仍未完，仍有人拒不屈服，坚持与亚历山大对抗。不过，时值严冬，亚历山大让所有的部队，包括科那斯和克拉特拉斯率领的部队，都到诺塔卡休息。同时，在这期间，他还对各地的地方长官进行了调整，撤换了不忠诚的总督，任命了几个新的地方总督。

公元前 327 年春，亚历山大率军向索格地亚那山进发。这座山是粟特人最后的一个据点，有许多粟特人在这里坚守，斯皮塔米尼斯的主要盟友、背叛了亚历山大的巴克特里亚人欧克西亚提斯的妻子和女儿也在这里。

亚历山大率部到达后，发现这座山地势非常险要，四面都是悬崖峭壁，无法进攻；围困也不行，因为那些部落军民储备有大量粮草，可以长期死守，而且山里积雪很深，马其顿部队很难接近。不过，亚历山大还是决心攻下这个据点。

他先叫他们派人下山谈判，许诺他们，只要把阵地交出来，就让他们安全返乡。山上的人听了后，一阵狂笑，叫喊着让亚历山大去找有翅膀的人来攻占他们的阵地，他们不怕没有翅膀的人。劝降不成，亚历山大决定硬攻。他宣布，第一个冲上山顶的可得到 12 塔伦特头等奖，第二个得二等奖 11 塔伦特，第三个得三等奖 10 塔伦特，依此类推，前 12 名都可得奖。重奖之下，人人都想当第一个冲上山的英雄。亚历山大挑选了有围攻山寨经验、善于攀登石壁的 300 人，组成一个突击队。他们每人都带了一些原是固定帐篷用的小铁栓和麻绳，趁黑夜出发，从无人把守的石壁最陡的地方往上攀登。他们把铁栓钉在石壁的缝隙中，系上绳子，吊在悬崖上往上攀。天亮时，攀登成功，占领了崖顶，只有大约 30 个人在攀登中摔死。他们按事先的约定，在崖顶向马其顿营地挥动旗子。亚历山大看到后，立即派传令官向部落兵前沿阵地的哨兵喊话，叫他们往山顶看，亚历山大请来的有翅膀的天兵已经占领了他们的悬崖山顶，他们唯一的出路就是投降，别再耽误时间了。

部落官兵抬头一看山顶，吓得目瞪口呆，他们不明白马其顿人是怎么上去的，真以为有神灵帮助马其顿人，而且他们也不知山顶有多少马其顿人，惊慌中他们投降了。

5. 战地婚礼：泥潭难题迎刃而解

这一次胜利使亚历山大得到了一个意料之外的收获——一个令他倾心的美女。在俘虏中有不少妇女、小孩，其中包括欧克西亚提斯的老婆和几个女儿。在他的这几个女儿中，有一个叫罗克珊娜。亚历山大的部下告诉他，除了大流士的妻子之外，她是全亚洲最可爱的美人。结果，亚历山大和罗克珊娜两人一见钟情。

这可能是真的，一个英俊的年轻国王，一个绝世的美女，相爱是再自

亚历山大与罗克珊娜

然不过的事了，也是个理想的结局。但对于亚历山大来说，事情并不如此简单，他爱上一个巴克特里亚部落领导人的女儿是有更深含义的。这可从他对另一个美女，一个公认比罗克珊娜更漂亮的美女的截然不同的态度得到一个反证。这另一个美女就是大流士的妻子，她也是亚历山大的俘虏，按照希腊的战争法，被征服者的一切，都由征服者支配，都归征服者所有。亚历山大当然可随意处置大流士的妻子，纳她为嫔妃，虽是亚洲式的，却也是很自然的。但亚历山大这位精力旺盛的年轻人，面对这位自己可以随意处置的绝世佳人，却毫不动心，这说明，只要需要，他可以抵制任何美色的诱惑。他对大流士的妻女完全以礼相待，仍以王后、公主相称，以至后来大流士知道这种情况后，也被亚历山大对自己妻子的尊重所感动，竟说出这样的话：“如果我不能继续在亚洲称王了，我祈求您（宙斯）千万别把这个主权交给别人，只交给亚历山大。因为他的行为高尚无比，对敌人也不例外。”

亚历山大对大流士的妻子以礼相待，要的就是这样的效果，他不仅要在军事上征服波斯，他还要在精神上征服波斯人。他后来为大流士报仇，惩罚大流士的叛徒，他后来娶大流士的女儿为另一位妻子都是出于他统治的需要。他爱上并娶罗克珊娜为妻也是由于他政治和军事的需要。亚历山大不是那种爱美人而不要江山的人，他是把江山放在第一位的。粟特和巴克特里亚地区人民的顽强斗争使他长期陷在这里而不能去征服印度，现在有这样一位美妙的女子可做自己的妻子，又可通过这一婚姻改善和这一地区人民的关系，由敌对而友好，何乐而不为。

亚历山大正式向罗克珊娜的母亲提出求婚要求，罗克珊娜的母亲高兴地答应了。接着，完全按波斯习俗为一对新人举行了隆重的婚礼。

一代帝王亚历山大的婚姻大事、他的母亲奥林匹娅斯和他的大臣们多年前就为之操心的大事，就这样草率地在远离故乡的地方解决了，这其实是一次战地婚礼。从这一婚姻可以看出亚历山大是把他的政治军事活动放在第一位的。婚姻在他的生活中显然是居于从属地位的。他的第一个妻子竟是一个蛮族女子，这可能也是出乎大多数希腊人和马其顿人的意料的。显然，在亚历山大的心目中，他已没有希腊人的那种狭隘观念，他把他的帝国看成是个世界帝国而不仅仅是马其顿帝国。

他的这一婚姻产生了他所要求的政治效果。欧克西亚提斯听说自己的女儿成了亚历山大的妻子，便投降了，并要陪同亚历山大去科瑞尼斯要塞劝降。

亚历山大没有沉醉在新婚的甜蜜中，他很快就率军去征服科瑞尼斯要塞。科瑞尼斯山比粟特山还要高，也非常险要，四面都是悬崖峭壁，只有一条既狭窄又崎岖难走的小路通到山上，即使无人把守，部队要从这条路上山也是十分困难的。部落酋长科瑞尼斯（和山同名）和这个地区的许多官员都在这里，他们聚集了大批部落战士在山上据守。山脚下还有一道深沟，部队要攻山，必须首先填平这道沟。

科瑞尼斯自恃地势险要，拒不投降。亚历山大便决定攻山，他先令人砍树，制造梯子，准备让部队沿梯子下到沟底。部队分成两部分，轮流干活和休息，白天由亚历山大自己亲自监工，晚上则由托勒密等带队，分成三班，白天黑夜轮流干。制造好足够的梯子后，亚历山大让人下到谷底，选择最窄的地方打桩，然后在密集的木桩上铺上用柳条编的席子，再在上面铺上土，部队就可以通过这样的桥到达山崖下。

开始，山上的人还嘲笑他们白费力，但后来，眼看马其顿部队一步一步成功了，越过了深沟抵达山崖下，他们的箭已能射到山上，他们还修建了掩蔽工事，使山上投下的石、箭都伤害不了他们。这时，科瑞尼斯害怕了，派人来见亚历山大，祈求派欧克西亚提斯上山谈判。亚历山大同意了。欧克西亚提斯上山后，竭力劝科瑞尼斯献出山寨投降。他对科瑞尼斯说，在亚历山大部队的强攻下，任何险要都是挡不住的。他还现身说法，以自己为例子来说明，只要科瑞尼斯对亚历山大忠诚，亚历山大也一定会守信义，善待他的。科瑞尼斯可能是感到他的确无力抵抗亚历山大，而欧克西亚提斯的话也使他相信投降是他唯一可选择的出路，于是他在欧克西亚提斯的陪同下，带着一些亲戚朋友下山来见亚历山大。亚历山大客气地接待了他，并没把他当作被迫投降的敌人，仍让他当总督，管辖他原来管辖的地区。

科瑞尼斯也向亚历山大显示了他的忠诚，亚历山大的部队在围困山寨期间，因下了大雪和粮食匮乏，吃了不少苦，科瑞尼斯便从山中的仓库里取出足够部队用两个月的粮食和酒交给部队，还把干肉分发到部队的帐篷里。他告诉亚历山大，他拿出的东西还不到他储存的物资的1/10。他的这一举动使亚历山大更信任他了。

现在只剩下卡塔尼斯和奥斯塔尼斯两个部落酋长没有投降了，亚历山大派克拉特拉斯率兵去攻打他们，他自己则率军去巴克特里亚。克拉特拉斯和卡塔尼斯、奥斯塔尼斯激战一场，获得全胜，打死了卡塔尼斯，活捉了奥斯塔尼斯，他们的部落兵中，骑兵死了120人，步兵死了1500人。粟特和巴克特里亚的战事到此才宣告结束。克拉特拉斯也率兵到巴克特里亚，和在那里的亚历山大会合。

从公元前329年夏到公元前327年春，亚历山大用了几乎3年的时间，才最终征服了巴克特里亚和粟特地区。为了取得胜利，他使用了一切他所能使用的手段，除反复的军事征讨外，他还血洗当地许多村镇，屠杀当地青年，制造一种恐怖气氛；建立新的城市和要塞；拉拢当地部落首领；征召当地青年入伍，组成新编的军队；甚至联姻也成为他达到政治军事目的的手段。虽然最终胜利了，但为此付出的代价是十分惨重的，在反复的拉锯战中，不只是消耗了大量的人力和物力，而且严重挫伤了部队的信心，打破了马其顿军队战无不胜的神话，更为严重的是，战争的残酷性引起了一连串的问题，激化了亚历山大和部下的矛盾，酿成了一场又一场的悲剧。

五、内部“灾难”：两种观念的较量

1. 酒宴上的流血事件：克雷图斯被杀

亚历山大在建立他的大帝国的过程中，不仅要对外进行无休止的征战，而且对内要不断地平息各种不满、怨愤甚至背叛。内部矛盾的产生和激化，原因是多种多样的，有利益方面的，也有观念方面的，有个人性格上的冲突，也有在根本制度上的分歧。这种内部的矛盾和冲突比对外战争更复杂，往往造成灾难性的后果。

公元前 328 年夏天，在紧张而又残酷的征战间隙，为了松弛一下，亚历山大在马拉坎达举行了一次欢宴。这次欢宴也是为庆祝马其顿人传统的酒神节，每年酒神节，马其顿人都要宴饮作乐。酒宴上不少人都喝醉了，一些人开始大肆吹捧亚历山大，说什么希腊历史上的众多英雄都不如亚历山大，甚至说赫拉克勒斯都比不上他。除了这些阿谀奉承的话外，还有一个年轻人唱起小曲讥讽那些在波利提米塔斯河畔败给斯皮塔米尼斯手下的将军们，气氛开始紧张起来。一些年长者和那些头脑还清醒者对这个年轻人的讥讽很生气，不让他唱下去，可是，平时并不酗酒的亚历山大，这次好像也喝醉了，他大声喊着叫他继续唱。

这时，亚历山大童年时代的朋友、他奶妈的儿子、他最信任的将领之一克雷图斯实在忍无可忍，站起来大声指责亚历山大。他说亚历山大的成就并不像有人吹嘘的那样神奇，而且，这些业绩并不是亚历山大一个人创造的，大部分是马其顿将士共同努力的结果。他还针对有人为讨好亚历山大，故意贬低腓力，说腓力并没作出什么伟大的惊人成就，而大摆腓力的功劳，贬低亚历山大的成就，说亚历山大正是靠腓力治下的马其顿人才有今天，他指出，在现在他们还处在敌人包围中的情况下，污辱马其顿人太无耻了，尽管那些马其顿人战死疆场，但他们比那些嘲笑他们的人强多了。

宴会上响起一片欢呼声。受到众人赞扬的克雷图斯在酒力的壮胆下，更是把多日积累的不满都倒了出来，毫无顾忌地、滔滔不绝地指责亚历山大，为帕米尼欧叫屈，甚至说如果不是他，亚历山大活不到今天，是他在格拉尼库斯河战役救了他的命，他伸出他的右手，对着亚历山大大喊大叫："那时，就是这只手救了你的命！"

亚历山大愤怒了，他指着那些为克雷图斯的话欢呼的马其顿人，对身边的两个希腊人说："在这群野兽当中，你们不觉得像是神的后代吗？"他抓起一个苹果掷向正在辱骂他的克雷图斯，并要扑过去打他，但被酒友们拉住了。而克雷图斯似乎已神志不清了，仍在辱骂，他说马其顿王国不是个人专制的王国，而是有章有法的王国。国王是由人民代表大会推选的，马其顿人是自由的人，他们和只听从个人意志的蛮族人是不同的。亚历山大必须遵守一些惯例，他对马其顿人不应该以专制压人，而应该以理服人，马其顿人享有和国王平等对话的权利。

亚历山大也被克雷图斯激怒得有点失去理智了，他大声叫喊近卫军下手处置克雷图斯，但这时无人听他的。他气得抱怨说，他现在正处在大流士有过的逆境，就像当年大流士的部下比修斯一伙把他关在囚车里到处奔波那样，他现在除了名义上还是个国王外，什么都没有了。他猛然跳了起来，从一个卫士手中夺过一支长矛，朝克雷图斯连刺带戳，几下就把他杀死了。

阿利安在评论这件事时说："克雷图斯侮辱他自己王上的行为，是应当受到强烈谴责的。但是，我也认为，亚历山大在这次不幸的事件中所表现的，是他充当了怒、醉二恶的奴隶，也实在可悲。因为这是任何一个尊重自己的人都干不出来的。"这段评论出自一个希腊人的笔下，是很自然的事，因为在希腊人看来，即使贵为国王，也是不能随意杀死一个同族贵族的。如果按我们中国的传统观点来评判这件事，则毫无疑问，克雷图斯以下犯上，犯了滔天大罪，死有余辜，亚历山大杀他是理所当然的。

阿利安认为，事后亚历山大的表现是好的，因为他认识到他的行为的丑恶。有关他事后的情况，有多种说法。有人说，他因酒后杀害朋友，感到没有继续活下去的价值了，想一死了之。这好像不符合亚历山大的性格，亚历山大登上王位就带有血腥味。另一种被多数史学家所记述的说法则较为可信。他们说，亚历山大杀了克雷图斯后，躺到床上放声痛哭，喊着克雷图斯和他奶妈南尼丝的名字，南尼丝带养过亚历山大。他泣不成声地说：“是您哺育我长大的，今天我成人了，可我又是怎样报答您的恩惠呀！您亲眼看着您的孩子们为我打仗而牺牲。可现在呢？我却亲手杀死您的儿子！”他连躺三天，不吃不喝。亚历山大这种自责应当说是真诚的，是出自内心的，他虽要神化自己，却也勇于承认自己是凡人，做了错事，这是难能可贵的。

但是马其顿和希腊人现在正远离故土、处于敌人的包围中，如果任由他们的统帅这样处于极度的悲伤中，是非常危险的。为了部队的安全，必须尽快让亚历山大从悲伤中解脱出来，因此，有的占卜师就劝告亚历山大说，是酒神狄俄尼索斯出于复仇的愤怒而杀死了克雷图斯，因为亚历山大破坏了神的诞生地底比斯，又没有向他献祭。在朋友们的极力劝说下，他开始吃东西，后来又对狄俄尼索斯进行了补祭。

有一个叫阿拉克萨卡斯的诡辩家用另一种方式安慰亚历山大。他一见亚历山大伤心哀叹，便哈哈大笑，接着大声喊道：“看呀！这就是亚历山大，全世界都在注视着的亚历山大，就这样躺在这里，像个奴隶似的哭泣。难道你没有听说，宙斯的旁边坐着公正吗？不论宙斯办什么事，都要和公正一起办，因而宙斯办的一切事都是公正的。这也就是说，一位伟大的国王，其所作所为，不仅国王本人，而且全世界都应当认为是公正的。”听了这样的话，亚历山大得到很大的安慰，心灵平静了。但阿拉克萨卡斯的话，在有些人看来，是赤裸裸的阿谀之词。亚历山大欣赏这样的话是一种不好的兆头，一种专制的预兆。如果按阿拉克萨卡斯的话来评价国王行为，那么，不论国王干什么，怎么干，大家都只能说他做得对。

克雷图斯和亚历山大的冲突并不是个人之间的冲突，而是两种观念的冲突。克雷图斯攻击的不是亚历山大个人，而是他逐渐拥有的无上的专制权力，是他逐渐抛弃马其顿和希腊的传统的行为。他不满的是马其顿的王权变成了亚历山大个人的王权，像希腊人过去说波斯那样，所有的人都成了国王的奴仆了。而亚历山大所要维护的却正是他个人的绝对权力，东方式的专制权力。实际上，要统治他的亚历山大帝国，没有这种专制权力是不行的。古代的一切大帝国无一例外，都是专制的、集权的。亚历山大这样做，在一定程度上，是适应了现实的需要。帕米尼欧父子和克雷图斯被杀，说明维护旧传统的贵族势力失势了。

2. 跪拜礼的争论：卡利西尼斯被捕

在专制权力下，阿谀之风必能盛行，奸邪谄媚之徒也会大售其奸，但有一个人却表现得与众不同，大唱反调。这个人就是亚历山大的老师亚里士多德的侄子卡利西尼斯，他那不受约束的生活方式招来许多人的嫉恨，他们说他踱起方步来，就像在成千上万人中只有他才是自由人似的。他对凯洛尼亚战役的评说也招来了马其顿人和亚历山大本人的不满，他说，这次战役腓力之所以获胜是由于希腊人内部的派别之争，他还援引这样一行诗："天下纷争日，贱民也称王。"他的话使亚历山大很生气，但他仍不约束自己，还时不时地对亚历山大援引阿基里斯对赫克托耳说的话："远比你勇敢的人帕特洛克勒也会死的。"他这样说可能是好心，提醒喜欢冒险的亚历山大要注意自己的安全，但听在亚历山大耳里可能就成了另一种意思了。

亚历山大和卡利西尼斯的矛盾在关于是否应向亚历山大行跪拜礼的争论中激化了。

公元前 327 年春天，亚历山大和罗克珊娜结婚不久，在巴克特拉举行了一次不同寻常的宴会。亚历山大让出席宴会的人，就要不要向他行跪拜礼的问题，谈谈自己的意见。

阿拉克萨卡斯抢先发表自己的意见。他说，承认亚历山大是神远比承认狄俄尼索斯和赫拉克勒斯是神更合理，因为狄俄尼索斯是底比斯人，和马其顿没关系，而赫拉克勒斯也只是因为是亚历山大的祖先，才和马其顿有关系。马其顿人把自己的国王当神崇拜是天公地道的，因为百年后，马其顿人是一定会尊亚历山大为神的。既然这样，生时奉他为神不是更合适吗？

由于会前就安排好了，立即有许多人表示赞同，主要是那些显赫的波斯和米底亚贵族、大臣，而且他们就要在宴会上向亚历山大行俯体膜拜的大礼。但是大多数马其顿官员却对阿拉克萨卡斯的话很反感，沉默不语。

这里有一个观念问题。波斯人把俯体膜拜看成是表示尊敬的举动，而并不一定是在神化某个人，但希腊人却只在敬神时才行俯体膜拜的大礼。因此，希腊人卡利西尼斯站出来，发了一通长篇大论，酣畅淋漓地批驳阿拉克萨卡斯。他说，凡人所应当受到的尊崇和神所应当受到的尊崇是不同的，有清楚的界限。最主要的区别就在于习惯上，人在神前匍匐礼拜以示尊敬，为了敬神，我们还可以在他们面前跳舞、唱赞歌。对一些神可以这样去崇拜，对另一些神又可以那样去尊敬。我们对英雄的崇拜也可以各有不同，但不能和对神的崇拜相提并论。因为，如果我们把二者混淆起来，用过分的礼拜把一个凡人捧上天，就等于用敬人的方法去敬神，就是把神贬为凡人，使神受到不应有的侮辱。假如有一个老百姓用不合法的手段取得了某种权力，要求人们对他像对王上那样崇拜，我想亚历山大一定一刻也不会容忍的。同样，如果一个凡人享受神才能享受的礼拜，或者允许别人这样崇拜他，神也会发怒的。

卡利西尼斯提醒亚历山大，他虽然是公认的了不起的人物，勇士当中最英勇的勇士，国王当中最伟大的国王，统帅当中最英明的统帅，却是腓力的儿子，是作为立宪君主，而不是作为专制暴君进行统治的。请他不要忘记希腊，他是为了希腊，才不避艰险，远征异域，把亚洲并入希腊版图。他问亚历山大："当你回希腊之后，你准备强迫全人类最爱自由的希腊人在你面前匍匐跪拜吗？还是打算豁免希腊人，而只把这种污辱强加在马其顿人头上呢？或许，在这个问题上，你想把全世界分成两半，叫希腊人和马其顿人把你当人崇拜，只叫外国人用这种外国方式把你当神崇拜呢？"

卡利西尼斯说出了大多数马其顿人想说而没说的话，他们听了很高兴，亚历山大却十分生气，但卡利西尼斯说得有理，同时也顾忌大多数马其顿人的情绪，亚历山大还是下令马其顿官员以后无须向他匍匐礼拜。亚历山大此令一出，一片沉寂。但随后波斯籍的官员却一个接一个地站起来，走到亚历山大面前匍匐礼拜。而亚历山大的一名近卫却在一旁嘲笑一个波斯人俯拜的姿态难看，亚历山大虽很气愤，却也没有和他计较。

事实上，问题并不是要不要奉亚历山大为神，亚历山大早就把自己看成神了，他不是把自己说成是宙斯、阿蒙等大神的儿子吗？大神的儿子不是神也是半个神，马其顿人不是也爱说亚历山大是神的儿子吗？不过，在亚历山大那个时代，希腊人是常把一些显要人物或英雄与神并列的。他们对神的崇拜和后来宗教中对神的崇拜是不同的。当这个问题在雅典讨论时，德摩斯提尼说："要是亚历山大自己高兴，就让他做宙斯和波塞冬的儿子吧。"这可能是希腊人对这一问题的具有代表性的态度。

但是，希腊人、马其顿人可以奉亚历山大为神，却不愿意奉他为拥有绝对权力的专制君主，而亚历山大之所以学习波斯宫廷的那一套礼节，要臣下对他行跪拜礼，可能有使自己有神的外在表现的用意，更重要的是要强化自己的权力和地位，使自己成为像波斯国王那样的专制君主。卡利西尼斯说，马其顿是个立宪君主制国家，而不是一个专制君主国家。这可能反映了马其顿人，特别是马其顿贵族的观点。而这正是亚历山大所要改变的观念。亚历山大在当时要进一步神化自己可能主要是形势的需要，是当时政治和军事的需要。当时，亚历山大在政治和军事上都处于一种困难境地，外部遭到敌人的顽强抵抗，有陷入游击战的泥坑而不能自拔之险，内部出现了最重要的将领的"叛变"、最有战斗力的部队的哗变，有众叛亲离之虑，在这种情况下，他需要神化自己来坚定部下对自己的信心，来排除各种离心力，根除臣下的不忠和叛变。也就是说，形势，或者说，时代需要他正式成为一个专制君主。

不久之后，发生了一件亚历山大的一些年轻侍从阴谋谋杀亚历山大的事件，牵涉到卡利西尼斯，甚至有人说这个阴谋是他策划的，但并没有什么证据证明他参加了这起阴谋，他是被诬陷的，也有可能是亚历山大要借机除掉他。

按照腓力的规定，凡马其顿贵族的子弟，一到青年时期，都要服侍国王。他们要紧随国王左右。国王外出，他们要为国王牵马，扶国王按波斯方式上马；国王狩猎，他们要陪猎；国王睡觉，他们要担任警卫。在亚历山大的一些青年侍从当中，有一个叫赫摩劳斯，他喜爱哲学，曾拜卡利西尼斯为师。有一次，他陪亚历山大打猎，一只野猪向亚历山大冲过来，他抢先冲过去，一枪就把野猪刺倒了。亚历山大慢了一步，连刺一下的机会都没捞到。亚历山大发火了，让人当着赫摩劳斯那些小伙伴的面鞭打他，并叫人把他的马牵走。

赫摩劳斯认为这是奇耻大辱，亚历山大欺人太甚，此仇不报，他誓不为人。他说服了他的几个亲密朋友和他一起行动。他们准备在他们当中的一人值夜班当警卫时，趁亚历山大入睡后把他干掉。

但事出意外，他们准备动手的那天晚上，亚历山大一晚都没睡觉，喝了一夜酒。

第二天，同谋者中的一个把他们的密谋告诉了他的密友，这个密友又告诉了另一人，最后，整个密谋都被托勒密知道了。托勒密报告了亚历山大，亚历山大就下令把所有参加这一阴谋的人都逮捕了。

据说，赫摩劳斯被捕后，一口承认阴谋是他搞的，因为任何一个生来就自由的人是无法忍受亚历山大的傲慢狂妄的，他还列举了亚历山大所做的种种坏事：菲洛塔斯如何蒙冤而死；他的父亲帕米尼欧和其他一些人如何被非法残害；酒宴上如何杀死克雷图斯；把自己打扮成米底亚人的样子；下令在他面前行跪拜礼；常常狂饮昏睡等。他还说，他就是因为无法忍受这一切，才打算解放他自己，同时也解放所有的马其顿同胞。这一阴谋本来和卡利西尼斯无关，但是，另有一说，说阴谋者供认他们是在卡利西尼斯的教唆下搞的。大多数史家都认为这是不真实的。亚历山大厌恶卡利西尼斯，而赫摩劳斯又和卡利西尼斯来往密切，便认为这种坏事必然和卡利西尼斯有关。赫摩劳斯和他的同伙就在审判会上当场被石头砸死了，而卡利西尼斯的结局，有好几种说法，而且这些说法都出自事发在场的知情人，一说他是戴着脚镣游街示众后病死的，另一说他是被严刑拷打后绞死的，还有一说是他被关了好几年后，最后在印度被亚历山大下令钉死在十字架上。

卡利西尼斯是个文人，他的地位远不及帕米尼欧，也不及菲洛塔斯和克雷图斯，但他是亚历山大的老师亚里士多德的侄子，亚里士多德是当时声望最高、影响最大的学者。他对亚历山大处死他侄子一事一直心怀怨恨，他的这种情绪影响了当时和以后的一些文人对亚历山大的评价。他们往往把亚历山大说成是开始是个非常好的伟大国王、天神之子，而后来却变成一个杀人如麻的暴君这样一个前后完全不同的人。

3. 内部冲突的根源：世界帝国的建立

在巴克特里亚和粟特的3年里，亚历山大充分展现了他性格的多样性，我们从他对反叛的巴克特里亚人和粟特人的杀戮，对整村整村青年的屠杀，从他毫不留情地杀害他的副手、他的大将、他儿时的亲密伙伴、他的恩人或老师的亲人，可以看出，他和许多帝王一样，有残暴的一面。不过，他的杀戮都是为达到一定的目的而采取的一种手段，事实上，亚历山大从一开始就是恩威并重，他毁灭底比斯，但对雅典却多次显示他的宽容，他毁灭推罗，却善待投降者，甚至让他们留任原职。他残酷地处死了比修斯，但对同样进行反叛的欧克西亚提斯和科瑞尼斯却十分宽容，让他们留任原职，管辖原来的地区。发威和施恩都是为征服服务的。他的远征，的确就是不断的杀戮，但把他当成解放者欢迎的，不仅有希腊人、埃及人，也有其他民族的人，他们欢迎他把他们从波斯暴政下解放出来。

远征不仅是杀戮、破坏，远征也是当时社会发展的催化剂，亚历山大正是要通过远征建立一个新社会，一个新世界。他已明确向被征服地区的人民表示，只要接受他的条件，凡是想和平生活的人都会得到和平和繁荣。他不只是破坏，他还在建设。他大兴公益事业，发行统一货币。他建立了不少城池，还扩大了一些原有的城市，这些城市不仅起了殖民和要塞的作用，有的还逐渐成为经济文化中心，成为希腊文化的传播地。他为建立统一的大帝国，他打破民族的界限，任命了大批异族人负责重要的行政职务，招募了成千上万的亚洲人加入他的军队，其中大部分是波斯人，也有其他民族的人。他有时还穿上波斯服装，他娶了个亚洲姑娘做妻子，他要显示他是一个世界帝国的国王，而不仅是马其顿的国王。

但是他这一征服世界、建立统一的世界帝国的意愿是和希腊人、马其顿人的意愿相左的，这也是内部矛盾激化，以至一而再、再而三地发生他的战将、伙伴、亲信被杀悲剧的根本原因。他的一些战将、伙伴、亲信被他处死，看似偶然，是亚历山大残暴冲动的结果，其实含有一定的必然性。因为他们都不赞成亚历山大去征服全世界，去建立世界帝国。亚历山大要实现自己的理想就必然要清除他前进路上的各种阻碍，也必然要树立自己的绝对权威，必然要神化自己，必然要使自己成为专制君主，这些人的被杀，就成了很自然的事了。

有人说，亚历山大在建立他的帝国过程中，追求的是各民族的融合，在他头脑中并不存在是使东方希腊化或者使希腊人、马其顿人野蛮化的固定想法。这可能有点抬高亚历山大了。他是作为征服者进入原波斯帝国的领土的，他基本上也是以征服者的身份进行统治的，他所征服的地区必须接受他的条件，才有安宁和和平，当然，为了统治的需要，他的确不仅大力扩散和传播希腊文化，也非常注意吸收其他文化，并加以利用。

在宗教信仰上，他是有把不同的崇拜融合在一起的意图，例如，他把埃及的阿蒙神和希腊人的宙斯合而为一，他既是宙斯之子，又是阿蒙之子。他也不排斥其他崇拜。在亚历山大时代，在宗教信仰上并没有强烈的排他性。古代基本上都是这样，我们中国人的宗教信仰也一直是没有强烈的排他性和唯一性的。

在风俗习惯上，他也不排斥其他民族的习俗，他穿波斯服装，提倡波斯礼节，按波斯仪式娶妻，特别是他提倡不同民族之间的联姻，真有点民族融合的趋向。

在统治方式上，他也保留了许多波斯帝国的原有统治方法，他甚至在宫廷礼仪上也要完全采用波斯的那一套。他的官吏队伍是多民族的，他的军队也成了多民族的。他的这一系列做法，虽然可能只是为了适应军事和政治上的需要，但也反映了他对世界的一种新态度，这种态度完全不同于希腊人一贯的态度，不同于他老师亚里士多德的态度。他曾经形象地表述他的这种态度，他说，把所有的人都聚在一起，就像在宴会上众客人轮饮的大酒杯，是他为国王者的职责。显然，他是有把世界连成一个不分彼此、有共同利益的新世界的梦想的。他所鼓励和提倡的联姻和风俗习惯的交流可能是通向他的新世界的一条重要途径。400 年后，普鲁塔克回顾这个问题时还充满激情地说："啊，泽尔士，愚蠢的家伙，白费了那么大的力气要架桥把达达尼尔海峡连通！一些聪明的国王把亚洲和欧洲连在一起的办法，不是靠船只和木筏，而是用联姻手段和对子息的共同的亲情。"

普鲁塔克对亚历山大穿波斯服装一事也极力赞扬，他说："猎取兽类的猎人用鹿皮装扮自己，猎取鸟类的猎人用羽毛装扮自己，穿上红衣服就要当心别让公牛看见，穿上白衣服就要当心别让大象看见，因为这些颜色会惊动它们，激怒它们。当一个国王要软化并驯服像动物一样执拗的、准备决一死战的民众，便产生了一个念头，披上他们传统的外衣，采用他们通常的生活方式以平息他们的怒气，抑制他们的发作。把他的亲密行为说成恶意，把他的理智个性说成残暴简直可以说是一种罪过。简单地改变一下制服便和亚洲取得一致，难道我们不应该赞赏他的这种高明吗？在他用武器的力量征服了军队的同时，又用穿衣服的方式赢得了人心。”

我们在巴克特里亚和粟特看到的亚历山大的确是冷酷无情的，但也是理智的，他的冷酷是达到他的目的、实现他的梦想的一种手段。

第七章　征服者的脚步（三）：神秘的印度

公元前 327 年春末，亚历山大命令阿明塔斯率领 3500 名骑兵、1 万名步兵留守巴克特里亚，他自己则率军开始了他早就计划进行的征服印度之行。

一、势如破竹：驰骋印度河

1. 兵分两路：边征服边探险

关于印度，亚历山大和他的智囊团几乎一无所知，他们只知道，印度是波斯帝国最东边的一个行省，是位于地球尽头的一片神奇的土地。有一位希腊哲学家写了一本献给波斯国王看的书，书中叙述了作者有一次见到一个印度的怪物，其大如狮，其面如人，其尾能射出毒刺。这样的海外奇谈就是西方世界对印度的普遍印象。而且，亚历山大想象中的印度，并不是整个印度次大陆，而只是印度河流域，再往东就是旁遮普，或称五河之国。旁遮普的东边不远就是大洋，是世界的最东端。因此他认为，占领了印度就占领了亚洲的最后的土地。他还认为世界的南端也距离这里不远，印度河向南流入大海，这个大海就是世界的南界。

亚历山大从巴克特里亚出发时，率领着一支约有 2.7 万人到 3 万人的军队，这支部队和他从欧洲出发时人数上差不多，但在人员的成分上，已

纪念亚历山大东征印度的钱币

大不一样。从欧洲出发时，亚历山大率领的是一支完全由欧洲人、主要是马其顿人组成的队伍，而现在亚历山大所率领的却是一支包括不少亚洲人的具有世界性的队伍，这正是亚历山大建立他世界帝国的反映。随军的还有各级官员、工程技术人员、科学家、商人和随军家属等。非战斗人员的人数相当可观，因为，亚历山大实际上是带着他的战时国家行政中心在行军。他的帝国的政治中心是流动的，是随着他流动的，他在哪里，他的国家的政治中心也在哪里。他还随军带来了来自埃及和腓尼基的水手和造船工匠，以便建立一支舰队，利用印度河，水陆两路进军。亚历山大率领的这支向印度进军的队伍，后来不断得到希腊的援兵、印度和其他亚洲部队的补充，据普鲁塔克说，亚历山大穿过旁遮普班师时竟有 13.5 万人之多。

亚历山大先率军沿原来的路线北上，越过兴都库什山，走了 10 天，到达了高加索亚历山大城。该城是亚历山大第一次进军巴克特里亚时在帕拉帕米萨斯地区建立的。他撤换了这里的不称职的总督，并任命了一名近卫将领专管高加索亚历山大城。为增加城内居民数量，从附近地区召来一些人，并让部队里一些超过服役年龄的人定居城内。然后率军到尼塞阿，向雅典娜献祭，再转向科芬河。当时印度西北部还处于分裂状态，分属几个小王国，亚历山大事先就派传令官到印度河西边的印度头目太克西利斯等印度人那里，叫他们尽早派人来迎接亚历山大。太克西利斯和其他头目，迫于亚历山大的声威，果然带着印度人最珍贵的礼物前来欢迎，并答应把他们所有的大象共 20 头献给亚历山大。

亚历山大在这里对敌情有了进一步的了解，决定兵分两路。一路由赫斐斯申和坡狄卡斯率领，太克西利斯和其他印度头目也划归这一路，朝印度河方向进入朴西劳提斯地区，也就是科芬河右岸地区，到印度河后，准备好渡河用具，等亚历山大所部到达后，一同渡河。另一路由亚历山大亲自率领，进军科芬河左岸地区，也就是阿斯帕西亚、古拉亚和阿萨西尼亚地区。两路军最后在印度河会师。

赫斐斯申和坡狄卡斯所率领的这一路进展顺利，沿路所经过的城镇，或被攻占，或降服，全被拿下。只有朴西劳提斯地区的总督阿斯提斯固守一城，拒不投降。赫斐斯申围攻了 30 天才攻下该城，杀了阿斯提斯，派印度人的一个头目散迦亚斯接管该城，因为这个人忠于亚历山大，他是事先从阿斯提斯处逃到太克西利斯处的。

但亚历山大亲自率领的这一路却遇到了不少困难。部队先沿科芬河岸的崎岖山路前进，过河后，亚历山大为加快前进速度，亲自率领全部骑兵和 800 名改为骑马的步兵，全速前进，而让其余的部队在后以平常行军速度跟进。这一带的部族听说亚历山大率兵来了，有的逃到山里，有的逃到防御工事坚固的城市里。

2. 大开杀戒：反抗者的下场

亚历山大进军途中的第一座城市，虽然并没费多大力气就把该城的外围部队赶回城内，并成功地把城市围困起来，亚历山大却在战斗中负了伤，一支箭射穿了他的胸甲伤了肩膀，托勒密和另一重要将领也负了伤，幸而伤得不严重。

这座城有两道城墙，但有的地方不甚坚固。第二天，天一破晓，亚历山大就令部队选择一段比较粗糙的城墙攻击，很快就攻破了。部族兵又在第二道城墙抵抗了一阵，但在马其顿部队动用各种攻城器的攻击下，终于顶不住了。大部分人冲出城，逃到距城不远的山里，没能逃走的，都被抓住杀了，为了泄愤，亚历山大下令把这座城市夷为平地。接下来兵临安达卡，这座城不战投降了。亚历山大令克拉特拉斯和其他步兵指挥官留下，率领他们的部队把这一带不愿主动投降的各城镇都毁灭掉。

亚历山大自己则率军向攸阿斯普拉河前进，因为，据说阿斯帕西亚总督就在那里。但两天后赶到那里时，那里的部族听说亚历山大要来，却都已逃到山里去了。亚历山大紧追不舍，一直追到山里，追上后，对那些部族大加杀戮，逼得他们逃到更难进去的深山里。

托勒密在一个小山顶上发现了那个总督，看见他带着一些卫队。托勒密当时所率领的兵力虽比敌人少得多，他还是率部追击敌人，后因山太陡，马上不去，他就下马徒步追击敌酋。这个印度首领看见托勒密追近，便带着他的卫队掉头作困兽之斗。他用一根长矛刺穿了托勒密的胸甲，但没能戳进肉里，同时，托勒密一枪戳透了他的大腿，把他甩到地上，杀死后又抢走他的尸体。敌酋的卫队见自己的首领死了，便四散逃跑了。但小山上的其他印度兵看见他们总督的尸体被马其顿人抢走，悲愤交加，纷纷冲下山来，和马其顿人展开了一场血战。这时，亚历山大所率骑兵已下马徒步来到小山附近，立即投入战斗，经一番激战才把印度人赶回山里，把敌酋尸体拿了回来。

亚历山大随后率部穿越大山，下山后，占领了一个叫阿瑞迦亚斯的城市，进城后，才发现这是一座空城，居民不仅全跑了，而且把全城都烧成一片废墟了。这时，克拉特拉斯也已成功地完成了亚历山大交给他的任务，率部来到这里与亚历山大会合。亚历山大考虑到这座城市虽已成空城，但位置很好，便令克拉特拉斯在四周再修一道城墙加强它的防卫能力。他还号召附近部族愿意到城内居住者都搬到城里居住，部队里超过服役年龄的也可以在城里安家。

亚历山大又率部向另一座大山前进，据说这一带的部族多数都逃到那座大山里躲藏。抵达大山后，亚历山大下令就在山脚下扎营。

托勒密奉命带领一些人马征集粮草和侦察敌情，他回来后，向亚历山大报告说，他看见部族兵营地的烟火比马其顿营地的烟火多得多，但亚历山大认为烟火的多少说明不了什么问题，也许这是这一带部族搞的虚张声势的诡计。他留下一部分兵力在营地，自己带上他自认为已足够的兵力朝敌方烟火处的方向去。到达距敌不远、可看到敌方烟火的地方后，他把部队分成三部分，分别由近卫军将领利昂那塔斯、托勒密和他自己率领。他率领的那部分军队向部族兵最多的地方挺进。

部族兵自恃人多，又占据着高地，没把马其顿军队放在眼里，见开过来的马其顿部队人数不多，便立即从山上冲下来，在平原上展开了一场激战。亚历山大的作战经验丰富、训练有素的军队很快就掌握了战场的主动，压倒了敌人。同时，托勒密也对占据着一座小山的敌人展开了进攻，他把部队分成几路纵队向小山最容易突破的一点冲击，而不是一线拉开，四面堵截。敌人想逃，也无路可逃。这里的印度人是这一带部族中最勇猛善战的，但在马其顿人的猛攻下，还是抵挡不住，被赶下了山。在另一处，利昂那塔斯所率领的部队也旗开得胜，打垮了对面的敌人。据托勒密记载，这次战斗，活捉的敌人就有 4 万多人，缴获的牛有 23 万多头。这些牛个大体壮，非常好看。亚历山大挑了一大批最好的牛，派人尽快送回马其顿，用于耕作。托勒密所记载的战果，显然大大夸大了。这是自吹自擂，而且没有马其顿方的伤亡人数。有关亚历山大远征中的战斗情况，因基本上只有马其顿人和希腊人的记载，而没有波斯人和印度人的记载，都是一面之词，都有意

亚历山大（十七八世纪印度细密画）

夸大马其顿一方的胜利。遗憾的是，我们无法知道确切的情况。

接着，亚历山大率兵向阿萨西尼亚人地区前进。他听说，他们已经集中了 2000 名骑兵、3 万名步兵和 36 头大象，准备和他大打一仗。这时克拉特拉斯完成了修筑阿瑞迦亚斯城的任务，把重装部队带来了，并带来了攻城用的礌石器。

亚历山大首先进军这一地区最大的城市马萨伽。部队抵达城边时，城里的部族依仗从别处调来的 7000 名印度雇佣兵，趁马其顿部队正在扎营之机，飞快地冲出城来进行袭击。亚历山大考虑到在城根儿前打，敌人一溃退，就能很容易地逃进城去，因此他决定把敌人引到离城较远的地方再打。他一见敌人冲过来，就下令部队向后转，向一座小山撤退。印度人以为马其顿人不敢接仗，争先恐后地全速追击，秩序大乱。亚历山大立即令方阵兵掉头反击，印度部队被马其顿人的突然反击打得狼狈万状，急忙退回城里，一路被消灭了二百来人。

但亚历山大攻城却不怎么顺利。第一天，亚历山大自己还被射中一箭，脚踝受了点轻伤。第二天，动用了礌石器，轰塌了一段城墙，但当马其顿人从城墙缺口往里冲时，却遭到印度人的顽强抵抗，无功而返。后来面对城墙竖立起一座木塔，弓箭手从塔上向城内敌人射箭，才压住了印度人的气焰，但还是无法攻进城去。第三天，亚历山大又把方阵调上来，从木塔和城墙豁口之间搭起的一架桥上往城里冲，但结果却由于将士们都抢着往前冲，桥上人太多，把桥压断了，许多人都从桥上掉了下来。印度人趁机反击，亚历山大只好停止进攻，鸣金收兵。第四天，亚历山大又令人从另一架礌石器上往城墙上架起一架桥，如法攻城。印度人仍顽强进行抵抗，但由于他们的首领被一颗石弹击中身亡，削弱了他们的斗志，同时激战中又有大批人倒下，伤亡严重，他们才不得不派代表来要求亚历山大停战讲和。

亚历山大很欣赏这些印度雇佣兵的勇敢，很乐意接收他们，他当时就同意让他们参加他的部队跟他去打仗。于是，印度雇佣兵就带着武器从城里出来，在面对马其顿人营地的一个小山上单独扎营。但是，他们并不是真的愿意拿着武器跟着亚历山大去打其他印度人，他们想趁黑夜溜走，去找他们自己的部族。亚历山大得知他们的打算后，立即命令全军出动，趁黑夜把他们团团围住，一个不留地全部杀死了。亚历山大越过兴都库什山进入印度后，就不断地进行这样惨绝人寰的大屠杀。对那些不归附的部族，进行毁灭性的肆意杀戮，他的残暴使人闻风而逃。印度雇佣兵只是想返回自己的部族就被他全部杀掉了。他实行这样的杀戮政策，是要告诉印度人，不归顺的都难逃一死。

3. 超神之战：攻占阿尔诺斯山

马萨迦城由于大部分守军离开了，很快就被亚历山大攻占了。然后，亚历山大就派部将科拉斯、阿西塔斯等分别率领一支部队到巴济拉和欧拉两个城市去，他估计这两个城市听到马萨迦被攻占的消息后，会主动投降，但他估计错了。派到欧拉去的部队，遭到城内居民的攻击。而巴济拉的居民，自恃城市建立在地势险要的高岗上，四周工事坚固，也毫无投降之意。

亚历山大得知他派出去招降的部队都碰壁后，就亲自率军去巴济拉。但后来又听说欧拉城的头目阿比萨瑞斯正派人到附近各部族，叫他们偷偷去欧拉城帮他们打仗，便改途去攻打欧拉。他命令科拉斯在巴济拉城外不远处修建要塞，留下一些兵力驻守，使敌人不敢轻易出城和外面联系，利用外面的人力物力，他自己则带领其余部队去和亚历山大会合。巴济拉城里的部族见科拉斯已把大部分兵力带走，认为有机可乘，便冲出城来攻击留下的部队，结果被打死 500 多人，被俘 70 多人，其余的赶快逃回了城里。欧拉城则被亚历山大一攻而下。巴济拉城居民听到欧拉城被亚历山大轻而易举地拿下后，完全丧失了守卫自己城市的信心，半夜弃城逃走。其余的部族也都相继外逃。他们都不约而同地逃到一座叫阿尔诺斯的陡山里。

这座当时叫阿尔诺斯的陡山，后来，为寻找它的遗址，不知让多少地理学家、历史学家和旅行家费尽了精力，但结果却都失望而归，没能找到。直到 1926 年，探险家奥里尔·斯坦爵士才发现现在名为帕尔一萨的就是阿尔诺斯山。

阿尔诺斯由两个陡峭的山脊组成，主峰高 7100 英尺，有一高 5000 英尺的垂直峭壁直下印度河，另一山脊更高，也有一垂直峭壁。两座山脊成直角相合，被幽深的峡谷分隔开。印度河在这里形成一弯曲的宽河道，几乎是环绕着这个地方。阿尔诺斯，按希腊名所暗含的意思就是连鸟都飞不到的地方，可见其地势之险要。山上有林木和泉水，有足够 1000 人耕种的可耕地。但上山十分困难，只有一条人工开凿的羊肠小路通到山顶。传说赫拉克勒斯有一次企图攻占该地也未获成功。亚历山大因为这里是拒不归顺的印度人的一个很好的避难所，同时可能也有要超过他的祖先赫拉克勒斯的心理因素，决心要攻占这座陡峭的大山。

亚历山大在进攻阿尔诺斯山塞以前，做了一些准备工作，他下令把马萨迦和欧拉二城建成这一地区的要塞，任命近卫军将领尼卡诺为印度河西边一带地区的总督。这时赫斐斯申和坡狄卡斯也把另一个叫罗巴提斯的市镇建成要塞，并留下一部分军队驻守，然后率领大部分部队到印度河，按亚历山大的指示，想办法在河上架桥，准备迎接亚历山大的到来。

亚历山大首先率部向印度河推进，沿途接受了朴西劳提斯城的归顺，又攻占了印度河沿岸的一些小城镇。抵达距阿尔诺斯山不远的埃博利马城时，亚历山大让克拉特拉斯率领一部分军队留驻这里，负责从附近地区收集尽量多的粮草和其他物资，运到城里储存起来，准备长期供应部队。他这样安排，是因为他考虑到，如果一时无法强攻下阿尔诺斯山，马其顿部队就可以以这座城市为基地，对这座山塞进行长期围困，把山上的敌人拖垮。

亚历山大抵达阿尔诺斯山后，先让托勒密率领一支轻装精锐部队，由几个投诚的印度人带路，沿着一条坎坷难行的小路上山，在敌人还没发觉时，就占领了一个山上的据点，然后在据点周围加修防御工事，准备据守这里，配合亚历山大大部队攻山。第二天，亚历山大看到托勒密发出的信号，知托勒密得手，便立即把部队调上来，但由于地势太险要了，印度人又顽强抵抗，根本无法攻上去。印度兵见亚历山大上不来，便掉头攻击托勒密，托勒密固守阵地，印度人也无法攻上去。

晚上，亚历山大派了一个熟悉地形的投诚过来的印度兵给托勒密送去一封信，命令托勒密在亚历山大率部到山脚下时，率兵从山顶向下冲，不要只坚守那个据点，要上下夹攻，使敌人腹背受敌。第二天破晓，亚历山大就率兵来到托勒密偷偷上山的那个斜坡上，按计划从这里往上强攻，托勒密则往下冲。由于地面狭小，亚历山大采用车轮战术，一队攻一阵再换一队攻，从中午一直打到黄昏，亚历山大的部队才占领了斜坡和托勒密会师，但会师后一起攻打山寨却仍然失败了。

亚历山大知道，山太陡太高，要攻上山是十分困难的，弓箭和礌石器也都失去了作用，因为无法投射到山顶。因此亚历山大决定用土石填平深谷。他下令士兵砍树做木桩，填土修筑大土岗。第二天，使用投石器的人就可以在已修好的土岗上投石，礌石器也可利用土岗礌石了，筑土岗的士兵也不怕印度兵的攻击了，进度更快了，第三天，土岗就已遍布山顶。第四天，有少数马其顿官兵攻占了一座和敌人山寨一样高的小山头。亚历山大立即命令部队把土岗向这座小山头延伸，要用土岗把原有阵地和这个山头连接起来。

亚历山大的这种攻击方法完全出乎印度人的意料，礌石器发出的石弹开始接连不断地击中山寨，印度人已丧失抵抗的信心，他们派了一名军官来向亚历山大请求停战，说条件谈妥，他们就交出山寨。这是他们的缓兵之计，想拖延到晚上散伙，趁天黑各奔自己的部族。亚历山大发觉了他们的企图后，将计就计，答应给他们充分时间撤退，同时也把山寨四周的巡逻队撤走。等他们撤走后，亚历山大立即亲自率领卫队 700 人登上那已撤出了的山寨，然后，发出信号，向那些正在撤退中的印度人发动攻击，趁他们溃逃中大杀大砍，大部分被歼，另有一些人在惊慌中，失足掉下悬崖摔死。亚历山大就这样占领了连赫拉克勒斯都无法占领的这座大山。亚历山大在山上献了祭，留下一支波斯人的军队驻守，由不久前从比修斯那里逃到亚历山大处投诚的西西科塔斯率领，然后率军下山。

4. 酒神之城：奈萨的好运

亚历山大下山后，来到一个叫奈萨的城市，城市居民的首领阿卡菲斯率领一个由 30 个头面人物组成的代表团出城谒见，请求亚历山大允许他们的城市仍按原样独立。阿卡菲斯说，他们的城市是酒神狄俄尼索斯征服印度后创建的，是为了让后人纪念他的远征和胜利而创建的。他们还说，亚历山大也在各地修建了许多城市，将来还要修建更多，从而证明亚历山大比狄俄尼索斯创造了更多辉煌的业绩。由于他们城市的创建者是狄俄尼索斯，所以他们城市的市民一直享有独立，过着安居乐业的生活。

阿卡菲斯的话打动了亚历山大，他很欣赏狄俄尼索斯曾远征印度并建立了奈萨城的传说，因为这样的传说可以起稳定军心的作用，可以证明亚历山大的远征是正确的。亚历山大不过是在步希腊和马其顿人所崇拜的英雄的后尘，而且，就像阿卡菲斯所说的，他创造的辉煌业绩甚至超过了狄俄尼索斯。这一传说和赫拉克勒斯没能夺取阿尔诺斯山的传说一样，都可起到提高亚历山大威信并进一步神化他的作用。他攻占了赫拉克勒斯都未曾攻下的大山，现在又在创造比狄俄尼索斯更辉煌的业绩，希腊人、马其顿人，还有其他民族的人怎会不跟随他去从事这样伟大而崇高的事业呢？因此，亚历山大答应让奈萨居民继续保持自由和独立，但要求他们送给他300名骑手和100名官员。阿卡菲斯说，他们如果从城里抽出100名官员，城市就无法管理。亚历山大听他说得有理，就答应他们只送给他300名骑手。阿卡菲斯在如数把骑手送来时，把他的儿子和外甥也都送来了。

公元前326年春，亚历山大和等候已久的赫斐斯申、坡狄卡斯在印度河会师了。赫斐斯申已在印度河上架好了桥，还造了许多小船和两艘三十桨的大船。印度首领太克西利斯送来了许多礼物，其中包括200银塔伦特，还有献祭用的牛3000头、羊万余只、大象30头。太克西利斯还派来700名骑兵助战。他还要把他的属地、印度河和它的支流希达斯皮斯河之间的最大城市太克西拉献给亚历山大。亚历山大在河边向他经常祭祀的神献了祭，举行了体育和骑兵竞赛。

二、最后一战：希达斯皮斯河会战

1. 异国风情：一个陌生的世界

印度河，被亚历山大和他周围的人认为，是除恒河之外的欧亚两洲最大的河，河宽水深，很难架桥，由于缺乏当时人的记载，现在无从知道赫斐斯申怎样造的桥，造的什么桥。一般都估计他可能用船为亚历山大渡河造了一座浮桥。后来罗马人就常用这种方法搭桥。不管如何，亚历山大率领他的大军顺利地渡过了河。过河后，又按惯例进行了祭祀，然后率军向太克西拉城进发。该城的总督太克西利斯带着这一地区的头面人物把亚历山大迎接进城。

亚历山大进军印度以来，经过许多地方，见过无数的印度人，但他们的生活都很简朴，并不像他们原先想象的那么奇妙、那么富有，马其顿人开始怀疑有关印度十分富饶的传说的真实性了。但进入太克西拉城后，他们的疑惑烟消云散了。太克西拉是个热闹非凡的大城市，集市繁华，宫殿巍峨，还有婆罗门开设的大学校。城里充溢着一种令希腊人惊异的异国情调。男人们都穿一种特别白的亚麻布长袍，肩上披着一块布作为外衣，头上还包着一块，胡子染成各种颜色，白的、黑的、红的、紫的、草绿的，等等，五颜六色，稀奇古怪。印度女子个个貌美如花，大眼高鼻，能歌善舞，但她们一个个都用纱巾把全身包裹得严严实实的。一些婆罗门苦行僧旁若无人似的赤身裸体，或卧或站或坐在街头巷尾晒太阳。据说，有一天，亚历山大和他的随从在一些正在草地上行走的苦行僧旁走过时，他们中的一个突然跺着脚对亚历山大说："亚历山大啊！每人脚下都有一块土地，我们同样也踩着一块，而你却走遍了地球的大部分，自找麻烦还殃及他人，你制造的罪恶将大于你带来的文明！好自为之吧，年轻人，你已经30岁了，已经进入壮年了，珍惜自己的生命吧！你很快就会死去，你死后所占的大地只不过足够成为你的葬身之地而已。"

印度婆罗门

这个婆罗门叫卡兰努斯，他后来参加了亚历山大的远征。他还曾形象地向亚历山大讲述如何进行统治。他将一块皱缩的兽皮铺在地上，请亚历山大好好看着，他先沿兽皮的四边走动，这时兽皮便四下翘起，然后，他立在中间不动，那兽皮也平稳不动。这时，他看着亚历山大说："陛下，你看懂了这兽皮的启示了吗？它是告诉你，你的帝国已经足够大了，你现在应该坐镇在帝国的中央，而不要四处出征，这样你和你的帝国才会长治久安。"

一些婆罗门甚至拒绝亚历山大的邀请，他们坚持认为，如果亚历山大是天神之子，那他们也同样是。亚历山大现在面对的是一个完全陌生的世界，对于希腊人和马其顿人来说，这些人太神秘莫测了，在酷热的白天，马其顿人几乎无法赤足走路，而他们却发现这些印度人居然能整天一动不动地赤裸着身体或站、或坐、或卧，有时甚至是在石头上和钉子上！亚历山大真不知应怎样对待这样的人民、这样的国家，他其实对婆罗门高深的哲理，也心存疑惧，否则，就不会让卡兰努斯参加他的远征。要知道，在亚历山大以前，没有哪一个国王曾经或试图征服过印度，亚历山大自己对他征战印度的后果，也没有十分的把握。

2. 战象来袭：一次特殊的战斗

太克西利斯渴望亚历山大能尽快消灭他的仇敌波鲁斯，他之所以投靠亚历山大，一个很重要的原因就是想借亚历山大之力打击波鲁斯。波鲁斯的王国在希达斯皮斯河以东，他已经在河的东岸集结他的全部兵力，决心阻止亚历山大过河。波鲁斯已是亚历山大征服印度必须集中力量打击的主要对象，在这一点上，他和太克西利斯不谋而合，他也希望在出征波鲁斯时，能得到太克西利斯的帮助。

亚历山大在向波鲁斯的辖地进军前，把太克西利斯的辖地扩大了，并仍交给他掌管。他接见了前来谒见的印度山区各部族土司阿比萨拉斯的代表团。他还在太克西拉举行了例行的祭典以及体育和骑兵竞赛，任命菲利普为这个地区的总督，留下驻军和病残人员，然后率领增添了 5000 名印度人的大军进发了，5000 名印度兵由太克西利斯和该地其他官员率领。同时，他派科拉斯回到印度河，把准备顺印度河而下用的战船分批运到希达斯皮斯河。

公元前326年6月初，亚历山大率军抵达希达斯皮斯河西岸，并在河岸扎营。在营地就可以看见对岸的波鲁斯。波鲁斯身材高大，骑在大象上，颇为威武。他有200头战象，300辆装有弯刀的战车，骑兵4000人，步兵3万人。亚历山大拥有的兵力和波鲁斯差不多。亚历山大的优势在骑兵，但他的马害怕象，害怕象的吼叫声和所散发的气味。这给亚历山大出了一道难题，但先要解决的是如何过河的问题。

当时正值印度雨季，大雨连绵，所有的河流都水涨流急，这时渡河相当困难，何况对岸还有强大的敌人进行阻击。波鲁斯时时处于警戒状态中，他在沿岸可以渡河的地方都派兵驻守，严防马其顿军队过河。

在这种情况下，亚历山大想出了一个分散敌人注意力、麻痹敌人、寻找机会突然渡河的策略。他自己带领一支部队，寻找和侦察可以渡河的地点，让其余的部队分成好几队，一队接一队地向不同方向出动，整个河岸到处都有部队活动，不是骑兵，就是步兵；他还命令他的战船在河上来回游弋，让一部分士兵将皮革拿到河边往里填充干草，摆出一副马上要渡河的架势，使波鲁斯没有任何喘息的机会，也让他无法集中兵力防守一个地方。为了制造一个偷渡的良机，他在夜间率领大队骑兵在岸边来回奔跑，高呼冲锋口号，还用其他各种方法搞得人喊马叫，一片喧嚣，造成大军马上就要强渡的假象。波鲁斯以为敌人要渡河，就带着他的部队，包括象队，随着声响的方向在对岸平行奔走。波鲁斯就这样被亚历山大牵着鼻子日夜不停地随着这边的部队东奔西跑，但几天下来，什么事也没有，波鲁斯不胜其烦，认为对岸的喧嚷都是假的，马其顿人根本无法过河，于是他再也不对对岸的喧嚷在意了，只在沿河布置一些侦察哨，而把大部队，包括象队，撤回营地。

亚历山大一看波鲁斯中计，马上采取行动。他已经选择好了渡河点。在距他营地18英里的上游有一个树木丛生的河岬，河道在这里绕了一个大弯，河岬对面还有一个小岛，岛上也是树木茂盛，罕有人迹。岬角和小岛繁密的树木足以隐蔽他的渡河活动。为了分散波鲁斯的注意力，亚历山大命令克拉特拉斯率领步兵8000人、骑兵3000人，包括印度兵5000人，留驻原地，大张旗鼓地作强攻姿态，掩护亚历山大渡河。如果波鲁斯把大部队和象队调去阻击亚历山大时，克拉特拉斯就可真的率领部队大规模地渡河。在那个河岬和营地之间，亚历山大还布置了一支部队，命令他们在看到印度部队卷入战斗不得脱身时，立即分批渡河。亚历山大的布置机动灵活，让敌人虚实难测。亚历山大本人亲自率领一支挑选出来的包括1 万名步兵、5000 名骑兵的精锐部队，迂回到选定的那个河岬处，准备渡河。

当晚暴雨倾盆，雨声、风声和隆隆的雷声正好掩盖了马其顿人准备渡河的喧嚷声，马其顿人就在这黑夜的大雨中，把渡河的一切准备工作都完成了，船只运到并安装好，皮筏装上了谷壳，仔细地缝好了。马其顿人的活动，敌人毫无发觉。破晓时风雨停了，亚历山大开始渡河，骑兵登上了皮筏，步兵上了船，亚历山大自己和他的一些亲密将领也登上了一艘三十桨的大船，其中有托勒密、坡狄卡斯、莱西马卡斯和塞琉古。当他们绕过小岛接近对岸时，岸上的敌哨才发现了，立即飞马向波鲁斯报告。亚历山大第一个下船登岸，随后部队也都陆续登岸，但这时，亚历山大犯了一个错误，由于地形不熟，他们登上的其实不是对岸，而是河中的另一个岛，这个岛很大，以致亚历山大误以为是对岸了。幸好岛和对岸之间的水道不宽，平时本可涉水而过，但由于一夜大雨，河水上涨了，给涉水造成了很大的困难。最后找到一个可以渡过的地方，亚历山大带头抢渡，河水深及人肩，马只能露出头，但还是成功地渡了过去。

过河后，亚历山大立即率领 5000 名骑兵全速前进，而让步兵以行军队形在后跟进。这时，波鲁斯派来阻击的、由他儿子率领的 2000 名印度骑兵和 120 辆战车赶到了，但在亚历山大骑兵的冲击下，很快就溃退了，400 名骑兵阵亡，波鲁斯的儿子也被打死。由于道路泥泞，战车难以运转，在战斗中毫无用处。

波鲁斯听到逃回的骑兵报告说，亚历山大已率领全军过河，他的儿子已阵亡，便决定率领全部兵力去和亚历山大决一死战。他留下几头大象和少数兵力驻守营地，对付对岸的克拉特拉斯，他自己率领 4000 名骑兵、300 辆战车、200 头大象和步兵 3 万人来迎击亚历山大。当来到一块无泥泞的平坦而坚硬的沙地时，他让部队停了下来，因为这里便于骑兵的调动和冲锋。他决定就在这里和亚历山大决战。波鲁斯把他的 200 头战象放在第

《你要我如何待你》
此图描绘了马其顿士兵将战败的波鲁斯押到亚历山大面前的情景。

一线，一字排开，每隔 100 米摆上一头，想用这些大象来威慑亚历山大的骑兵，大象之间、大象后面和大象两翼部署了步兵。步兵和大象构成了波鲁斯的中军，步兵的左右两翼各有 2000 名骑兵，在左右两翼阵前各有 150 辆装有大弯刀的战车。波鲁斯的步兵在数量上要大大多于亚历山大的步兵，而骑兵则少于亚历山大的骑兵。

亚历山大率领骑兵到达这里时，看到波鲁斯已摆好阵势，立即令部队停止前进，等待后面的步兵跟上来。当步兵很快赶到与骑兵会合后，亚历山大并没有立即率领部队进攻，而是让他们就地休息。他自己则对波鲁斯所摆的阵势进行了仔细的研究，他没有大象，他的马匹可能也害怕大象，因此他决定避开敌人的大象，不从中央突破敌阵。他的优势在于骑兵，他亲自率领大部分骑兵去攻击敌人的左翼，令科拉斯率领另一部分骑兵到敌人右翼，在敌人右翼骑兵调往左翼攻击亚历山大时，他要率领他所部骑兵紧随其后，从背后攻击；令塞琉古等率领步兵方阵兵，居于中央，但先别投入战斗，等到敌人骑兵被打垮时再出动。

在行兵排阵上，亚历山大显然高出波鲁斯一头。亚历山大先让他的马上弓箭手共约 1000 人冲向敌人左翼，以雨点般的羽箭打乱敌阵，然后他自己亲率精锐的近卫骑兵，趁敌阵紊乱之机，向其左翼猛攻。这一攻，击中了敌人的要害，波鲁斯不假思索就把所有的骑兵都调到左翼来迎战亚历山大。这是个致命的错误，正中了亚历山大之计。右翼空了，科拉斯就从背后向敌人骑兵进行攻击。波鲁斯又不得不下令刚集中的骑兵两面迎敌。在亚历山大骑兵的猛烈攻击下，波鲁斯的骑兵被迫后退，向大象靠拢。印度的象倌赶忙赶着大象向前阻击亚历山大的骑兵。

马其顿的步兵方阵见敌方骑兵已乱，立即奋勇向前迎击大象，很快就把大象包围起来，从四面八方向大象和象倌投枪射箭。但大象左冲右撞，把密集的马其顿方阵也撞乱了。波鲁斯的骑兵这时又绕过来攻打马其顿骑兵，但他们根本不是马其顿骑兵的对手，很快又被打得退到大象边。这时，亚历山大的骑兵已集中成一个整体，冲到哪里，就给哪里的印度军重大杀伤。而敌方的大象这时已被挤到一个狭窄的范围内，很多象倌和大象已被打死打伤，大象已失去耐心，又无人驾驭，发起狂来，胡冲乱撞，不分敌我，践踏破坏。受其伤害最大的，还是印度自己人，因为他们夹杂在大象之间往后退，首当其冲。而马其顿部队，在外线，有回旋余地，大象冲来，他们就退，大象一逃，他们就追，并一直用标枪投射它们。后来大象精疲力竭了，不再猛冲直撞了，而是一面吼叫，一面像船似的慢慢后撤。这时，亚历山大命令步兵把盾牌连接起来，形成一个密集队形向前攻击，而骑兵在外形成一个更大的包围圈。印度兵只能从骑兵的空隙中往外逃窜。同时，克拉特拉斯也已率部过了河，并用他这支精神饱满的部队，顶替已经疲劳不堪的亚历山大率领的部队，攻击四处逃跑的印度人。

激战持续了 8 小时，据说，印度步兵死亡近 2 万人，骑兵约 3000 人，战车全部被毁，包括波鲁斯的两个儿子、当地的印度总督、大象和战车部队的指挥官、骑兵的所有指挥官等在内的许多重要将领都被打死了，没有被打死的大象也都成了马其顿人的俘虏。这一伤亡数字，和所有亚历山大远征中各次战斗的敌方伤亡报道一样，是大大夸大了的，而马其顿方面的损失又被大大缩小了，成为微不足道的。事实上，既然战斗异常激烈，马其顿一方，死伤也不会太少。

战斗最后以波鲁斯的投降而告终，不过，马其顿人所叙述的波鲁斯投降的过程却颇为壮烈，波鲁斯虽投降却也保持了他国王的尊严，这是过去从来没有过的。据阿利安的叙述，在这场战斗中，波鲁斯的表现很出色，他不但是一位统帅，而且也是一名勇敢的战士。他没有像大流士那样，在士卒面前率先逃命，相反，只要有人坚守阵地，他就继续英勇作战。亚历山大都因他的英勇而生惺惺相惜之情，不忍杀他。亚历山大先是派太克西利斯去劝降，但波鲁斯一见太克西利斯，不容他开口，就冲过来杀他，太克西利斯只好退回来。但亚历山大仍继续派人去劝降，直到亚历山大派了波鲁斯的好朋友、一个叫迈罗斯的印度人去传达亚历山大的口信时，波鲁斯才从容不迫地来见亚历山大，见着亚历山大后，也并没有显示丝毫畏怯，而是像一个勇士面对另一个勇士。亚历山大首先开口问他，要他说出他希望怎样对待他，波鲁斯回答道:“亚历山大，要像对待一个国王那样对待我。”亚历山大听了后很高兴，又说：“波鲁斯，在我这方面，会像你希望的那样办；在你那方面，也提出你的要求吧。”波鲁斯回答说，一切都已包含在这唯一的要求中了。

希达斯皮斯河之战，亚历山大东征的最后一次对阵战，一场战斗过程异常惨烈，但结果却出奇地和平的战役，就这样结束了。亚历山大让波鲁斯仍担任原职，甚至使他管辖的地方还有所扩大。他这样对待战败者，并不是第一次，在巴克特里亚和粟特也这样做过。因为，作为一位政治家，一位想把整个世界都纳入一个统一的国家的政治家，专靠军事征服是不行的，还必须用怀柔政策来配合；专靠马其顿人也是不行的，还必须依靠其他民族的人，特别是其他民族的上层人物。对波斯人是这样，对印度人也是这样。他这样做还有一个原因，这次激烈的战斗，使他对印度人的才干和斗志都有了深刻的印象，使他感觉到印度不是一个可以单纯用军事手段征服的民族。事实上他这样做的效果是好的，波鲁斯后来各方面都很忠诚。亚历山大在恩待波鲁斯的同时，也解除了太克西利斯从属于马其顿地方总督的身份，擢升他为一个独立的国王。太克西利斯和波鲁斯这两个过去势不两立的印度藩王现在和解了。当然他们仍要听命于亚历山大，奉亚历山大为宗主。

战后，亚历山大在希达斯皮斯河两岸，修建了两座城市，一座建在亚历山大渡河前扎营的地方，另一座建在河对岸进行战斗的地方。前者命名为胜利（Victoria）城（希腊文发音为尼卡亚。可能是今天的蒙城），以纪念他在这里战胜印度军队。后者命名为布斯法鲁斯城，以纪念他死在这里的叫布斯法鲁斯的战马。这匹战马就是亚历山大少年时代驯服的那匹马，伴随亚历山大征战了一生，为亚历山大分担了许多劳累和危险，最后筋疲力尽而死。这匹马据说只让亚历山大一个人骑，亚历山大对这匹马也有很深的感情。

亚历山大还为在这次战役中死亡的将士开了追悼会，对他们进行了礼节上的追悼和颂扬，随后又举行了对诸神的谢恩祭礼和体育、骑兵比赛。

三、军心不稳：东征的终结

1. 继续东进：统帅的无尽欲望

亚历山大的目的地并不是印度河流域，他还要继续东进，到恒河流域，到世界最东面的大海。他的征服欲望和他老师亚里士多德的科学探索欲望一样是无止境的。但是，亚历山大虽然在印度河流域已打了大大小小的不少仗，征服了不少地方，他和他的部下对印度的了解仍是肤浅的，他们为印度河水量之大、流域之宽和长而感到震惊，这是他们所见过的最大的河，而他们又听说，恒河比印度河还要长，一条流入世界南面的大海，一条流入世界最东边的大海。他们认为恒河就是世界最长最大的河。恒河流域对亚历山大的诱惑力是十分大的。亚历山大也为印度古老而又神秘陌生的文明着迷，他可能想深入到恒河流域去作进一步了解。他们知道印度有许多不同的部族，有人认为有 118 个，他们起初都是游牧民族，没有城市，也不修庙敬神，是狄俄尼索斯教会了印度人建筑城市，制定法律，酿酒喝酒，犁耕种地等。大部分印度人才从游牧者变成了庄稼汉，甚至拿着武器打仗也是狄俄尼索斯教给他们的。事实上，这些传说大都是虚构的，不过，公元前 12 世纪前侵入印度的雅利安人却与希腊人有着共同的血缘，希腊神话传说中关于希腊英雄远征印度的故事可能就是由雅利安人的入侵演绎而来。狄俄尼索斯和赫拉克勒斯远征印度的故事也激励亚历山大继续向东方前进。

亚历山大留下他的副统帅克拉特拉斯，让他带领一部分军队帮助修建正在这一带兴建的城市及其防御工事，他自己则率军向波鲁斯王国东边的一个临近印度部族进发。亚历山大侵入他们的地区后，整个部族都投降了。据说他在这里一共占领了 37 个城镇，当地居民最少也有 5000 人。他把这一地区交给波鲁斯管理，同时令太克西利斯返回他的辖地。

然后亚历山大率军向阿塞西尼斯河进发。这是印度河的另一条支流，在希达斯皮斯河东边。这条河虽水流湍急，河床也较宽，亚历山大还是率部乘坐皮筏和船渡过了河。过河后，亚历山大留下了一支部队来保护后面运送粮食和其他物资的部队，派波鲁斯返回他的辖区去招募最能打仗的印度人并把所有的大象都带来。他自己则率领一支轻装部队追击和波鲁斯同名的波鲁斯的侄子。这个波鲁斯和他叔叔不和，得知他叔叔得到亚历山大的信任和重用后，说服一些勇猛好斗的部族和他一起逃跑了。亚历山大一直追到希德拉欧提斯河，在沿途的适当地方，他都留下兵力驻守，以保证供应线的畅通。他在这里派赫斐斯申率领一部分军队去追击反叛的那个波鲁斯，并下令把反叛的波鲁斯所管辖的地区交给老波鲁斯管辖，而希达斯皮斯两岸居住的那些独立的印度部族也都由老波鲁斯管理。他自己则率领部队渡过希德拉欧提斯河，继续向东进发。

这时，传来消息说，有个叫卡萨亚的部族，联合了邻近的所有部族，作好了抵抗亚历山大的一切准备，只等亚历山大军队到来大打一场。卡萨亚人勇敢顽强，不久前，波鲁斯曾带兵征伐他们，结果无功而返。他们的首府叫桑加拉（拉合尔），城防坚固，他们打算在城外打不赢就进城死守。亚历山大知道这一情况后，立即率兵全速向卡萨亚人前进，第四天，到达桑加拉。卡萨亚人和他们邻近的部族已在城外用车辆组成了三重防线。亚历山大先令马上弓箭手，在敌阵前沿来回驰骋，从远处往敌阵射箭，阻止敌人冲出来，然后根据敌人只在车上射箭而不出击的情况，亲自率领步兵方阵，发动进攻，很快就攻破了敌人的第一道防线。第二道防线也没能挡住亚历山大方阵的攻击，被迫撤退了，第三道防线没作抵抗，就急忙撤进城内。

城外的三道防线既破，亚历山大便在城外四周扎营，把城围困起来。城外有一湖，湖水很浅，亚历山大估计敌人很可能从这里突围逃跑，便在湖边设下重防。不出所料，印度人果然趁黑夜从这里外逃，结果都被阻击回去了。但要攻破城池却并不容易，这时，波鲁斯带着所有的大象和5000名印度兵赶来了，而亚历山大也已把攻城用的礌石器安装好，同时还派人挖墙脚，一切准备就绪，立即发动强攻，终于把这座城攻下了。据说毙敌1.7万人，俘敌7万人，而亚历山大方只战死了不到100人，负伤的有1200人，其中有几个军官也负了伤。当然，这个双方的伤亡数字和其他战役的伤亡数字一样，是虚假的，马其顿人之所以这样夸大自己的战果，显然是为了鼓舞士气，士气一泄，亚历山大的征战事业就可能结束。

2. 公然抗命：士兵的集体爆发

攻占桑加拉后，亚历山大一方面招降或攻占邻近的部族，追击逃跑者，另一方面派波鲁斯率领所部去那些归顺的城市建立城防部队，桑加拉则被他夷为平地。然后他又率部进抵希发西斯河，打算渡过河去，征服恒河一带，直到世界的东头。但他的这一征服计划，遭到了士兵们的强烈抵制，他们不干了，拒不接受亚历山大要他们渡河继续前进的命令。

马其顿士兵在希发西斯河河畔的抗命之举，不是针对亚历山大本人，而是针对亚历山大的进一步远征。印度这片广袤而又陌生的土地，使他们吃够了苦头，酷热多雨的天气，使他们中不少人染病身亡，没完没了的战斗，不仅使他们死亡不断增多，而且使他们带上无数财富凯旋的梦想破灭了，正像阿利安所叙述的："马其顿人看出，他们的国王所进行的事业，只不过是一个苦差事紧接着一个苦差事，冒完一次险又冒另一次险。他们的情绪早已开始下降了。"他们还听说，恒河流域印度部族的人民，体格魁梧，勇猛善战，而且他们有许多让马其顿人害怕的大象。不满和恐惧终于使他们公然抗命了。他们不是反对亚历山大做他们的统帅、他们的国王，他们反对亚历山大带他们继续远征，他们要求亚历山大结束这场没完没了的远征，带他们回家。

亚历山大在得知将士们的厌战情绪后，还想说服他们。他把旅团长召集到一起，给他们讲了很长一段话。他说：

"马其顿同胞们，联军的同事们，我发觉你们现在不再愿意以你们当初的那股热情跟我去冒各种危险。我把你们召集到这里来，是为了说服你们继续前进，不然就是我被你们说服，那咱们就向后转。假如你们发现过去的一切都是徒劳或发现我个人有什么不良动机的话，那我再多说也无益。不过，正是由于你们大家的辛苦，现在从赫勒斯滂海峡到高加索，从美索不达米亚到埃及，从塔内河彼岸到兴都库什山，都已踩在你们脚下，连那些从未臣服于波斯帝国的地区也都属于我们，印度河已在我们的国土上奔流，希达斯皮斯河、阿塞西尼斯河和希德拉欧提斯河也都是这样，那么，你们为什么不去把希发西斯河彼岸的各部族也并入咱们马其顿帝国的版图呢？你们为什么犹豫？是害怕那些剩下的部族把你们打败吗？明摆着的现成的事实是：他们有的投降，有的逃跑后又被抓住，有的放弃他们的国家逃跑，留下国土任凭我们处理。我们已经把这些土地交给我们的盟国和主动归顺我们的人。

“我认为，一桩伟大的事业当然有它的最终目标，但一个有志之士的奋斗却不应有什么界限。如果你们想知道，正在进行的这场战争的界限在哪里，我可以告诉你们，我们到恒河和东海已没剩下多少地方了。我向你们保证，东海是与赫卡尼亚海（里海）相连的，因为整个大地都为海洋所包围。我们的舰队将从波斯湾起航绕到利比亚，把亚洲和非洲都掌握在我们手里。如果我们现在就退缩不前，那么，从希发西斯河到东海，以及从这一带到赫卡尼亚海以北地区，将留下许多好战的部族，我们已经占领但尚未巩固的地区，也会受未占领地区的鼓动起来造反，我们来之不易的战斗果实就会付诸东流。到那时，我们就得从头开始，承受更多的劳累，冒更多的险。马其顿同胞们，联军同事们，大家最好坚持到底。只有不怕艰苦、敢于冒险的人才能完成光辉的业绩。生时勇往直前，死后流芳千古，岂非美事？如果我们的祖先赫拉克勒斯在提任斯或阿戈斯停下来，不再前进，甚至在到达伯罗奔尼撒或底比斯时停下来，就不会得到至高无上的荣誉，也不会在今天被当作神来崇拜。即使是比赫拉克勒斯还高一级的神狄俄尼索斯，也曾经历了千辛万苦。我们现在已经越过了奈萨和阿尔诺斯山，连赫拉克勒斯都未能拿下来的阿尔诺斯山塞，我们都已拿下了，亚洲剩下的地方与你们已经占领的地方相比，只是个小数。如果我们当初只是坐守马其顿，那我们能创造出我们今天已经创造出来的这些伟大而崇高的事业吗？

“当然，如果我只是让你们历尽艰险，而我自己既不吃苦也不冒险，我就理应受到你们的厌恶，因为你们千辛万苦得来的果实却都给了别人。但事实上我和你们苦累同受、祸患同当、福禄同享，让你们去管理占领的土地，分享获得的财宝，而且，当我们得到整个亚洲之后，我向老天起誓，你们所得到的将会远远超过你们自己的期望。到那时，我将把所有愿意回家的人都送回家，那些愿意留下的，我会让他们受到那些回去的人们的称羡。”

亚历山大不愧是当时最博学的学者亚里士多德的学生，他的这通讲话，说得头头是道，既以理服人，还以情动人。在一般情况下，他的这种讲话是可以说服他的部下跟随他去克服任何危难的，但这一次，亚历山大的讲话没有产生预想的效果，他的部下无法理解他征服全世界的目的，他的讲话也无法消除他们对家乡的怀念和对前面未知世界的恐惧，但他们也不敢直接反驳他们的国王，因此，亚历山大话一讲完，会场一片沉寂，很长时间没有一人说话。在这种情况下，亚历山大一而再、再而三地说，如果谁有不同的意见，请说出来，但还是没有人发言。就这样沉默了很长时间，最后，科那斯鼓起勇气说：

“陛下，我知道您不愿意专横地对马其顿人发号施令，而要在征得他们同意的基础上才采取行动，因此，我才想说几句话。不过，我不是代表我们在场的这些人说话，因为我们这些人得到了比别人高的荣誉，得到了我们所付出的劳累的报酬，我们都已有权有势，当然就更愿意热心地推动您的事业前进。我要说的话是为全军多数人说的，但我主要还是为您考虑。我的这些话不仅对您当今有用，而且对您未来的事业也是十分有用的。为了您的事业，我曾在一切艰难险阻面前始终如一地表现了无可争议的勇气，为了您的事业，我觉得我不应当隐瞒我自己认为是最好的意见。我认为，正是因为您已经带领我们创造了许许多多极其伟大的业绩，才应当把我们的辛劳和艰险规定一个界限。您自己知道，我们这些马其顿人和希腊人出发时是多么大的一支队伍，到如今只剩下多少。一些人无可奈何地在您新建的城市里安家落户，一些人战死在疆场，一些人因负伤而残废，流落在亚洲各地，还有更多的人因疾病而丧生，当年出发时的浩浩荡荡的大军，现在已为数有限了。而就是剩下的这些人，从精神到体力也都消耗殆尽了。

他们没有一个不想念他们的亲人和祖国，他们已不愿意再跟随您东征西讨了。当这样一支部队的领袖是危险的，面对艰险，您会发现他们有气无力，离心离德。现在最好您本人也回家，料理一下本土的事务。然后，如果您愿意，您可以组织另一次远征。国王陛下，当我们一切顺利的时候，需要有自我克制的精神，好运气不会永远属于我们。”

科那斯一说完，立即就有人叫好，许多人甚至流下了眼泪。科那斯说出了大家想说而没敢说的话，他不仅提出了将士们要回家的愿望，而且反驳了亚历山大讲话中的观点。亚历山大很不高兴，就把会议解散了。第二天，亚历山大又把这些人召集在一起，怒气冲冲地重申他本人要继续前进，但他决不强制任何马其顿人违心地跟他去。他说：“自然也会有自愿跟随他们国王的人，至于谁要回家，谁就可以回去，回去后，还可以对他们的朋友说，他们自己回来了，而把他们的国王留在被敌人包围的异域。”说完便径自回到自己的帐篷里，一连三天，不见任何人。他在等待将士们回心转意，但官兵们似乎在和他较劲，整个军营仍然是死一般的沉寂。这是亚历山大一生中所遇到的最大的难题，按理说，他只能屈服，但这样做与他的性格格格不入，他从未在任何困难面前后退过，因此，他可能明知在这种情况下，回兵是唯一的明智之举，却仍然举行祭祀，意欲渡河，但在祭祀中，牺牲显示了渡河不吉的征兆。亚历山大趁机下台阶，向全军公开宣布，既然神谕不宜渡河，他就决定班师回国。

全军一听到这一消息，立即欢声雷动，许多人高兴得哭泣起来，还有一些人来到亚历山大的帐篷前为他求神赐福。他们称赞他们的国王没有被任何敌人打败过，却在自己的部下面前认输。

这件戏剧性的事件发生在公元前326年夏，亚历山大的远征就这样令人意外地走到了尽头。不过，亚历山大停止进一步东进，也可能不完全是屈服于部下将士的要求，因为他还听说，恒河地区是一片荒漠，这可能削弱了恒河地区对他的吸引力，亚历山大虽充满好奇心，但做事十分谨慎，他的一切征服行动都是经过精心准备的，他是不会毫无把握地贸然出兵一个完全不了解的地方的，同时，他这样做，也许是为了沿印度河而下，去征服更加重要的波斯湾一带，他的所谓班师，并不是他的将士所理解的回家。

但是，不管如何，亚历山大的东征结束了。他没有到达他所认为的世界的最东端，对于他来说，也许是十分遗憾的。为了纪念他的这空前远征，他让全军齐动手，修筑了十二座大祭坛。十二座大祭坛既为向奥林匹亚的十二位大神献祭，感谢诸神保佑他一直战无不胜，也是为纪念他的远征，纪念他艰苦卓绝的业绩。十二座大祭坛也是十二座纪念碑。在祭坛的周围散放了一些比通常大得多的盔甲、马槽和马嚼子，作为那些披挂骑马来到这里的军人风貌的遗迹。亚历山大亲自登坛按惯例献祭，然后举行了体育竞赛和骑兵操练。他把希发西斯河以西的旁遮普地区交给波鲁斯管辖，自己则率部返回希达斯皮斯河。

四、班师回朝：可怕的归程

1. 新的征讨：选择水路的原因

亚历山大在他所征服的印度地区基本上沿袭了波斯人的统治，他将印度分成三个省，是照抄波斯人的，他任命的行政官员也都是原来的官员，太克西利斯、波鲁斯和克什米尔的阿比萨瑞斯等都仍担任原职，统辖原来的地方。亚历山大只是在一些战略要地，建立了几座新的城市，留下了一些移民。他并没有任命马其顿人来管理印度，让原来的首领和执政者来进行管理，是亚历山大统治印度的一个明智措施，不过这种统治是建立在亚历山大个人崇高权威的基础上的，没有了亚历山大，这种统治也就会随之消失。

亚历山大在起程之前，召集印度各地的使节和土邦首领，宣布波鲁斯为他所占领的全印度的国王，所有的部族和城镇都要听命于他。波鲁斯实际上成了亚历山大个人的全权代表。这位昔日曾和亚历山大在战场以命相搏的对手，竟成了亚历山大最信任的印度人。

亚历山大是率部从陆路翻山越岭来的，但却选择从水路返回，这是亚历山大预定的计划，他要趁回归之便，征服和控制波斯湾。不过，他的部下可能也乐意从水路返回，对于那些跟随亚历山大来的马其顿人来说，来程太可怕了。他们一路所遭受的磨难，特别是翻越兴都库什山时那种死里逃生的情景，令他们不寒而栗。为了从水路返回，在希达斯皮斯河已准备了 80 艘三十桨大船和许多运输船、轻型船，加上在当地征集的船，总共有千余条，由从马其顿赶来的海军司令尼阿丘斯率领。亚历山大把全军分成三路，一路由克拉特拉斯率领，沿希达斯皮斯河右岸行进；一路由赫斐斯申率领，沿希达斯皮斯河左岸前进，这是人数最多、实力最强的一路，200 头大象也在这一路；他自己率领包括所有的近卫军在内的一部分军队乘船顺流而下。希达斯皮斯河流入阿塞西尼斯河，阿塞西尼斯河流入印度河，印度河直通大海。亚历山大和他的部下可能都认为，走这条水路是畅通无阻、一帆风顺的。他们谁也不会想到，这是一条充满危险的可怕的路。亚历山大还命令印度河以西的总督、他的堂兄菲利普在大军出发三天后率部跟进。

公元前 326 年 11 月的一天黎明，舰队开始起航了。亚历山大按惯例祭神，并按照占卜师的建议祭祀了希达斯皮斯河河神。他登船后，站在船

《亚历山大凯旋》

头用一只金杯把酒洒向河里，祈求河神保佑，然后又向赫拉克勒斯、阿蒙以及他经常祭祀的那些神酹酒祭奠。做完这一切，他才下令号兵吹号起航。号角声中，庞大的船队井然有序地启动了，辎重船、运马船和各种战船都按事先安排的顺序向前驶进，船和船之间保持着一定的距离。河中，千帆竞驶，百舸争流，场面空前壮观，成千上万的桨板一上一下的击水声，水手的号子声、歌声，组成了一个不同寻常的交响曲。两岸挤满了送行的、看热闹的人，他们成群结队、载歌载舞地跟着舰队行进，走了很远才恋恋不舍地停了下来，目送着舰队在远处消失。

亚历山大和他率领的部下就这样兴高采烈地在河上航行。第三天，来到原定的赫斐斯申和克拉特拉斯所率部队宿营的地方，舰队靠岸停泊。三路大军在这里会合并停留了两天。当随后跟进的菲利普率部来到时，亚历山大对下一步的行动作了布置，他令菲利普率部到阿塞西尼斯河去，然后沿河前进；赫斐斯申和克拉特拉斯仍按原定路线前进，他自己也仍按原计划乘船顺流而下。

亚历山大一路顺利，河道也愈来愈宽，遇到可以停泊的地方，舰队就靠岸停泊，补充给养。一路还接待了不少沿岸主动归顺的印度部族，也有一些是抵抗失败后才投降的。当亚历山大接到报告说，前面的马利亚人和欧克西德拉卡人是这一带人数最多、最好战的部族，他们已把老婆、孩子转移到城里，准备和亚历山大大打一仗时，他立即下令舰队全速前进，以便在那些印度人还没作好充分准备时赶到，打他们一个措手不及。船队在亚历山大的催促下，第五天就到达了希达斯皮斯河和阿塞西尼斯河的汇流处。出人意料的是，两条大河汇合后，成了一条狭窄的水道，但流速却因河道变窄而大增。河水奔腾呼啸，形成许多可怕的大漩涡，掀起雷鸣般怒涛。亚历山大虽然事先已得到了这里河水险恶的报告，并已向部下通告了这一情况，船队到达这里时，水手们还是被惊天动地的惊涛骇浪吓呆了，停止了划桨，不知所措。驶入急流时，水手们才在舵手的指挥下尽力摇橹。船身短的虽仍被水流冲得打转，却还能沿一条直线前进。船身较长的双层排桨的大船，则被奔腾的浪涛冲得运转失灵，互相冲撞，有两艘沉没，不少水手落水卷入急流中淹死，甚至亚历山大乘坐的王船也在下沉，他只好跳入水中，奋力游上岸。幸好河道逐渐宽展，水流转缓，船队才避免了更大的损失。

船队靠岸停泊后，赫斐斯申、克拉特拉斯和菲利普都率部来和亚历山大会合，亚历山大又对下一步行动作了新的布置。他令尼阿丘斯率船队在陆上部队出发前三天起航沿河下驶，自己这次没有和船队同行。他把其余的部队分成三部分，赫斐斯申率领一部分先于主力部队五天出发；托勒密率领一部分在主力部队出发三天后再开始跟进；他自己率领部队主力前进。他这样安排是为了使他自己率领的主力部队中的人无法逃跑，因为逃跑者会被前后的部队抓住。这种情况说明，亚历山大的军心已严重不稳，因为防止士兵逃跑已成了行兵布阵都必须考虑的一个重要问题。军心不稳显然是因为士兵都渴望尽快回家，而现在亚历山大却要带领他们去进行新的征讨，而随军的印度士兵更不愿亚历山大率领他们去打自己的同胞。

2. 以身犯险：激发战士的手段

亚历山大亲自率领主力部队，选择了一条敌人意料不到的路向实行自治的印度部族马利亚人进军，因为这条路要通过严重缺水的地区而且特别难走。当亚历山大来到马利亚人避难的第一座城市时，马利亚人根本就没有想到亚历山大会从这条路来，而且来得这样快，他们毫无准备，许多人都在城外，也没拿武器，被亚历山大突然袭击，毫无抵抗之力，没被杀死的，都急忙逃入城里。亚历山大立即令骑兵把城包围起来，等待步兵到来再攻城，同时派坡狄卡斯率领一部分骑兵去包围另一座城市，防止那里的敌人逃跑。步兵来到后，亚历山大立即攻城，印度人已失去了守城的信心，城池和要塞很快就被攻占了，要塞里的2000名印度人全被杀死，无一幸免。

坡狄卡斯赶到第二座城时，城里的居民已逃亡一空。坡狄卡斯随即率领骑兵对逃亡者进行追击，被追上者都被杀死。

亚历山大只让部队吃了饭，稍作休息，便连夜赶路，追击马利亚人。天亮时到达希德拉欧提斯河，见马利亚人正在渡河，就趁机打死许多渡河者，并迅速渡河追击已过河的马利亚人。马利亚人逃进一个有坚固工事的据点里，亚历山大一个冲锋就把据点攻下了，除打死的外，据点里的人全部被贬为奴隶。

亚历山大决心要征服全部马利亚人，当他听说有一些马利亚人逃到一座叫波罗门的城市里时，他立即率军赶去围攻这个城市。守城者进行了坚决的抵抗，马其顿人一时未能攻下。马其顿人已经厌烦了攻城夺寨，他们已没有了当初的争胜心，他们渴望的是回家。但亚历山大的战斗精神却有增无减，他身先士卒地第一个登上了城墙，冒着极大的危险，坚守在那里。马其顿官兵眼看主帅上了城墙，才心生愧疚，争先恐后地往城墙上爬，终于把要塞攻下。

亚历山大令部队休息了一天后，又开始追击其余的马利亚人。马利亚人实行坚壁清野政策，亚历山大所到之处，都是一座座空城，居民早已逃到更远的荒凉地区去了。亚历山大又令部队沿河搜索，把躲到森林里去的人抓住全杀光。亚历山大追到马利亚人的一个最大的城市，这里本聚集了许多逃亡者，但在得知亚历山大快来的消息后，城里的人又弃城逃跑了。马利亚人逃过希德拉欧提斯河后，停了下来，摆好阵势，准备依仗高陡的河岸，阻击亚历山大过河。亚历山大率领骑兵赶到马利亚人设防的地方，立即驱马涉水过河。马利亚人看到亚历山大率领骑兵冲过来，立即有秩序地阵形不乱地往后撤。亚历山大率领骑兵就追。马利亚人见亚历山大所率骑兵不多，掉头向亚历山大逼过来。亚历山大见敌人人多势众，队形严整，自己率领的骑兵难和敌人对抗，便和敌人兜圈子，不让印度部队靠得太近。当亚历山大的其他骑兵部队和步兵主力部队赶到时，马利亚人又掉头逃跑，亚历山大立即率兵在后紧紧追击。马利亚人最后逃进了一座设防的城市。由于部队十分疲劳，亚历山大没有立即攻城，而只是把城包围起来。

第二天，亚历山大下令攻城，但马其顿人战斗热情不高，动作缓慢，亚历山大十分生气，当他看到那些搬梯子的人有气无力、磨磨蹭蹭时，便夺过一把梯子，把它竖在墙上，一面用盾牌掩护着自己，一面迅速往上爬。只有三个马其顿人跟着他。亚历山大的近卫队看到他们的统帅几乎是孤身一人登上敌城、身陷险境时，慌忙蜂拥着也从亚历山大爬的那架梯子往上爬，结果把梯子压折了，爬在梯子上的人都摔下来了。此时，亚历山大一人站在敌人城墙上，成了敌人集中攻击的目标，亚历山大不顾一切地跳进城中，与敌人展开近身肉搏，和他一起并肩战斗的只有三个人。

亚历山大虽然勇猛，他的三名战士也舍命苦战，但终是寡不敌众，在敌人围攻下，一个战士中箭倒下了，亚历山大也被一支箭射穿了胸甲，扎入肺部，头上也被敌人打了一棒，虽负重伤，他仍浴血奋战，但终因流血过多，头晕目眩而倒下了。剩下的两个战士拼死抵挡着从四面八方射来的箭石，保护着他们的统帅。在国王陷身敌城、情况万分危急的时候，马其顿人被激起了誓死保卫国王的战斗豪情，纷纷冲上前去，用各种办法登城，跳到亚历山大身旁，护卫着躺在地上的亚历山大。城门也很快就被攻破了，马其顿的部队一股一股地涌进城里，战斗很快就成了一场大屠杀，印度人被斩尽杀绝，妇女、孩子也不放过。

亚历山大伤势严重，幸好找到一位医生，把箭从亚历山大身上取了出来，挖掉了伤口附近的肉，敷上了药，但由于流血太多，亚历山大身体非常虚弱，只能卧床休养。

亚历山大一生据说负过8次伤，这是最后的一次，也是最严重的一次。不少人眼见他昏迷着被从战场上抬下来，再没见他出现，营地里便流传开他已重伤死去的消息。全军陷入极度的悲伤中，哭声一片。在全军的心目中，亚历山大是唯一能率领他们摆脱好战的印度部族的包围、顺利返回故乡的人，失掉了亚历山大，就失掉了一切指靠和希望。他们虽已不愿再跟随亚历山大东征，亚历山大的威望和地位却是无人能取代的。后来传来消息说，亚历山大仍活着，但大家都不相信。接着又有人给大家送来了一封亚历山大的亲笔信，说他不久就回营地，大多数人仍不相信，认为信是亚历山大的近卫和军官们伪造的。军营里仍然人心惶惶。

为了安抚人心，避免部队里发生骚乱，亚历山大在身体稍微好些时，令人将他抬到船上，然后乘船顺流而下，来到部队营地。他叫人把船的天篷掀开，好让战士们能看见他。但部队仍不相信，认为船上运的是亚历山大的尸体。直到船靠近岸边，亚历山大向人群挥手致意时，他们才相信他们的国王仍然活着，便情不自禁地爆发出一阵欢呼声，有的高举双手感谢苍天，有的把双手伸向亚历山大，有的高兴得泪流满面。人们把亚历山大抬下了船，近卫给他抬来了一副担架，但他却要人把他扶上马。当大家看见骑在马上的亚历山大时，全军欢声雷动，经久不息。

亚历山大这次涉险负伤，受到了他的一些挚友的责备，他们说，这样狠勇冒险，是战士的事，不是一个统帅应当干的。他们的责备是对的，这件事，也暴露了亚历山大性格中的弱点，为了达到目的，他往往不顾一切，甚至把自己的安危都置之度外。当然，亚历山大也可能不只是逞个人之勇，他是想用自己奋不顾身的勇敢行动来鼓舞已日渐消沉的士气，但不管如何，作为一个统帅，孤身犯险，如遭不测，便会断送整个部队。不过，亚历山大却听不进他挚友的话，他已不能容忍别人对自己行动的指责。他身边已不缺阿谀奉承的人，有人见他听了责备他的话不高兴，便上前讨好地说："亚历山大，见义勇为，此乃大丈夫。"这样的话，亚历山大感到十分中听。

马利亚人遭到沉重的打击，幸免于难的马利亚人不久派人来请降。欧克西德拉卡人的各城市和各地区的首领也来谒见，来谒见的还有其他一些重要人物，他们都带着贵重的礼物。他们提出投降的唯一要求就是继续让他们自由和自治。他们可以接受亚历山大派去的总督，也可以向亚历山大交贡赋。亚历山大让他们送1000名部族的优秀人物来当人质。他们答应了，不仅如数送来了人质，还多送来了500辆战车和车手。亚历山大留下了战车，却把人质打发回去了，任命菲利普为他们的总督。

3. 婆罗门：无计可施的精神对手

亚历山大养伤期间，造了一大批新船，伤好后，又重新开始他顺流而下的航行。沿途继续接受一些部族的归顺，征服那些拒不归顺者，在战略要地建立新城市，留下一些部队驻守战略要地。亚历山大把阿塞西尼斯河和印度河的汇流处作为他堂弟菲利普辖区的边界，给他留下一支包括全部色雷斯部队、足够驻守全地区的部队，还命令他在两条河流的汇合处，修建一座城市，并在那里创建船舶修造所。

亚历山大的目的仍和过去一样，想用各种办法来扩大征服地区并巩固对所征服地区的统治，但无论是屠杀或怀柔，对某些印度人，特别是印度的婆罗门都不起作用，不少印度人的反叛都是由婆罗门煽动的。例如，穆西卡那斯，在亚历山大大兵压境下投降了，亚历山大让他继续享有主权，并派军队驻守其首府。但后来，在婆罗门的教唆下又反叛了，亚历山大采取了极其严厉的手段惩罚反叛者，一些支持反叛的城市被夷为平地，居民被贩卖为奴。穆西卡那斯和那些教唆他反叛的婆罗门都被押到自己的国土绞死。婆罗门是印度人的精神领袖，是古老的印度文明的代表者，是古代印度宗教的代言人，他们对不同的希腊文明抱有无法消除的敌视情绪。亚历山大对以婆罗门为代表的印度文明既敬又惧，因为他难以把这两种文明融合在一起，也无法使婆罗门屈服于他的统治。有这样一个很难确定真假的故事：

亚历山大捉住了10个被称为裸身大智者的印度哲学家，据说，他们对难题对答如流，亚历山大可能想借机打击一下他们，也可能是出于好奇，决定出几道题让他们回答，答错者处死。为了显示公平，他让一个年纪最大的裸身大智者做裁判人。

亚历山大问第一个人的问题是："生者多还是死者多？"答："生者多。因为死者已不复存在。"问第二个人的问题是："最大的兽在陆上还是在海上？"答："陆上产大兽，因为海只是地球的一部分。"第三个人被问："什么动物最狡猾？"答："人尚未发现的动物。"第四个人被问："你为什么要煽动土王造反？"答："因为我希望他或是活下去，或是体面地死去。"第五个人被问："昼与夜何者长些？"答："昼长，但仅指一日而言。"亚历山大对这一回答非常惊讶，印度人解释说，对于难答的问题应当答以深奥的答案。亚历山大接着问下一个人："一个人必须怎样才能真正被人敬爱？"那个印度人回答："此人必须非常威严但又不使人畏惧。"第七个人被问："一个人怎样才能成为神？"答："为他人所不能为。"亚历山大问第八个人的问题是："生命与死亡，何者更坚强？"这个人回答："是生命，因为生命将忍受极多的苦难。"最后一个人被问的问题是："人活多久最为适宜？"答："活到死亡比生命看起来更称心如意。"问完了，也答完了，亚历山大转向那个被指定做裁判的人，令他作出判决。这个印度人说，依他之见，回答得一个比一个糟。这些印度智者的回答，如果不评说错和对，的确个个都闪耀着智慧的光芒。他们在面临生死抉择的关头，仍从容不迫、对答如流，他们这种无畏的态度，他们的睿智，可能也打动了亚历山大。亚历山大不仅把他们全都放了，还送了些礼物给他们。

4. 惊涛骇浪：艰难的"南极"之旅

亚历山大派克拉特拉斯率领一部分部队，包括大部分辎重队、老兵、伤兵和大象，经阿拉科提亚人和扎兰迦亚人的地区，到卡曼尼亚去。他自己则继续在河上航行，来到帕塔拉地区，也就是印度河三角洲，发现这里的城镇和乡村都空无一人，原来这里的人得知亚历山大要来，早逃走了。亚历山大一面派部队把逃亡的人赶回来，要他们照旧居住和生活，一面令人在帕塔拉城的要塞上修筑工事，并在这里修建港口和船坞，同时还派部队到附近的沙漠地区去打井，以便使那些地方适宜于人们生活。显然，亚历山大是要把这里作为他的帝国最东南的重要据点。

印度河在帕塔拉分为两条大河入海，亚历山大带着船队里最好的水手，分别驾着一批一排半桨船、全部三十桨大船和一些轻快船从右边的那条河下驶入海。由于附近的印度人都逃走了，找不到熟悉河道的领航员，船队航行困难重重，起航的第二天，碰到了一场猛烈的暴风雨，河面上顿时巨浪滚滚，船只被狂风巨浪抛上摔下、东摇西摆，大都被损坏，还有一些完全破碎了。幸好有一些在被毁前拉到了岸上，才避免了船队全部毁灭的后果。

亚历山大修补好破损的船，又建造了一些新船，并派人抓了一些印度人做领航员，船队又重新起航了，但在船队驶入一处宽阔的河道时，遭到一股从海上吹过来的狂风的袭击。在滔天的巨浪中，水手连桨都举不起来，为了避风，船队在领航员的指引下，驶进了一条小河汊子。几个小时后，令亚历山大和他的部下大吃一惊的事发生了，他们原来停泊在水里的船只，现在被高高地搁在地上。这是海洋潮汐起落常有的情况，他们在地中海从来没见过。过了一段时间，汹涌的潮水冲过来了，被搁浅的船只又漂了起来，但那些未落平稳的船只，或被潮水冲得互相碰撞，或被冲翻，损失不小。

船只修好后，驶到下游的一个岛边停泊，这个岛很大，岛上还有淡水，亚历山大在岛上祭祀了神，据他说，他祭的神都是阿蒙叫他祭祀的。然后他又驱船驶向大海，据他自己说，他要看看海外还有没有其他国家。亚历山大面向一望无际的海洋，可能认为他已经到了世界的最南端了。他向海神波塞冬献祭，祈求海神保佑他的海军安全到达幼发拉底和底格里斯两河的入海口。亚历山大到达了他所认为的世界最南端，在充满了自豪感的同时，可能会为自己没能到达世界的最东端而遗憾。他现在要真正考虑如何回去的问题了。他已经打发克拉特拉斯率领包括老、弱、残在内的一部分军队从一条较安全的路返回了，他要考虑其余的部队如何回去了。

5. 九死一生：恐怖的返航之路

亚历山大从海上回到帕塔拉后，为了考察从哪条河道入海较安全，又组织船队从另一条入海水道驶向大海。这次航行很顺利，中经一个大湖，安全地到达大海。他让船只在海岸停泊，自己带领一部分骑兵，沿海岸走了三天，视察部队返航时附近陆地的情况，令士兵沿路打井，以便部队返航时有淡水供应。他还另派了一支部队到更远的海岸上去视察和打井，完成任务后再返回。他自己率领船队回到帕塔拉，在大湖处修建另外一个港口和其他船坞，并留下军队驻守。他又在这一带征集了全军四个月的给养，为返航作好必要的准备。

返航的时候到了。亚历山大把部队分成两部分，一部分乘船沿海航行，由海军司令尼阿丘斯率领，他们的航行不只是单纯地要回去，而且负有开辟一条从印度河到两河流域的航道的重任。在亚历山大的脑海中，可能时时刻刻都在计划如何扩大他的帝国和如何把他的大帝国连成一个整体。因此这条航道的开辟对于他的帝国来说，具有极其重要的意义。亚历山大自己不乘船，而是率领其余的部队沿海岸前进，既为尼阿丘斯率领的航行于海上的部队挖水井、设粮库，保证舰队的后勤供应，又可征服沿途尚未归顺的部族，开辟一条陆地上的通途。

公元前 325 年 9 月，亚历山大率部从印度河三角洲出发了，踏上了他的部下向往已久的归程，跟随他的部队人数不多，可能只有 1.5 万人左右，随行的还有随军人员、商人、科学家、妇女和儿童。

尼阿丘斯率领的舰队，包括约 150 艘舰船、5000 名水手和一些雇佣兵、弓箭手和投枪手，没有和亚历山大同时出发，因为当时正刮西南季风，不适宜航行。他们等到十月东北季风到来时，才启程返航。

亚历山大率部离开帕塔拉后，走了很远的路，来到阿拉比亚斯河。这里有一个长期独立的印度部族欧瑞坦人，亚历山大打算给他们一个突然袭击，打垮并征服他们。他让赫斐斯申率领一部分部队留守，自己率领一支精兵去袭击欧瑞坦人。他渡过水少河窄的阿拉比亚斯河，连夜行进，天亮时越过了沙漠的大部分，接近了有人烟的地区，然后他让步兵以行军序列前进，而自己则率领分成许多中队的骑兵，分别出击，以便在最短的时间内扫荡尽量多的地区。抵抗的欧瑞坦人不是被骑兵砍杀，就是被活捉。后来进抵欧瑞坦人的一个最大的村庄，亚历山大觉得这个地点很好，将来一定会繁荣，便让赫斐斯申负责在这里建一座新的亚历山大城。

亚历山大继续率军向迦德罗西亚（南俾路支）和欧瑞坦人的边界前进。欧瑞坦人和迦德罗西亚人已经联合起来，在亚历山大必经的峡谷入口扎营，摆好了打一仗的阵势，但一听说亚历山大来了时，大部分人却又都弃阵逃跑了。欧瑞坦人的头目只好前来投降，并代表他们全族表示归顺。亚历山大让他们把欧瑞坦人都召集起来，叫他们放心回家，保证不会伤害他们。亚历山大派阿波罗发尼斯当欧瑞坦人的总督，派近卫军官利昂那塔斯为当地驻军司令，拨给他一部分军队，令他在这里建城，并为即将路过这里的舰队提供其必需的给养。亚历山大就是这样，不断地征服新的地区和部族，建立新的城市。

随后，亚历山大率军向迦德罗西亚前进，所经过的地区大都是沙漠。沙漠里生长着许多没药树，树干上产一种树胶。沙漠里还产一种甘松根，又多又香。随军的腓尼基商人非常热衷于收集没药树树胶和甘松根。他们让骡子驮上这些东西走。沙漠里还生长其他一些奇怪植物，但亚历山大的部队行进在这样的沙漠里，逐渐陷入困境。路途坎坷，供应难筹，特别无法忍受的是，部队常常找不到饮水。部队人马不得不利用夜间赶路，以避开白天令人难熬的酷热。每晚长途跋涉在离海很远的地方。因为迦德罗西亚沿海完全是一片荒漠，亚历山大曾派人到海边考察一下，看看那一带有没有淡水和其他必需品，结果令人失望，那里淡水奇缺。这样就使亚历山大原来的计划落空了，因为他本来计划沿海边走，一路视察现有的海港，并尽可能地为海军创造一些方便条件，如挖井、准备抛锚的地方等。后勤供应组织的周到是亚历山大军事胜利的重要条件，但现在后勤供应陷入困境，亚历山大不仅无法给他的海军提供必需的物资，他自己率领的部队也严重地缺粮缺水。

粮食的匮乏已使粮食的分配无法正常进行。亚历山大来到迦德罗西亚境内的一处粮秣较充足的地方，搞到了一些食物。他下令把这些食物包扎起来，贴上盖有自己图章的封条，分配给各运输队，让他们运到海边去。

饱受饥饿之苦的士兵，甚至警卫，竟在运送途中，划开加封的给养包，把食物分吃了。他们实在饿极了，已顾不上考虑这种行为是否会受到国王的惩罚了。亚历山大知道后，饶恕了这些犯法的人，并派部队到各处去尽量多搞一些粮食，只要是可以吃的，如椰枣和羊，都尽量多收买一些。

但是，这只是困难的开始，更可怕的归途在后面，对于某些人来说，归途将成为不归之路。到迦德罗西亚的首府还有一段漫长的令人生畏的路。从欧瑞坦地区出发，最后到达迦德罗西亚首府总共走了整整 60 天，多数人都认为，亚历山大的部队在亚洲所经历的一切苦难加起来，也比不上他们在这段行军路上所遭受的罪。事前曾有人告诉亚历山大这条路非常难走，从来没有谁率领部队走过这条路。有一个女酋长从印度逃跑时走过这条路，幸存者只有 12 人，居鲁士曾到过这里，企图侵入印度，结果由于一路荒无人烟，全军损失了绝大部分。据说，亚历山大听了这样一些传说后，反而激起了要和居鲁士一比高低的斗志，毅然决定走这条路。尼阿丘斯说，亚历山大走这条路，是因为海军舰队距这里不远，他可以有望得到海军给他提供的给养。不管出于何种原因，亚历山大走这条路是一个完全错误的决策，使原来一直组织得很好的后勤工作陷于瘫痪，使部队遭受了不必要的严重损失。

在迦德罗西亚沙漠，夜晚的温度也在 35 度以上，白天更热如火炉。巨大的流动沙丘使部队不断改变行军方向，沙土既深又烫，踩在上面就像受火刑，每迈出一步都非常艰难。酷热和干渴使大批人马倒下了，特别是随军的妇女和儿童，死亡的非常多。驮运重物的牲口大都因疲劳、干渴而倒毙了，没有倒毙的也被部队士兵杀了吃肉，然后报告说它们是累死的或渴死的。亚历山大虽然知道士兵杀牲口吃肉，也只能假装不知道，因为他知道大家都参与了这种犯罪活动。在这种极端困难的情况下，军队的团队精神也减弱了，病号和累坏了躺倒的人都无人照顾了，甚至没有人扶起他们前进。

这段路上的有些灾难完全出乎意料。迦德罗西亚这样一个干旱地区，在季风吹来时，却又暴雨成灾。有一天，部队好不容易找到一条有水的小溪，准备在旁宿营，半夜，没见天下雨，小溪却突然暴涨，洪水排山倒海般涌来，随军的妇孺大多被山洪席卷而去，亚历山大用的帐篷连同里面的一切也都荡然无存，残存的牲口竟被一扫而光。战士们好不容易才摆脱了洪水，保住了性命，但除了武器外，什么都没有了，有的甚至连武器也丢了。这次洪水造成的灾难可能不比沙漠小。

亚历山大在这可怕的归途中，在极端困难的情况下，显示了他作为一个伟大统帅应有的品质，和将士们同甘共苦，以身作则。在沙漠中行军，亚历山大和战士们一样，徒步前进，忍受着干渴和酷热。有一次，一支找水的部队在一个小得可怜的水坑，费了很大劲才淘出一点点水，然后他们飞快地跑回来，把盛在头盔里的那点水送给国王。亚历山大接了过来，向他们表示感谢。他虽渴得要命，却毫不犹疑地当着全军的面，把那点水泼在地上。他这一泼，赢得了全军的欢呼，大家心情振奋，好像都喝到了亚历山大泼出的那点水。

亚历山大不只是和将士们一样忍受着同样的苦难，而且能在看似无望的绝境中，保持信心，临危不乱，想方设法把部队带出困境。这支艰苦行进在沙漠里的军队，后来迷路了，狂风把一切可显示方向的标志都吹得模糊不清了，在茫无边境的大沙漠里，看到的只有沙丘沙岗，向导也不知应往哪里走。这时亚历山大显示了他的杰出才能，他亲自带领一些人前去探路，走到了海边，并在海边的砂石下面找到了清新的淡水，这真是救命之水，于是，亚历山大派人把全军都带了过来。部队就沿海岸走了 7 天，一路都有水喝。后来，向导认出了路，部队便又向内陆行进。

亚历山大终于率领部队走出了沙漠，到达了迦德罗西亚首府，部队在这里休息数天后，开始向卡曼尼亚进军。进入卡曼尼亚后，与克拉特拉斯率领的部队会合了。克拉特拉斯从印度返回，途经穆拉山口和坎大哈，一路并没遭遇亚历山大所遭遇的困难，虽也历尽艰辛，但部队和大象都顺利而安全地到达目的地。

尼阿丘斯率领的舰队，如同亚历山大艰难地在沙漠中跋涉一样，历尽艰辛地沿着海岸航行。那里的海岸一带尽是些不毛之地，人迹罕见，给养难寻。他们要不断登岸，筹集淡水和食物，开始他们还可得到亚历山大的帮助，后来，亚历山大自顾不暇，当然就顾不上他们了。和亚历山大一样，他们也常常缺粮缺水。舰队上岸寻找淡水和食物时，碰到过吃生鱼为生的、还生活在石器时代的莫克兰民族，并和他们打了一仗。在这种情况下，研究海岸、开辟航道的任务完全被抛在脑后了，舰队只是为生存下去而奋斗。特别使舰队害怕的是鲸鱼群。这些鲸鱼喷出小山高的水柱，可以毫不费力地把舰队的一些较小船只撞翻。每当碰到鲸鱼群时，尼阿丘斯就让船队像准备海战那样摆开，号角齐鸣，士兵高声呐喊，纷纷用长矛和长标枪向鲸鱼刺去，鲸鱼立即被吓得潜入水中。士兵们高兴得大声欢呼，赞美他们的司令的勇敢机智。由于大海神秘莫测，所以有各种怪异的传说。有一次，舰队驶近一个小岛，舵手说，这是太阳神的圣地，人只要登上这个岛就会无影无踪。尼阿丘斯根本不相信这是真的，他以希腊人惯有的勇于探索的精神，毫无畏惧地登上了这一小岛，用事实证明这一传说的荒诞不经，也提高了他自己在士兵中的威信。

尼阿丘斯离开印度河，航行了 80 天，到达了阿尔穆兹海峡，舰队在艾马尼斯河河口停泊，尼阿丘斯带领了几个人上岸，在卡曼尼亚的古拉什凯德找到了亚历山大。亚历山大见到他们时，见他们个个面黄肌瘦、蓬头垢面，还以为他的舰队只剩下这几个人了。当尼阿丘斯报告说，舰队已到达波斯湾，只损失了 4 艘船时，亚历山大欣喜过望，高兴得流出了眼泪。

三支大军终于会合了，亚历山大的远征军胜利地班师回朝了。不过班师途中付出的代价太大了，有人估计，死于荒漠和海上的人数有 4.5 万人，几乎是亚历山大整个军事力量的 1/3。特别是亚历山大率领的那一路，出发时，连同随军人员，可能有 4 万之众，而生还的只有 1.5 万人。由于损失巨大，有人认为亚历山大所选择的回师之路是错误的。不过，对于亚历山大来说，他要征服沿海尚未征服的部族，开辟一条从印度河到两河流域的航道的目的基本达到了。尼阿丘斯不仅胜利返航，而且对沿途的历史和地理作了较为详细的记录，诸如天气、风浪、海潮以及沿岸的一些土著民族及其奇风异俗等都一一作了记述。可以说，尼阿丘斯第一次探明了一条尚未为人知的海岸，在东西方之间创出了一条海上通道，其意义是巨大的。

公元前 325 年年底，为了庆祝征服印度和胜利班师，亚历山大在卡曼尼亚举行了盛大的祭神活动和体育、文艺比赛。祭祀海神波塞冬、祛邪者阿波罗和赫拉克勒斯，向主神宙斯谢恩。庆祝活动持续了好几天，以至后来有人说，庆祝活动好像成了酒神节的寻欢作乐。

庆祝结束了，尼阿丘斯奉命率领舰队驶向底格里斯河。公元前 324 年年初，亚历山大派赫斐斯申率领大部分军队、运输队和象队经卡曼尼亚沿海去波斯，他自己则带领轻装步兵、近卫骑兵沿着通向波斯境内的帕萨伽代城的道路前进。就在 6 年前，他们第一次进入波斯，现在他们从印度返回这里，心中肯定充满了自傲、喜悦和不可一世的自豪感。但亚历山大的脑海中，除了自豪感，可能正在考虑如何巩固他的帝国和进行新的征服活动。

第八章　日落西山：亚历山大帝国的崩溃

公元前 323 年，亚历山大在筹备他新的远征计划时突然去世。由于帝国刚刚建立，统治体制尚不完备，且亚历山大年富力强，根本没有考虑过继承人的问题，以致他死后留下的权力真空无人能够填补，亚历山大帝国也随着他个人的消亡而顷刻崩塌。

一、特立独行：奇怪的帝国统治

1. 中央：流动不稳

亚历山大帝国是个奇怪而又特殊的国家。它没有一个确定的疆域，它的国土在不断地膨胀扩大，按照亚历山大的设想，世界有多大，他的帝国也应有多大。它也没有一个真正的中央政府，亚历山大远征印度期间，波斯地区就没有一个统一的领导，以致各地的总督能自行其是、胡作非为，因为亚历山大没留下任何总管或“首相”之类的官员来负责监视总督或处罚他们的错误或恶行。一切都由亚历山大本人作主，他只用一小部分人来处理政事，而这些人却大都没有职衔，只有少数几个人有，而又名不副实。如希腊人、卡尔迪亚的攸米尼斯任国务大臣，亚历山大最好的朋友赫斐斯申挂有阿契美尼德王朝的千户长的头衔，哈帕鲁斯负责财政。但是，这些职务本身并没有明确的任务，常常与亚历山大不时交给他们的任务毫不相干。亚历山大喜欢将一些临时任务交给他的贴身侍卫，交给十来个最效忠于他的人。亚历山大决定一切，亚历山大到哪里，帝国的中央政府也就在哪里。亚历山大马不停蹄地转战各地，帝国的中央政府也就在各地流动。亚历山大在哪里，帝国的地方大员就要到哪里去谒见，去汇报工作。帝国多年来就只有这样一个流动的中央。这个流动的中央也不是真正意义的政府，因为它主要是个军事统帅部。它也没有真正意义上的首都，因为，一般地说，首都应是国家的政治中心，而亚历山大帝国的政治中心是随着亚历山大流动的，首都并不能起政治中心的作用。

2. 地方：各自为政

亚历山大帝国的地方统治，除希腊外，基本上承袭了波斯阿契美尼德王朝时的那一套，继续维持广泛的地方自治。简单地说，整个帝国可分成由国王的总督直接管理的地区和“间接统治”地区。亚历山大帝国在公元前 325 年大约有 20 个省，省的设置大都是沿袭波斯王朝的，各省的边界，除个别例外，几乎没有什么变化。可能是为了削减省的权力，亚历山大把那些地域较广的省分成几个小省，如叙利亚省就是从腓尼基省分出来的。省的总督开始都委任希腊人或马其顿人，但自公元前 331 年 10 月亚历山大委任一个归顺的波斯贵族马扎亚斯为一个新征服的省（巴比伦尼亚省）的总督后，亚历山大就陆续任命了许多原统治阶层的人物为各省的长官。从公元前 331 年到公元前 327 年间，帝国征服和组建了 12 个省，只有一个省的总督是马其顿人，其他各省的总督开始时都是伊朗人。

亚历山大任命地方长官的原则是看是否忠于他，而不是看是否是马其顿或希腊人。他的另一个原则是看是否有利于统治。符合这样两个条件，希腊人、马其顿人可当总督，波斯人、埃及人和印度人也可当。他要有效地成功地控制他那庞大的由多民族组成的帝国，就不能只用希腊人和马其顿人。亚历山大是个实用主义者，用波斯人管理波斯，埃及人管理埃及，印度人管理印度，显然比用异族人管理更有效。他还常让投诚过来的波斯帝国原来的地方总督担任原职，这样更可保持管理的延续性。当然，任命这样的人当总督的前提，是他们在忠诚方面没有问题，有的长期跟随亚历山大征战，有的在腓力二世时就曾投靠过马其顿，有的和亚历山大有亲密

亚历山大帝国金标币（正面）

亚历山大帝国金标币（反面）

的关系，如他妻子罗克珊娜的父亲欧克西亚提斯。亚历山大是不会把地方大权交给一个他不摸底的人的。

一般地说，总督并不掌握一省的全部权力，在埃及和东部几个由伊朗人担任总督的省份中，总督没有军权，所有的军事职务均由马其顿人担任，每个省都有一名马其顿统领，担任占领军的指挥官，主要的要塞和国库的指挥官也由马其顿人担任。总督的主要任务是征收各种省内税。西部各省的总督和埃及与东部各省不同，他们一般都有军权，这是因为这里的人民并没有完全屈服，他们常造反，亚历山大正是考虑到这点，才让总督有军权，好带兵去镇压造反者。

由于亚历山大帝国实际上没有一套完善的中央管理机构，一切都由亚历山大决定，一切都听命于亚历山大，而亚历山大常年征战在外，而且主要精力在军事方面，有时就放松了对政务的管理，特别在远征印度期间，一些省的总督和将领因亚历山大不在而任意胡为、玩忽职守、侵吞公款、敲诈勒索，地方的管理陷于无序状态，以至于亚历山大返回后不得不进行整顿。

除总督管理地区外，帝国还有一部分地区是由帝国间接统治的。这些地区并不受帝国政府的直接控制，它们在事实上或法律上保持了独立或自治，或是亚历山大听任它们实行阿契美尼德王朝特许和承认过的法规，或是征战时的措施不足，使各省的控制形同虚设。

有一些省只是名义上的，实际上并没有被亚历山大征服。卡帕多西亚省和亚美尼亚就是这样的。前者于公元前 333 年在亚历山大进军途中被征服，被派去了一名总督，而这个总督不久就死了，它也在公元前 332 年摆脱了马其顿的统治。而亚美尼亚，亚历山大只是在公元前 331 年派去了一名总督。这个总督根本就没有权，因为阿契美尼德王朝的总督还一直在那里。

有一些地区只是名义上属于某个省，实际上却仍由原来的首领统治，它们实际上是独立的。如帕夫拉戈尼亚，他们唯一的义务是应征召集军队；比提尼亚为保持自己的独立多次打退总督的军事进攻；小亚细亚南部有一些小城镇也千方百计争取或保持自己的独立；而在安纳托利亚的大部分地区，总督毫无权威。

还有一些根本不属总督管辖的地区，它们实际上并不属于帝国，如锡普尔和昔兰尼加。锡普尔保持着自己的城邦和君主，昔兰尼加和亚历山大有联盟关系。公元前 331 年亚历山大前往锡瓦绿洲时，昔兰尼加曾派大使随同前往。这两地后来在公元前 323~ 前 321 年划分省份时，都没有划进去。在腓尼基，除西顿外，各城邦也都保持各自的君主和机构，不过，它们必须上缴捐税，提供部队。它们的处境和小亚细亚的希腊城邦有点相似。

印度的情况比较复杂，亚历山大的统治方式在这里充分显示了其多样性。随着征战的进展，印度先后被分为三个省：公元前 327 年的上印度河省、公元前 326 年的中印度河省和下一年的下印度河省。但每个省内却又还有许多保持独立的小王公。太克西利斯的情况就很特殊，他的小城邦曾一度划归中印度河省，公元前 324 年总督菲利普死后，他接任总督，有城邦君主和总督的双重身份，不过军权却由一个马其顿人掌握。克什米尔的阿比萨瑞斯的王国和波鲁斯的王国则不属于任何省。阿比萨瑞斯要向上印度省的总督缴纳捐税，而波鲁斯在自己的王国内扮演亚历山大个人代表的角色，是个未挂名的总督。

亚历山大之所以在某些地方实行间接统治，交给原来的执政者和首领管理，是因为这样做比硬派马其顿人要好得多。实际上这也是亚历山大拉拢被征服地区上层人士的一种手段，取得他们的支持，对于稳定帝国的统治是十分重要的。

希腊诸城邦既不同于帝国的省区，也不同于那些间接统治地区，是帝国的一个特殊部分。理论上说，希腊诸城邦和亚历山大是盟约的关系，各城邦是马其顿的盟邦，保持着一定的自由和独立。但各城邦要为亚历山大提供军队，缴纳贡税，马其顿在希腊驻军，对那些不驯服的城邦可用武力制服。亚历山大还常用诏书干涉城邦的内部事务，把他个人的意图强加于各城邦。科林斯同盟只是亚历山大的传声筒，只能按照他的利益行事。如公元前 332 年亚历山大下诏扭转希俄斯的局势，希俄斯岛曾在公元前 333 年被波斯人夺回，后一直操纵在寡头政治执政者手中，亚历山大下诏由科林斯同盟长老会议按照同盟章程审判了这些政治寡头。又如，公元前 331 年安提柯战胜了斯巴达的阿基斯三世后，让同盟决定如何处置斯巴达，长老会议作出决定后，立即向亚历山大作了汇报。没有亚历山大的同意，同盟是不能做任何事的。各城邦通行的法令都是参照亚历山大的诏书制定的，亚历山大的诏书就是法律，对于各城邦的立法机构具有约束力。

3. 军队：维持统治的重要一环

亚历山大帝国是个军事帝国，不仅它不断扩大的领土依靠军事征服，帝国的统治和管理也依靠军队。帝国的军队除跟随亚历山大去远征，去征服新的地区外，还要负责维持地方秩序。各省都有一支由马其顿士兵和希腊雇佣军组成的驻防部队。直到公元前 325 年，亚历山大出于谨慎，下令解散了由各省总督自行征召的希腊雇佣军。这些驻防部队，一部分驻扎在各省首府的军营中或孤立的要塞中，一部分驻扎在希腊城邦中。他们已不只是作战的军队，也是维持治安的警察。有些驻防军还要负责保卫各战略要道的畅通。

亚历山大为了进行有效的统治，不仅任命一些亚洲民族的上层人物为各级地方行政官员，而且招募大量亚洲青年参加他的军队。招募亚洲人参加他的军队，当然，主要目的还是军事性的，补充他兵源的不足，如，他招募伊朗人组建了一支步弓箭手部队和一支马弓箭手部队，这两支部队在印度的战争中就发挥了很大的作用。他还把亚洲人编入他的辅助部队。但招募亚洲人参加他的军队也有政治目的，其一，这样一来，或多或少可以掩盖一下他的军队是一支纯粹的侵略军的本质；其二，大量亚洲人在他的军中，在一定程度上，可以起人质作用；其三，这和亚历山大要建立一个统一的世界帝国的目的是一致的，或者说，这是他建立他的世界帝国的措施之一。在出征印度前，亚历山大决定在东部各省招募3万伊朗青年，他要求这些青年不只是学习军事，还要他们学习希腊语，接受马其顿式的训练，显然，他是要让他们接受希腊、马其顿文化，这和他后来让他的部下娶亚洲女子为妻的目的是一样的，他要使东西民族融合，要用希腊、马其顿文化来改造亚洲人。

4. 亚历山大城：对人类的巨大贡献

亚历山大在远征的同时，建立了许多以他的名字命名的城市。这是一项颇为人称道的事，虽不如他的军事征服那样辉煌，却也在历史上留下了深深的痕迹。按照普鲁塔克的记载，亚历山大一共建立了70座亚历山大城。这个数字显然夸大了，可能把一些军队驻地和一些军事移民区也当成城镇了。亚历山大到底建立了多少亚历山大城，现在我们已无法得到一个准确的数字了。但距70这个数字可能也不会太远。这确是亚历山大在军事成就之外的另一项杰出成就。

这些亚历山大城除埃及的外，基本上都在底格里斯河以东。大部分这样的城市的建立是为了保证马其顿能对该地区进行有效的统治或管理，因为建立城市既可实行军事移民，又可使人口的居住集中。一般都认为，这些城镇有三项功能：军事防卫、使游牧部族定居下来和经济管理。从长远的观点看，一些城镇的确起了这样的作用，有的后来还成了重要的工商业中心。但亚历山大的最初目的，和他毁灭一些城市一样，是军事性的。例如，公元前330年，亚历山大先后在阿富汗高原地区建立了四座城镇：亚历山大—赫拉特城、德兰吉亚的亚历山大城、阿拉霍西亚的亚历山大城和高加索的亚历山大城，其目的显然是为了控制这一地区，保持交通要道的畅通，为远征印度作准备。特别是高加索的亚历山大城处于三条大道的交叉点，从长远的观点看，这里有可能成为一个商贸中心，但当时亚历山大是把它作为一个南下进攻印度旁遮普的理想基地城镇的。又如，药杀水河畔的亚历山大城，据阿利安的叙述，亚历山大建立这个城镇是为了保卫边界、抵御对岸蛮族的入侵，必要时还可以攻打西徐亚人。

亚历山大远征到哪里，他就把城镇修建到哪里。在埃及、波斯、巴克特里亚、粟特、印度，到处都有亚历山大城，这些城镇不仅起了支持他远征的作用，也为控制所征服的地区作出了贡献。亚历山大可能也有通过这些城镇来传播希腊、马其顿文化和促进当地经济发展的用意，不过，随着他的突然去世，他的这些用意大都落空了。尽管如此，有些亚历山大城，特别是埃及的亚历山大城，在以后的历史中，在相当长的时期内，都是经济文化的中心。亚历山大不只因他的远征、他的盖世军事成就而不朽，也因他的亚历山大城而流芳百世。

5. 重新洗牌：归国后的大清洗

亚历山大由于一生忙于军务，他在政治管理方面做的工作不多，也没多少创造性。在他远征印度时，他的帝国的高级官员由于他不在而实际上处于各自为政的状态，他们热衷于充当割据一方的诸侯角色。

亚历山大离开已 5 年了，谁也没有料到亚历山大会生返，他已经死在印度的谣传被许多人信以为真。亚历山大的安全返回，在帝国造成很大的震动，引起一片大混乱。他发现他所委任的许多希腊人、马其顿人和蛮族人的高官完全辜负了他的信任，不仅没有尽职尽责，反而为非作歹。他的总角之交、财政总管哈帕鲁斯，穷奢极欲，竟为他宠爱的女人修建庙宇，听到亚历山大归来的消息，席卷大量金钱财宝，带着 6000 名雇佣军逃回希腊；在埃及的财务总监干了好几桩暴行；移居到巴克特里亚的希腊人和马其顿人因重返家乡无望而怨愤满腔，扬言要暴动；上印度河省总督菲力普被发动兵变的雇佣兵杀害；一些省份的总督和相当一部分将领或互相攻讦，或作奸犯科。

亚历山大果断地、雷厉风行地进行了一场大清洗，对那些营私舞弊、残酷欺压民众的不忠官员实行了最严厉的制裁。一些腐败的官员被处死，其中包括三个总督：克连德尔、西塔西斯和米底亚人的统帅巴尔亚克斯。前二人是因抢劫庙宇、盗劫古墓和对居民横征暴敛而被处决的，巴尔亚克斯则是由于公开称王被杀。被处死的高官还有发动暴乱的阿尔克西斯和阿尔达尼斯、抢劫苏萨庙的赫拉康等。哈帕鲁斯逃到希腊，煽动雅典人叛变，不久就被自己的护卫杀死。

亚历山大无情的惩处毫无疑问也出现了错杀无辜者的情况，但正是通过这种严厉的手段，才使各省的秩序得以稳定。就像他在征战中曾经杀害了许多无辜者一样，在管理他的帝国中，为达到安邦定国的目的，为建立他所设想的理想的统一国家，他也是不择手段的。应当说，他惩处的不少人是罪有应得的。在惩治犯罪者的同时，亚历山大一方面对总督空缺的省份派去可靠的人接替，解散了各地总督擅自召编的军队，恢复了帝国对各地驻军的统辖，另一方面，他在自己周围建立了一个绝对忠于他的近卫军官集团，共有8人，其中利昂那塔斯、赫斐斯申、莱西马卡斯、克拉特拉斯、塞琉古、托勒密和培索是亚历山大过去挑选的，他们或是亚历山大久经考验的老朋友，或是屡立战功的年轻将领，朴塞斯塔斯则是新增的。他作战英勇，曾用盾牌救过亚历山大的命。亚历山大赐给他近卫军官这个表示荣誉和信任的头衔，是要委任他担任重要的波斯省总督。亚历山大到波斯省后，发现他所任命的该省总督已死，欧克西尼斯自行承担起总督的责任，但许多波斯人控告他曾洗劫庙宇和皇陵，还无故处决了许多波斯人。亚历山大立即下令把他绞死了，并正式任命朴塞斯塔斯为波斯总督，这不仅是因为他绝对忠诚可靠，而且因为他热心于东方生活方式，易于被波斯人接受。后来事实证明，亚历山大的这一决定是对的。和其他马其顿人不同，朴塞斯塔斯一当上波斯省总督，立即换上米底亚服装，学习波斯话，在其他许多方面，也仿效波斯人的作风。他的这些表现，既赢得了亚历山大的赞赏，也让波斯人感到满意。

6. 集体婚礼：空前绝后的种族大联姻

亚历山大的帝国是个多民族国家，各民族之间不仅语言风俗各异，发展水平相差悬殊，而且缺乏沟通，相互敌视。希腊人、马其顿人看不起亚洲人，在他们眼中，亚洲人都是蛮族，他们不愿长期呆在亚洲，他们最大的愿望是衣锦还乡。亚洲人也把欧洲人看成占领者、侵略者。亚历山大为了使他的帝国融为一体，为了打破民族之间的隔阂，为了进一步拉拢波斯贵族、大流士的旧臣，可能也是为了缓解部下众将官日益增长的思乡之情，在公元前324年2月，在苏萨举行了一场绝无仅有的盛大婚礼。这场婚礼的特殊之处，不是它的规模宏大豪华，而是参加婚礼的众多新郎新娘属于不同的民族，是一场大规模的种族联姻。

亚历山大和他的新娘当然是婚礼上最引人注目的人物，他在巴克特拉娶罗克珊娜为妻时，就已经显示了他的种族融合的理想。这一次他又娶了阿契美尼德王朝的两位公主：大流士的女儿斯塔泰拉和另一位王室公主，不过，罗克珊娜仍是他的妻子。他通过他的婚姻使他作为亚洲之王的地位更加合法化了。同时，他的好朋友赫斐斯申娶了大流士的另一女儿、斯塔泰拉的妹妹德莉佩蒂丝，“因为亚历山大希望自己成为赫斐斯申的子女的姨夫。”这使他和赫斐斯申十分亲密的关系又加上一条亲戚关系的纽带。和亚历山大一同举行婚礼的一共有亚历山大的 80 名军官和大臣，他们的新娘无一例外都是波斯贵族的女儿、名门望族的千金。其中，克拉特拉斯娶了大流士弟弟的女儿，坡狄卡斯娶的是米底亚总督阿特罗帕提斯的女儿，阿塔巴扎斯的两个女儿分别嫁给了托勒密和皇家秘书攸米尼斯，塞琉古娶了巴克特里亚的斯皮塔米尼斯的女儿阿帕玛。

婚礼是在一个按阿契美尼德王朝宫内大殿的式样建造的巨大帐篷内举行的，一切都按波斯习惯进行。新郎都按顺序坐好，一起祝酒后，新娘进来，坐到自己的新郎旁边，新郎握住新娘的手，亲吻。所有这一切动作都由国王带头。亚历山大把自己的婚礼和大家的放在一起举行，显示了他俯身下士和不拘形迹的作风以及与部下的亲密关系，赢得了大家的赞扬。在这场婚礼的影响下，下级官兵也群起效尤，有一万多人娶了亚洲女人为妻。亚历山大对这一万多新婚夫妇一一馈赠了礼品。

这场盛大的婚礼是空前绝后的，带有很浓厚的亚历山大个人色彩。没有亚历山大，没有亚历山大的民族融合理想，就不会有这样一场婚礼。这种不同民族的联姻产生了很好的效果，特别是波斯贵族，后来的历史证明，他们确实心甘情愿地承认亚历山大是他们的国王了，亚历山大的一些继承人后来甚至波斯化了，如塞琉古和他的后裔。

7. 涣然冰释：一场意义重大的骚乱

为进一步稳定军心，亚历山大下令偿还长期拖欠的军饷。但士兵们却心存疑虑，怀疑亚历山大会趁机找出那些不满的人，因此大多数人都不去签名领欠饷。于是，亚历山大下令发放欠饷不登记姓名。士兵们这才兴高采烈地来领欠饷。对那些受到大家称赞的作战英勇的人还额外发给奖品和奖金。对几个有特殊英勇行为或巨大贡献的军官，如救了他命的朴塞斯塔斯、舰队司令尼阿丘斯、赫斐斯申和其他近卫军官等，还每人赐给一顶金冠。

然而，马其顿人并不是对亚历山大做的一切都满意的，他们对他建设他的帝国的一些措施不理解，心存疑虑。在马其顿人的心中，亚历山大是他们的国王，而且只是他们的国王，他只能信任和重用马其顿人，而亚历山大却认为，他不仅是马其顿的国王，也是波斯人的国王，因此他娶亚洲姑娘为妻，穿波斯服装，委任亚洲人担当大大小小的官职，组建一支多民族的军队。亚历山大的这种新姿态，这种要建立民族融合的统一帝国的理想，和希腊、马其顿的传统思想是格格不入的，遭到非议和抵制是理所当然的。

当他征召的 3 万巴克特里亚青年来到苏萨时，马其顿人不高兴了，愤愤不平。这 3 万巴克特里亚青年年龄一般大，穿马其顿服装，按马其顿军训制度进行训练，亚历山大称他们为他的“继承人”。这引起了马其顿人嫉恨，联系到亚历山大的其他背离马其顿传统的做法，他们觉得亚历山大好像正在千方百计准备在将来把马其顿人踢开。他们对波斯省总督朴塞斯塔斯，在亚历山大的鼓励下，不论在服装上还是语言上，处处仿效波斯的行为感到气愤。令马其顿人无法接受的还有亚历山大进行的骑兵改革，他把在印度作战时只作为辅助部队的波斯骑兵和装备最好、待遇最高的近卫骑兵编在一起。此外，他新建立了一个以波斯骑兵为主的骑兵第五团，这个骑兵团里有不少波斯贵族子弟，任命巴克特里亚贵族希斯塔斯皮斯为该团的指挥官，给他们配备的武器是马其顿长矛，而不是“蛮族人”用的标枪。

亚历山大从印度返回后，又有了一个强烈的愿望：一定要沿底格里斯河和幼发拉底河航行到波斯湾，看看这两条河的入海口，如同视察印度河河口那样。他还要看看附近的大海。为此，他令赫斐斯申率领大部分步兵去波斯湾，他自己则率领一部分部队，乘船沿埃拉亚斯河驶向大海。沿波斯湾海岸驶至底格里斯河河口，再逆流而上，到达赫斐斯申扎营的地方，和赫斐斯申会合后，来到底格里斯河边的欧皮斯城。

在欧皮斯城，亚历山大把马其顿部队召集在一起，宣布解除所有超期服役或因残废而不能继续服役者的军职，遣送他们回家，答应在他们离开之前，发给他们每个人许多钱。亚历山大还说，他们回家之后，肯定会成为乡亲们所羡慕的人。这样就会鼓动其他马其顿人踊跃参军，不畏艰险，热情地跟随他亚历山大去打江山。

亚历山大让该复员的复员回家，还答应给他们许多钱，本是对这些人的关怀，是很正常的事。亚历山大以为他这一决定，一定会使大家对他感恩戴德，进一步稳定军心，提高他的威信，但事情的结果完全出乎他的意料，马其顿人对他们国王的种族融合政策、对他拉拢并重用波斯贵族、对他大量招募亚洲人参加他的军队的种种做法早就满怀怨愤，他们认为，他们的国王变心了，不要他们了。长期积存的不平之气一下爆发了。他们大声向他呼吁，要求他干脆把他们这些人都从军队中清除出去，请他在他的“老头子”（阿蒙，带有轻蔑意味的称呼）的帮助下去继续打他的江山。

亚历山大听了这些话，勃然大怒，作为一个拥有无上权威的帝国君主，他怎能容忍部下对他如此不敬。他立即从讲台上跳了下来，令卫兵把带头扰乱军心的人抓起来，一共抓了 13 个人。亚历山大下令把他们押出去处决。在场的人个个目瞪口呆，全场鸦雀无声。他们被亚历山大这种东方式的君主作风镇住了。不过，真正使这场反叛行为得到平息的，不是他的这种高压手段，不是杀了几个人，而是他的非凡口才。

有不少伟大的统帅有非凡的口才，亚历山大是其中的佼佼者。他在处死了带头闹事者后，又重新登上了讲台，向士兵们讲了很长的一段话。他的话是这样开头的：“马其顿同胞们！现在我想对你们说的，并不是要阻挡你们回家。就我个人而言，你们愿意到哪里去就可以到哪里去。但是，你们应当想想，假如你们就这样走掉，那你们究竟算是怎样对待寡人的呢？而寡人又是怎样对待你们的呢？”

接下来，他用他父子两人的业绩来回答自己提出的问题。他说，是他父亲腓力，把他们从流浪汉变成文明人，从别的部族的奴隶和顺民变成别的部族的主子。他的父亲降服了色雷斯、雅典、底比斯，成了全希腊的最高统帅。他父亲的成就是伟大的，但和他自己的成就比起来就显得渺小。他列举了他所有的征服活动，他说，他把自己的胜利果实都交给了他们，从金银财宝到陆地海洋都成了他们的。

他继续说：“你们有的当了地方长官，有的当了近卫军官，有的当了队长。而我，除了这一身紫袍和这一顶王冠，从这些战斗中又为自己赢得了什么呢？什么也没有！……我同你们吃一样的饭，睡一样的觉。不，我没有一次像你们当中的奢侈者那样挥霍过一顿饭。我还知道，我每天都比你们早起，为的是让你们安安静静地在床上多睡一会儿。”他还讲道，他所受的苦和累比他们中的任何人都多，他身上的伤疤也比谁都多。他做的一切都是为了他们，为了他们的荣誉，为了他们的财富，“不论谁牺牲了，他的死都为他带来了荣誉，举行隆重的葬礼，在家乡竖立铜像，父母受到尊敬，还豁免一切捐税和劳役。”

他在他那气愤之极却又很有说服力的演说最后说：“现在，我本要把你们当中那些不能再参加战斗的送回家乡，成为乡亲们羡慕的人，但是，既然你们都想走，那你们就都走吧……你们回到家乡后，告诉乡亲们，就说你们自己总算回家了，但把国王扔下了，把他扔给你们曾经征服过的野蛮部族去照顾。当你们当众宣布这件事时，毫无疑问，这在人世间一定是无上光荣的。在老天看来，这也一定够得上是虔诚无比的。你们走吧。”

讲完话，亚历山大跳下讲台，回到王宫，一连两天没有露面，不见任何人。第三天，他召集他的波斯亲信，着手筹建一支由波斯人组成的军队。马其顿人本已被亚历山大的话所感动，现在听到亚历山大真的要用波斯人来取代他们，非常难堪，他们虽对亚历山大有意见，但他们对他还是爱戴的，他们屈服了，跑到王宫门口恳求宽恕，他们还说要把搞骚动的教唆者和带头叫喊的人交出来，听任亚历山大处置。

亚历山大出来接见了他们。他们解释说，马其顿人伤心的是，亚历山大让波斯人当了他的亲戚，称波斯人为“亚历山大的亲戚”，容许他们吻他，而马其顿人反而没有这个权利。亚历山大在听了他们的解释后说：“可我把你们也都当成我的亲人哪！以后我就这样称呼你们。”于是，马其顿人纷纷上前对亚历山大行吻礼，一场突然而又猛烈的骚乱就这样被亚历山大以过人的口才和权术平息了。马其顿人彻底屈服了，和波斯人一样，对亚历山大卑躬屈膝了，他们过去坚决反对的向君主行的吻礼，不仅接受了，还以能向亚历山大行吻礼为荣了。亚历山大完全像一位东方君主了，可以为所欲为了。

亚历山大平息了马其顿人的骚乱后，祭神谢恩，接着大摆宴席。亚历山大自己坐在中间，围坐在他四周的是马其顿人，往外是波斯人，再往外就是按功劳和地位排列的各族代表。亚历山大和围坐在他四周的人用同一只大杯喝酒，在他开怀畅饮时，希腊的占卜者和波斯的僧侣作祈祷的准备。亚历山大祈求幸福，并特别为帝国内部的马其顿人和波斯人之间的和谐和友谊祈祷。参加宴会的据说有 9000 人，他们一起洒了奠酒，一起唱了胜利之歌。

欧皮斯的宴会完全化解了亚历山大和马其顿人之间的隔阂。宴会的形式表明，帝国是以亚历山大为唯一中心的，而马其顿人也占有高出其他民族的优越地位。宴会还表明，波斯人现在也成了亚历山大帝国的重要支柱，马其顿人和波斯人之间的关系已不是征服者和被征服者之间的关系，他们都是亚历山大的臣民，都效忠于亚历山大。帝国内的种族矛盾将让位于社会矛盾。

有的历史学家对亚历山大在宴会上的祈祷评价非常高，甚至认为是人类思想上的一次革命性标志，因为他的祈祷反映了他期望希腊人和蛮族人之间和平和团结的理想。这种理想是他的老师亚里士多德所不可想象的。在亚里士多德眼中，亚洲人是天生的奴隶，而亚历山大在这方面却正好和他老师形成了鲜明的对比。亚历山大的理想从一开始就是要建立一个世界帝国，一个统一的和谐的世界帝国，早在小亚细亚时期，他就任命亚洲人为地方总督。为了他的帝国的和平和繁荣，他显然很乐意让所有的民族都参加他的帝国政府。

宴会后，大约有一万左右的老兵和伤残者在平静的气氛中自愿地启程返回马其顿，亚历山大给他们每个人都发了全饷和赏金，让他们把妻子和孩子留下，免得回家后，这些异族妻子和她们的孩子与家中的妻子、孩子发生矛盾，许诺替他们照顾他们留下的孩子，让他们的儿子成为用马其顿方式进行武装和训练的战士。他派克拉特拉斯护送他们回去。

克拉特拉斯护送退伍老兵返回马其顿后，按照亚历山大的命令，接替了安提柯的职务，当了希腊联盟的副盟主。安提柯则奉命率领新征召的士兵到波斯。亚历山大之所以用克拉特拉斯取代安提柯，是因为安提柯长期和亚历山大的母亲奥林匹娅斯不和。奥林匹娅斯不仅仍风流成性，而且以太后身份，恣意妄为，干扰安提柯政务，引起安提柯的不满。安提柯给亚历山大写信，抱怨奥林匹娅斯性情粗鲁，脾气暴躁，爱管闲事，干扰他的政务，而奥林匹娅斯也写信向亚历山大控告安提柯，说安提柯狂妄自大，甚至把赐给他高位的恩人都忘了，还说他忘乎所以，一心想凌驾于一切马其顿人和希腊人之上作威作福。亚历山大无奈之下，只好把安提柯调离。

二、英雄陨落：亚历山大之死

1. 一语成谶：印度智者的预言

亚历山大重返波斯，曾去波斯古都帕萨尔加德参观了居鲁士的陵墓。墓碑上镌刻着这样的话："人啊，不论你来自何方（因为我你终归要来的），我，居鲁士，是波斯帝国的缔造者。不要吝惜这一小块供我葬身之地吧。"但陵墓除金棺和一条长凳外，已被洗劫一空。金棺也已被打开，居鲁士的遗体被扔到外边。亚历山大目睹墓碑上的话和陵墓的惨象，心灵受到很大震动，不可一世的伟大君主居鲁士，死后竟连保存遗体的地方都没有！人世的变化何等无常！他命令阿里斯特布鲁斯负责把陵墓恢复原状，修好后在墓室门上盖上玉玺印记。

这时，公元前 324 年春，亚历山大又碰到一件使他心灵受到震动的事。在印度投奔他的印度婆罗门、哲人卡兰努斯病了。其实他并没有什么大病，可能是水土不服，他一天天消瘦了，而又不接受任何治疗。亚历山大来看他，他竟要求亚历山大让他现在就死去，让他用印度习惯的火葬方式死去。如果亚历山大不答应，他就不得不用其他方式结束生命。无论亚历山大怎样劝说，卡兰努斯都不改变主意。亚历山大只好满足他的要求，令托勒密负责按他的要求为他准备火葬的柴堆。

火葬的这一天，亚历山大令他的部下组织了一个大规模的仪仗队，一些人全副武装，另一些人则手拿各式各样的香火准备往柴堆上放。卡兰努斯头戴印度式的花环，坐在轿子上，来到火葬场。送葬的印度人唱着圣歌。

在登上柴堆前，卡兰努斯对马其顿人说，他们应大摆一天筵席。最后送给亚历山大的却是一句很不吉利的话："我很快就会在巴比伦再见到你。"这句话后来常被人引用。说完，卡兰努斯就在众目睽睽之下庄严地登上了柴堆，随即火点燃了，为向卡兰努斯致敬，号兵吹响了号角，战士大声呐喊，大象也大声吼叫。卡兰努斯在烈焰中怡然自若，毫无畏缩之态。

卡兰努斯自请去死和他死前说的话，并没影响亚历山大向他预定的目标前进，或者说，并没动摇他要建立一个统一的理想帝国并继续征服未征服地区的决心，他的这种决心是任何困难和挫折都改变不了的。公元前324年，他只有32岁，年富力强，他的事业也正如日中天，在这样的时候，他根本没想到他的路快走到头了，他的日子不多了，他的帝国也很快就会如同昙花一现一样土崩瓦解了。他当时所想的是如何巩固和建设他的帝国和制订新的征服计划。

2. 未完的梦：完不成的扩张计划

公元前324年秋天，亚历山大的好友、他最为信任的部下赫斐斯申在埃克巴塔纳病死了。当时亚历山大正在观看体育竞赛，得到赫斐斯申病重的消息，赶忙去看他，而看见的已是死人。赫斐斯申之死给亚历山大的心灵造成了极大的悲痛，一连三天，他一点东西都不吃，整天躺在床上哭泣，愁眉苦脸，一言不发。赫斐斯申的葬礼极其豪华，让死者享受了空前的殊荣。亚历山大下令在巴比伦给赫斐斯申造了一个极大的火葬台，要东方各国同时举哀。赫斐斯申所率领的部队仍以他的名字命名。为了纪念他，亚历山大又倡议举行了成千上万人参加的体育和文艺比赛。

公元前324年冬，亚历山大从哀悼赫斐斯申的悲痛中恢复过来后，率兵扫荡了苏萨和埃克巴塔纳之间的拒绝俯首称臣的科萨亚人。科萨亚人是山寨居民。敌人来时，他们就转移走，敌人一走，他们就又回来。但亚历山大这次征伐，虽在数九寒天进行，有许多困难，却把科萨亚人赶跑了，并随即在该地的各重要位置上建了一些城镇。

公元前323年，亚历山大回到了阔别8年之久的巴比伦，计划以此地做他帝国的首都。许多国家都派来使节祝贺他成为亚洲之王。有利比亚的，有来自意大利的布拉提亚、卢卡尼亚和提瑞尼亚的，还有埃塞俄比亚的和欧洲西徐亚的，卡科顿人、凯尔特人和伊比瑞亚人也派来了使节。他们除表达修好之意外，有的还请求亚历山大仲裁他们之间的纠纷。有些使节所代表的国家和民族是希腊人和马其顿人从来没有听说过的。有人说正在日益强大起来的罗马也派来了使节，不过罗马人从来没有提起过这件事。各国使节云集，不只使亚历山大本人，而且连他的部下，都感到他确实像是所有陆地和海洋的主宰。

然而，亚历山大并没就此停止他的扩张，他永不满足，他还有着更为宏大的计划。他要到里海去探索一下，看看它和什么海相连，这是他早在出征印度前就已经有了的计划。他要去看看里海是否和黑海相连，围绕印度的那个海的海水是不是流入里海。据说那里有一个神秘的阿马宗女人国，赫拉克勒斯曾到过那里，还把阿马宗女王的腰带带回了希腊。位于阿马宗女人国附近的科拉西尼亚国王曾亲自对亚历山大说，如果亚历山大要去征服那一带，他愿当向导，亚历山大回答说，等征服印度以后，他将率领全部兵力去征服里海和黑海一带。现在是实现这一愿望的时候了，他派人带领造船工人到赫卡尼亚去，命令他们在赫卡尼亚的森林里采伐木材，修造战船，为他将来出征里海作准备。

亚历山大还有一个在南面扩张的计划。他要征服阿拉伯半岛、埃塞俄比亚和利比亚大部分地区。公元前 324 年，亚历山大曾派他的总督进行过试探性的征战，结果都大败而归。不过亚历山大是从不在困难面前退缩的，他要征服阿拉伯等地区，控制波斯湾和阿拉伯海的计划并没有放弃。为实现他的这一计划，他开始扩充海军，把他已有的战船都调到巴比伦来，让人在巴比伦地区砍伐树木，建造一批新船，从腓尼基和其他沿海地区召来水手，在巴比伦附近开辟一个可容纳 1000 艘战船的大港口，港口里修了船坞。他还疏浚巴比伦地区的各条运河，建立一个可靠的灌溉系统，在波拉帕斯运河的下游、波斯湾处建立一座新亚历山大城。正像阿利安所记载的：“亚历山大的计划是使波斯湾沿海地区及岛屿成为其殖民地，因为他认为该地区将来可以像腓尼基那样富庶。他扩充海军实际上是针对阿拉伯人的，理由是所有部落中，只有阿拉伯人没有向他派遣使节。照我看来，事实上是他总想征服新的领土。”阿拉伯吸引亚历山大的是那里的财富、那里生产的各种香料，当然那一地区海岸宽广，有许多天然良港，沿海岛屿繁荣兴旺，也是使亚历山大十分垂涎的。这一切，使亚历山大一直想围绕阿拉伯半岛进行一次新的远航。

在巴比伦，亚历山大建立了一支全新的军队。原来完全由马其顿人组成的步兵方阵军，改变成了有 2/3 的波斯人参加的多民族混合军队，整个方阵军分成 10 个小组，每个小组由 4 个使用马其顿武器的马其顿人和 12 个使用波斯弓箭或标枪的波斯人组成，由马其顿人指挥。由于大量招募波斯人参加军队，解决了兵源不足的问题，同时亚历山大的军事改革也进一步提高了军队的战斗力，新编的方阵成为轻型部队和重型部队的混合体，具有火力强和冲击力大两种优势。亚历山大期望，他经过两年时间（公元前 324~ 前 323 年）建立的这支马其顿人和波斯人亲密相处的全新部队，可以帮助他去实现新的征服计划。

除了要北上征服黑海和里海一带和南下侵占阿拉伯等地外，亚历山大在公元前 323 年还有一个征服地中海西部地区的计划。这个计划是在亚历山大死后，在他的文件中发现的。“计划中提议，在腓尼基、叙利亚、奇里乞亚和锡普尔建造 1000 艘比三层桨战船还要大的战舰，以便进攻迦太基人和生活在利比亚和伊比利亚沿海的各民族，进攻邻近的沿海地区，直至西西里岛；沿利比亚建造一条大路直至海格立斯石柱，并在精心选择的几个地方建造港口和兵工厂，以备远征之用；建造六座雄伟的神庙，每座造价为 1500 塔伦特；最后还要新建一些城镇，将亚洲部族移居欧洲，将欧洲部族移居亚洲，以形成精神一体化和通过民族通婚产生友好的关系和亲密的联系。”有人对这一计划的真实性有怀疑，理由是在公元前 323 年亚历山大在财力和兵力上都没有实现这一计划的条件。不过，根据亚历山大的性格，只要可能，他是不会让希腊人熟悉的西地中海地区独立于他的帝国之外的。而且，这时罗马已开始兴起，如果亚历山大不是英年早逝，他肯定不会看着罗马日益强大而不加干涉的。

3. 英年早逝：盖棺难定论

亚历山大的大部分精力都花在打仗上了，他的时间都消耗在不停的征战中了。回到巴比伦后，他的首要任务应当是如何治理他充满各种矛盾的庞大帝国，他也确实更多地考虑治国安邦了，甚至他的新的征服计划也在一定程度上和治国联系在一起，因为他在北边的扩张计划有把黑海、里海和印度河连在一起的意思，如果真能这样，那北边的边境就是一条很好的连接东西的交通要道；南边的扩张也是要把印度河、两河流域和尼罗河连接在一起，他之所以有这样的想法，是因为据说大流士一世曾在红海和尼罗河之间修了一条运河。如果亚历山大的计划实现了，他的帝国南边的边界就全由海洋组成，而且是连接印度、两河流域和尼罗河流域的重要交通要道，这不仅可以把他的帝国连在一起，而且大大有利于经济的发展和文化的交流，有利于消除不同地域之间的隔阂，当然也有利于实现他建立一个和睦统一的全新国家的理想。按照亚历山大的设想，他的帝国应当是四面都被海洋环绕的，这也是他要向恒河进军的原因之一，他认为到了恒河就到了世界最东端的大海。应当说，亚历山大在他那个时候有这样的抱负、这样的理想、这样的计划，是令人惊叹的。这和他建立各民族融合的国家设想一样，是远远超出了他那个时代的要求和条件的，也只有亚历山大这样的伟大人物才会有这样的想法。他在他选定的路上取得了空前的成功，如果假以时日，我们不知他还能在这条路上走多远，但他已经没有时间了，他的这条前人从没走过的路也已到头了，他的新的种种计划，就像梦一样，随着他的离去，烟消云散了。

亚历山大在战场上曾多次大难不死，好像是吉人天相，老天保佑他完成他的事业，不过似乎也有人希望他快死掉。他远征印度时，就广泛流传他死在印度的消息。他安全返回，曾使不少人大吃一惊。不过他回来后，老天和诸神开始不那么眷顾他了。亚历山大虽然是个我行我素的人，但每逢大事，他都要祭神问卜，过去的占卜总是吉多凶少。他一般情况下，都按占卜的吉凶作决定，但有时他也置占卜的吉凶于不顾。他在返回巴比伦途中，碰到一些卡尔达亚的占卜家，他们告诉亚历山大，他们得到了神谕，亚历山大进巴比伦城凶多吉少，要他停止向巴比伦进军。亚历山大用戏剧家欧里庇得斯的一句话作答：“预言家，预言家，预言最好的事，才是最好的预言家。”

这些预言家又劝亚历山大别往西走，要往东走。亚历山大根本不相信他们的话，怀疑他们有私心。有人说，就是因为亚历山大没有听从神谕，走上了死亡之路，才在他功业辉煌和众望所归时死去。

人的生死是自然的事，但在古代，中外都一样，一位伟大人物的生死似乎都是老天安排的、神安排的，事前都有一些征兆。亚历山大出生时就有一些显示他不平凡一生的预兆，他的死也在事前出现了种种预兆。有一位希腊占卜家曾为赫斐斯申和亚历山大两人杀牲问卜，两人都显示大凶的预兆。印度哲人卡兰努斯死前也曾对亚历山大说，他们很快就要在巴比伦再见。

亚历山大的确是位性格极其坚强的伟大人物，他在知道这些有关他的凶兆后，仍然不知疲倦地工作，接见各地代表，处理繁杂的国事，日理万机。他甚至还在为他新的征服计划的实施作准备。他派出了一个探测队去测定黑海和大洋的关系，组织了各种沿阿拉伯半岛航行的探险队，有些船只直下波斯湾，还有一些从埃及出发前往红海。不过，有关亚历山大的不吉利的预兆仍不断出现。在幼发拉底河入海口有两个小岛，亚历山大给其中一个取名为伊卡拉斯，与爱琴海上的一个岛屿同名。据说伊卡拉斯是希腊建筑师和雕刻家代达拉斯的儿子，他父亲在他背上用蜡贴上两个翅膀，嘱咐他靠地面低飞，千万别飞得太高，但他没把父亲的话当回事，飞得太高，太阳把蜡晒化，翅膀掉了，他从高空掉到一个岛上，摔死了。这个岛就被人叫做伊卡拉斯岛。亚历山大给岛取这样一个名字可能又是个不祥之兆。还有一件说法不一的事，有一次亚历山大在巴比伦附近的运河航行，他亲自掌舵，忽然吹来一阵风，把他的帽子吹落到水中的一根芦苇上，一名水手游过去把它拿了回来，但在往回游时，害怕把帽子弄湿，就把它戴在头上，有的预言家又预言这事不吉利。还有人说，取回帽子的是塞琉古，这件事预兆着亚历山大之死和把其帝国留给塞琉古。

有一天，亚历山大正在处理政务时，突然感到口渴，便起身离座去另一房间喝水，这时，不知从什么地方进来了一个陌生人，竟坐到亚历山大的宝座上，波斯护卫由于波斯礼法的限制，也没有上前把他拉下来。亚历山大亲自审问了这个人，但他除了说自己是一时心血来潮外，再也供不出什么。这事当然有点奇怪，不排除有人故意制造事端，扰乱军心，而占卜家们却又说这件事预兆着要出大事。

终于出大事了，亚历山大病了。根据随驾日记的记载，亚历山大得病的前一天晚上，曾和他的亲近近卫军官迈狄亚斯一起饮酒作乐，后来离席去洗了个澡，又睡了一会儿，醒来后，又和迈狄亚斯一起吃了饭，然后喝酒到深夜，接着，停止狂饮去洗澡，洗完了，又吃了些东西，就地睡下。就这样他开始发烧了。从公元前 323 年 5 月 23 日起，高烧一直不退。但令人惊奇的是，虽卧病不起，出外要躺在担架上让人抬着，他仍每天都像往常那样进行祭祀、洗澡、和人谈话，甚至一些军官如何行军、如何航行他都要一一作指示。他还让人用担架把他抬到河边，并乘船渡河到对面的花园里。他接见尼阿丘斯和其他军官，和他们一起讨论远征阿拉伯半岛的事。6 月 7 日，亚历山大病势转危，所有的御医都束手无策。在他病重期间，他的母亲奥林匹娅斯和他的妻子罗克珊娜等他的亲人也都在他身边。很快，他便不能说话。他的士兵们都渴望去见他们的国王最后一面，因为外面风传亚历山大已经死了。士兵们硬闯进宫中，在他身边鱼贯而过时，他还能吃力地抬起头，以目示意。他的一些将军和大臣到神庙祈求神示，问是否可以把亚历山大抬到神庙里向神祈祷，并请神治疗，但神谕说不要把他抬到神庙里去，最好让他呆在原处。不久，亚历山大就去世了。皇家日志记载："越二日薄暮，君薨，天意也。"时间是公元前 323 年 6 月 10 日。亚历山大死时还不到 33 岁，在位共计 12 年又 8 个月。

亚历山大的死因，日志上说是天意，这可有各种不同的解释，一般都认为是死于一种病，疟疾或肺炎。但也有被谋杀的可能，有一种流传很广的说法，说亚历山大其实是被毒死的，是在吃了安提柯送的一服药才死的。这服药是亚里士多德替安提柯配的，亚里士多德是因为亚历山大杀了他的侄子，对亚历山大既恨又怕。药是由安提柯的儿子卡山德送到亚历山大那里，而由卡山德的弟弟、亚历山大的御杯侍从递给亚历山大喝的。还有人说，亚历山大之死和迈狄亚斯有关。迈狄亚斯迷恋亚历山大的妻子罗克珊娜，故意引诱亚历山大饮酒，亚历山大就是因暴饮而发烧的。诸如此类的说法还有一些，但都没有真凭实据，有关安提柯和亚里士多德毒死亚历山大的流言可能是奥林匹娅斯散布的，因为她长期和安提柯不和。

一位在历史上创造了许多奇迹、改变了世界面貌的伟大人物就这样突然去世了，我们中国有盖棺定论的说法，其实要评价亚历山大这样一个人物是非常困难的，更不要说定论了，而且不同的人对亚历山大有不同的评价。当时就是这样，在许多希腊、马其顿人，甚至还有波斯人看来，亚历山大是如同神一样的巨人，而在印度的苦行僧眼中，他不过是个自找麻烦还殃及他人的人。事实上，至今对亚历山大的评价也仍是众说纷纭。有人把他当成圣人，有人则认为他是屠杀成性的刽子手。仁者见仁，智者见智，有不同的看法和评价是正常的。我们这里引用一段阿利安在他的书里对亚历山大的一段总结性评述：

"他体格健美，酷爱艰苦生活；机智勇敢，以艰险为乐；他热爱荣誉，对宗教十分重视；在肉体享乐方面极有节制，但在精神享受方面却永无满足，一切都不放在眼里，一心追求光荣显赫。他采取行动时英明果断，即使在昏暗迷茫中，也从不犹豫；情况明朗时，则更是目光炯炯、成竹在胸。对部队，从装备训练到调动指挥，都异常精明巧妙。他善于鼓励士气，使全军感到前途光明。遇有艰险则身先士卒，冲锋陷阵，一往无前。在胜负难分、成败不定之际，他能当机立断，大胆行动。他能急中生智、掐算如神，常使敌人措手不及、束手受擒。他对敌人的阴谋诡计经常保持高度警惕，绝少陷入圈套。他言必信、行必果。他在金钱问题上，对自己一贯苛刻，对别人则十分大方。他的品德崇高，人世罕见。"

阿利安对亚历山大的评述是可信的，虽评价很高，却并没有神化他。但这一评述集中在对他的性格和军事才能方面，对他作为一个帝国的统治者除军事以外其他方面的才能和作为却毫无评述，对他的不足和错误也没涉及。阿利安甚至认为他的错误并不是什么了不得的问题，而且认为他是所有国王中唯一对自己的错误表示悔恨的。其实亚历山大显然有其不足的一面，如性格上的暴戾、狂妄和酷嗜权力；作为国王，精力只集中在征战上，而疏于国家的管理。英国历史学家赫·乔·韦尔斯就认为亚历山大缺乏创造性。他在他的巨著《世界史纲》中写道：

"他很少创新。他使大多数波斯省份的组织保持了原状，任命了新的或保留了旧的总督；道路、港口、帝国的组织依然和他的更伟大的前辈居鲁士留下的一样。在埃及，他只是把旧的省长换成了新的；在印度，他打败了波鲁斯王，然后又让他握有在初见他时所拥有的同样的权力，只是被希腊人称为一个总督而已。”

这都是事实，但这并不能证明亚历山大没有创造性，亚历山大只有这样才能集中力量进行征战，才能在如此短的时间里建立如此大的帝国，有得必有失，军事上的无比辉煌，是和他政治上相对无为连在一起的。亚历山大有不少关于他的大帝国的设想，甚至病重时仍在考虑他的帝国的进一步发展。由于他的突然去世，他的建立一个民族融合的统一世界帝国的理想才成为一个破碎的梦。事实上，他政治上的无为正显示了亚历山大不同凡响的政治智慧，因为，他在被征服地区的统治，只有和传统的统治阶级联合才能实现。

拿破仑曾说：“我对亚历山大特别感到羡慕的地方，不是他的那些战役，而是他的政治意识，他具有一种能够赢得人民好感的艺术。”亚历山大具有把他的政治、经济、文化目标和他的军事目标联系在一起的政治家的智慧。他并不是一味地靠武力征服，他开始时就把自己打扮成解放者，在埃及他又成了阿蒙神之子，在波斯他好像是波斯国王，他后来甚至打出为大流士三世复仇的旗号，他在印度成了印度土王的朋友，让他们当地方总督，他娶亚洲王室之女为妻，凡此种种，显示了他作为一个政治家的智慧和胸怀。正是由于他的这些措施，他的统治地位才基本上取得了被征服地区人民的认同。当然，征伐、屠杀和镇压也仍然是他建立和维持他的帝国的主要手段，他的帝国是个军事帝国，是靠军队做支柱的。

无可否认的是，亚历山大是无与伦比的希腊文明所孕育的伟大天才，他的非凡的征服，使希腊文明在更大范围内传播，使东西方文明的交流和融合发展到一个新的高度，开创了一个新时代。这个时代欧洲人称之为希腊化时代。不幸的是，亚历山大死在他的伟大征服计划的实施过程中，后果是灾难性的，他的征服计划、他建立世界帝国的计划夭折了，他的帝国也随着他的死去而四分五裂了。

三、内部混乱：帝国的崩塌

1. 王位之争：亚历山大留下的权力真空

亚历山大的死亡对于亚历山大帝国来说是致命的。亚历山大死得太突然了，他既没有留下任何遗言，也没有留下任何遗书。谁来继承亚历山大的王位呢？这是个亚历山大生前从未考虑过的问题，而又是必须立即解决的问题。一个君主国没有合法的继承人，就会崩溃，因为死去的君主所留下的权力真空，无法得到及时的填充，必然招来各方势力对这最高权力的争夺。庞大的亚历山大帝国是由亚历山大一人决定一切的，现在突然成为无主的了。

问题的严重性还在于，亚历山大没有一个副手，行政上根本没有一个完善的政府，没有首相，军事上没有副统帅。帕米尼欧曾是副统帅，但早被亚历山大处死了，克拉特拉斯有副统帅之名，无副统帅之实。亚历山大生前可能想让赫斐斯申做副统帅，并曾给予他首相的头衔，俨然有成为亚历山大之下的第二人的样子，却又早死了。实际上，赫斐斯申没死，也没有主持全局的权威。亚历山大生前为了树立自己的绝对权威，有意不让任何将领权力过大。现在没有了主，又没有任何人作得了主，亚历山大的尸体还陈放在宝殿中，各军团的将领便就国王的继承人问题展开了激烈的争论。

当时，可供选择的继承人只有两人，一个是腓力二世的庶出之子、亚历山大的同父异母兄弟阿里代奥斯，是个生性愚钝的人，另一个还没出世，还在罗克珊娜的子宫里。据说亚历山大死时，罗克珊娜曾当着众将领的面指着自己的肚子说，亚历山大帝国有继承人了，亚历山大听了才合上了眼。争论的结果，决定立阿里代奥斯为王，号腓力三世，同时决定，如果罗克珊娜生了儿子，就宣布亚历山大这个遗腹子为王。两个月后，罗克珊娜生了个儿子，取名亚历山大，并被宣布为国王的合法继承人。亚历山大最年长的密友坡狄卡斯被选定为摄政王。

决定了王位继承人后，将领们才开始商讨和安排亚历山大的安葬问题。

亚历山大之死

在坡狄卡斯的主持下，为亚历山大打造了一个金棺。金棺里除安放亚历山大的尸体外，还放有王冠、权杖、国王生前常用的武器和黄金宝座，还用黄金、宝石等打造了一辆极其豪华的运灵车。这辆运灵车要用64头骡子拉。金棺和灵车都打造好了，可以安葬了，但葬在哪里却又决定不下来。每个将领都想把亚历山大的遗体葬在自己所管辖的地区，因为他们听说，有神谕说，亚历山大的遗体埋在哪里，哪里就会得到幸运，得到福祉，永远也不用担心会被破坏。一年以后，亚历山大的灵柩才从巴比伦运到埃及亚历山大城，安葬在以他自己的名字命名的这座城市里。恺撒和奥古斯都曾先后在亚历山大城参谒过亚历山大陵墓，但随着时间的推移，亚历山大的陵墓在哪里，成了一个至今都没解开的谜。

2. 将领内讧：争夺最高统治权的持续混战

诸将虽立亚历山大的遗腹子亚历山大四世为国王，却并没能解决亚历山大至高无上的权力由谁来继承的问题。一个吃奶的小孩只是个摆设，辅佐他的人也没有统治全国、领导全军的权威。坡狄卡斯虽是摄政王，并不能指挥各地的将领，就是在马其顿，他也作不了主。作为母后的罗克珊娜是外族人，在马其顿没有一点势力。王太后奥林匹娅斯有强烈的权力欲望，也并不支持罗克珊娜母子。亚历山大死后各将领之间的协议很快就被撕毁，统一的帝国立即陷于混乱之中，亚历山大时的团结一致向外发展、进行扩张转变成亚历山大的诸将领之间的一场混战，一场争夺统治权的内战。

庞大的帝国在这场内部混战中四分五裂，亚历山大的亲人们在混战中一个接一个地死于非命，他的整个家庭都毁灭了。罗克珊娜在亚历山大死后不久就把亚历山大的另一个妻子、大流士的女儿杀害了，但她本人虽贵为太后，也在公元前 311 年和她的儿子、亚历山大四世一起被杀害了。奥林匹娅斯曾一度在马其顿掌权，她谴责这个人或那个人谋害了她亲爱的儿子亚历山大，盛怒之下她杀了腓力二世的傻瓜儿子夫妇、安提柯的儿子、卡山德的兄弟和其党羽百余人，她甚至把亚历山大死后才死去的他的部下的尸体挖掘出来，以追查亚历山大的死因。她后来被她所杀害的人的家属杀死。

亚历山大家庭毁灭的一个重要原因是亚历山大没有为自己培养接班人，在这方面他和他父亲有天壤之别。腓力为培养亚历山大费尽了心机，真的是高瞻远瞩。其实，腓力也是英年突然去世，他死时也只有 46 岁，但由于有亚历山大这个接班人，他的事业得以继续下去。相比之下，亚历山大在这方面是短视的，他根本没有想到为他的事业、为他的帝国培养继承人，结果，他一死，他的家人便一一死于非命，更不要说他的事业了。一个君主国，特别是一个专制君主国，没有继承人，分裂、崩溃是不可避免的。

当然，亚历山大帝国也被这场内部混战毁灭了。亚历山大一死，帝国的政治中心又回归到马其顿，争夺最高统治权的斗争围绕对马其顿的争夺展开。公元前 323 年，也就是亚历山大去世的这一年，塞琉古率领骑兵部队，进入马其顿，参加摄政王坡狄卡斯驱逐埃及总督托勒密的战役，然而，到埃及后，他又参与刺杀坡狄卡斯。

公元前 321 年，马其顿帝国分裂，由亚历山大的将军们分别割据帝国的各行省。安提柯继坡狄卡斯为马其顿摄政；托勒密为埃及总督，兼据利比亚和阿拉比亚地区；塞琉古成为巴比伦总督。但这不是争夺最高统治权的内战的结束，而是新的混战的开始。

公元前 319 年，波利佩孔继安提柯为摄政，随后，安提柯的儿子卡山德、托勒密、塞琉古以及另一个亚历山大的大将安提柯等联合起来，反对波利佩孔。安提柯获胜后，与塞琉古反目，塞琉古在公元前 316 年投奔托勒密，成为托勒密手下的一员大将。公元前 312 年，塞琉古和托勒密大败安提柯的儿子德米特里，塞琉古卷土重来，回到巴比伦。后来安提柯派大将尼加诺和德米特里从东西两面夹击巴比伦，但未能把塞琉古赶走。公元前 305 年塞琉古在巴比伦称王，建立塞琉古王国，并逐步将其国土扩展到伊朗东部，最远到印度。同年托勒密在埃及称王，建立托勒密王朝。安提柯则控制了爱琴海、东地中海和除巴比伦尼亚之外的全部近东地区。如此形成群雄割据、三足鼎立之势。但各割据势力之间的战争仍连绵不断，此分彼合，彼分此合，从陆上打到海上，再从海上又打到陆上。公元前 302 年，安提柯重新建立大希腊联盟，安提柯成为新的希腊同盟的盟主。但在这时，塞琉古从巴比伦尼亚侵入小亚细亚，托勒密进攻叙利亚，色雷斯总督利西马科斯占领小亚细亚西部地区。公元前 301 年，塞琉古和利西马科斯的联军在小亚细亚的伊普苏斯大败安提柯和德米特里父子俩，安提柯战死。塞琉古把势力扩展到叙利亚和巴勒斯坦，而托勒密则占领了叙利亚南部。此后，塞琉古王朝和托勒密王朝之间开始了长期的连绵不断的战争。公元前 294 年，德米特里在马其顿称王。公元前 285 年，德米特里又一次败于塞琉古，并被塞琉古擒获。他的儿子安提柯（和祖父同名）继承王位，控制马其顿和亚历山大帝国的欧洲部分。

庞大的亚历山大帝国崩溃了，被亚历山大的将领内讧打碎了，分裂成了三大块和一些小块。这三大块是三个新的国家，而不是亚历山大帝国。亚历山大建立统一的世界帝国的理想，犹如一场美妙的梦，昙花一现，破碎了。不过，这些建立在亚历山大帝国境内的新的国家或王朝，不仅全是由亚历山大的部将、基本上都是马其顿人建立的，而且，除了未能保持统一外，他们基本上也仍然实行亚历山大所实行的那一套。在某种意义上，可以说，只不过是一个大的马其顿帝国分成了一些小的马其顿国家而已。亚历山大要向世界传播希腊文明，要把不同的民族融合的理想在这些新的国家里得到进一步的贯彻，亚历山大所开创的所谓希腊化时代，并没有随着帝国的崩溃而中断，而是继续向前发展。

四、希腊化时代：帝国的后继者

1. 埃及：托勒密王朝

统治埃及的托勒密是亚历山大的亲信和最有才能的将领之一，他建立的托勒密王朝，完全仿效亚历山大的榜样，自称是古代法老的继承人，按照埃及的传统，模仿法老运用至高无上的权力进行统治。公元前 304 年被奉上“救星”的神圣称号，把自己神化，公元前 290 年立自己的妻子贝勒奈西为埃及王后，公元前 285 年立自己的儿子托勒密二世为共同摄政和继承人，建立起一个王位可以和平过渡的家族统治体系，避免了如同亚历山大帝国那样突然崩溃的命运。

托勒密家族对埃及的统治不仅维持了两个多世纪，而且曾使埃及重新恢复活力，强大一时。托勒密是个智慧超群的政治家，他不断地招募希腊雇佣军，同时建立了一支舰队，使自己成为东地中海的主人。他将亚历山大亲自建立的亚历山大城定为自己王国的首都，使它既是抵抗外来侵略的基地，也是地中海最重要的商业港。后来亚历山大城发展成希腊化时代最大的城市，既是商业中心，也是文化科学中心。托勒密在这里建立了“缪斯翁”（Museum），献给女神缪斯（Muses），实际上是当时世界上的第一所大学，是一个有学问的人们的学院，主要从事研究和记述，但在一定程度上也从事教学。托勒密还在这里建立了一个大图书馆。托勒密是亚历山大的继承人中最有学问，也是最重视文化科学的，就像亚历山大支持亚

托勒密王朝第二任法老托勒密二世

里士多德进行科学研究一样，托勒密也吸引和支持学者到亚历山大城来进行学术活动。在近一个世纪中（约公元前第三世纪），东地中海是埃及的海，控制了从希腊到叙利亚，从爱琴海到尼罗河三角洲的广大水域。托勒密王朝还曾一度占领了巴勒斯坦和南叙利亚。他们的舰队还驶进红海，从印度洋到达达尼亚海峡，从西西里岛到叙利亚，海上到处都是埃及的舰队，这使托勒密王室聚敛起大量的财富。

托勒密及其继承人在埃及的统治完全埃及化了，在一定程度上，与其说马其顿人统治了埃及，还不如说埃及在政治上征服和并吞了托勒密王朝。马其顿人对尼罗河地区的统治方式沿用了古代东方的君主专制政体，这其实是亚历山大的统治方式的继续，不过，对于亚历山大城等三个城市，托勒密王权授予他们自行管理他们自己的事务，如同希腊城邦那样。

2. 亚洲：塞琉古王国

塞琉古和他所建立的塞琉古王国，占领了亚历山大帝国的大部分地区，西至爱琴海，东到印度河。疆域如此广阔，给管理和控制带来了极大的困难。塞琉古注重行政管理，他没有把他王国的都城定在距地中海较远的巴比伦，而在奥龙特河下游建立了一个新城安蒂奥克，并定为王国的首都。安蒂奥克后来发展成一个繁华程度与埃及的亚历山大城不相上下的大城市，成为地中海北岸最大的商业中心。

塞琉古和他的继承人，继续执行并发展了亚历山大将希腊人移民至亚洲并与亚洲人共融的计划，他们在从小亚细亚、叙利亚、两河流域到波斯，甚至远到印度边界的广大地区，建立了几十座希腊城市，这些城市仍以传统的希腊方式实行自治，每个城市就是一个小共和国，城市事务由市民管理。在庞大的塞琉古王国，到处可见这样规模不大的自由社区。但是这些自治城市必须向国王敬献贡品和缴纳赋税。亚历山大也曾实行过这样的王权统治。塞琉古在行政管理上，和亚历山大一样，采用了波斯帝国政权的许多制度，设行省，省长只管行政事务，军队由军官统率。

和托勒密王朝的诸王把自己神化一样，塞琉古王国的诸王也被神化，安蒂奥克四世便采用“显应之神”的头衔。人们对国王敬若神明，对他俯首称臣。城市市民亦不能外。在亚历山大时，希腊和马其顿人尚自恃自己的自由民身份，不愿对亚历山大行只有对神才行的跪拜礼，而现在在塞琉古王国，希腊人已把把国王当神敬拜认为是理所当然的，并不有损他们作为自由民的感情。希腊式的城市和东方的君主统治奇妙地结合在一起。

塞琉古王国不断分离出一些新的国家，如西边的帕加马王国，它在公元前 264~ 前 133 年间保持独立，一度是当时文明的典范。它的一大群建筑物，宫殿、庙宇、一个博物馆和一个图书馆，可以和亚历山大城的建筑相抗衡。在这里产生了一些希腊艺术珍品。东边的希腊—巴克特里亚（大夏）也是从塞琉古王国分离出来的。这个希腊人统治的王国愈来愈东方化，它的疆域一度扩展到印度河流域。

3. 希腊：马其顿王国

和埃及的托勒密王朝、亚洲的塞琉古王国相比，欧洲的由安提柯控制的以培拉为首都的马其顿王国面积要小得多。它在亚洲的土地已全部丢失，它的领土，除马其顿本土外，只剩下了希腊北部，算是在希腊有了一个牢固的立足点。马其顿王国的目标是控制整个希腊。亚历山大死后，希腊人一直为自己的自由而斗争，但在马其顿大军的压力下，和在腓力二世和亚历山大时一样，不得不屈服。马其顿有时通过外交，有时则用野蛮的暴力，对希腊的事务行使有效的权威。

4. 希腊化时代：对人类的最大贡献

亚历山大的征服，使非洲和亚洲出现了一系列新的希腊式城市，同时由于打通了印度河至尼罗河的通道，波斯人也蜂拥而来，占据了所有的商业中心，希腊在其政治地位衰落后，它商业的繁荣和中心地位也不复存在。非洲的亚历山大城和亚洲的安蒂奥克城等取代了希腊的位置，成了新的商业和政治中心。希腊很快就衰落得无力自保了。为了自卫，希腊诸城邦又开始互相结盟。公元前 300 年过后不久，开始形成了两大联盟，分别位于科林斯湾的两侧，南侧的叫亚加亚联盟，北侧的叫埃托利亚联盟。每一个联盟有一个联盟议事会，由各城市成员的代表组成，有权制定共同有关的法律。联盟的行政和军事权由一个将军掌握，每年一选。

在亚历山大帝国崩溃后，在普遍实行君主专制政体的情况下，希腊人仍坚持这种过去曾建立过的联盟，显示了希腊人对他们传统的民主制度的痴迷，但和过去类似的联盟结局一样，由于雅典和斯巴达都拒不参加，由于联盟之间的互相敌视，联盟并不能挽救希腊，希腊基本上仍处于马其顿的控制之下。如果说，亚历山大帝国是希腊外部极盛的反映，那么，帝国的崩溃也就宣布了希腊的最终衰亡。正如美国伯恩斯教授和拉尔夫教授合著的《世界文明史》所说的："公元前 323 年亚历山大大帝之死，在世界历史的发展中构成了一条分水岭。昔曾繁荣一时的希腊文明，现在结束了。当然，旧的制度和生活方式不会突然不见，但亚历山大的一生把旧秩序割裂得那样深刻，以至于要它原封不动地恢复起来，已是不可想象的了。由于亚历山大的征服，文化的融合和民族的混同，完成了把希腊人在公元前 5 至 4 世纪黄金时代许多理想推翻掉的任务。一种以混合希腊和东方因素为基础的新型文明出现了。"

这个新的历史时期，被历史学家称为希腊化时期，这个名称并不很确切，因为它并不是希腊文明的单向扩展，而是希腊和东方两种文明的混合，是希腊和东方的互相影响。这个新时代的出现和亚历山大帝国是分不开的，正是亚历山大的远征和他的一系列政策促进或加速了这一时代的到来。从某种意义上说，这也许是亚历山大对人类历史的最大贡献。亚历山大给当时的人民带来了全新的"世界国"（world state）的概念，希腊人，无论是柏拉图、伊索克拉底还是亚里士多德都只有城邦的概念。由于亚历山大的征服，由于亚历山大帝国的建立，"亚历山大去世以前，尤其是在他去世以后，人们有时间对他进行考虑时，关于一个世界性的法律和组织的想法在人们心目中已是一个切实可行的概念了。"（《世界史纲》）亚历山大在他死后的希腊化时代，仍是世界秩序和世界统治权的象征和体现。他的那些装饰着赫拉克勒斯和阿蒙神的神圣象征物的头像，出现在那些自认是他的后裔、能当他的继承人所铸的钱币上。这种世界国的概念是和专制政体连在一起的，亚历山大帝国是君主专制政体，分裂后的各个由马其顿人统治的国家也都是君主专制政体。古典的民主政治思想被专制主义所代替，是希腊化时代的一个显著特点。这即是东方的影响，亚历山大的统治逐渐专制化就是如此，也是统治像埃及和波斯这样的大国的需要。

当然，这一时期也是希腊文化广泛传播的时期。希腊文化的传播在亚历山大帝国以前就开始了，但正是亚历山大的征服和亚历山大所实行的诸如建立移民城市、鼓励民族融合、开辟新的航路等政策，使希腊文化的传播更快更广了。亚历山大的征服使埃及和波斯在帝国崩溃后仍由马其顿人统治，这些马其顿王都曾接受希腊文化的熏陶，说的也是阿提卡人的希腊语，虽然有点不同。马其顿人使用希腊语处理政府事务；马其顿人与希腊人通商；马其顿人很有兴趣地阅读希腊书籍。阿提卡希腊语成为所有有教养的人必须掌握的语言，甚至广大人民，他们的传统虽不是希腊人的，也愿意有一些希腊文化。在亚历山大城的犹太人聚居区中，人们不得不将希伯来语的《旧约》译成希腊语，以便那些受过教育的人阅读。虽然东方的国民有可能学不到纯正的希腊语，但在大城市以及在自地中海两岸的西西里和南意大利直至东方的广大地区，阿提卡希腊语已成了日常语言。除语言外，希腊的生活方式、思想、艺术和法律也广泛传播，一直到罗马时代。

新时代是个经济发展的时代，有人说，其规模之大仅次于近代的商业和工业革命。发展的原因很重要的一点就是亚历山大的征服。这一征服取得了两个有利于经济发展的后果：一是打通了由印度河至尼罗河的广大贸易地区；二是使波斯帝国收藏的大量金银进入了流通渠道，价格提高了，投资和投机都有所增加。当然，发展的另一重要原因是政府大力促进商业和工业，作为增加国家财政收入的手段。经济的发展特别表现为大量城市的崛起，这些新兴的城市，诸如埃及的亚历山大城、叙利亚北部的安蒂奥克和底格里斯河上的塞流西亚等，无一不呈现一片繁荣景象，贸易增长，生产扩大，巨额财富积累，居民不断增多，有钱的人以奢侈豪华的生活为荣。阿利安在《亚历山大远征记》里责备亚历山大仿效东方奢华习尚是昏聩行为，现在是有钱人的时髦了。事实上，奢侈成为时尚既是经济发展的结果，也是经济发展的一个原因。城市里聚集了来自四面八方的人们，熙熙攘攘，生财有道，一掷千金。由于城市里聚集着各种各样的人，而且有搬进来的，也有迁出的，形形色色的思想和彼此各异的习惯相互渗透，结果文化的地位跃居种族之上。

在文化上，由于交通条件的改善，不同地区的交往日益频繁，哲学界的犬儒学派居然宣称“让这个世界成为你的城市吧”。人们开始有了“人类居住的世界”的概念。这和亚历山大要建立世界帝国也不无关系。在艺术上，希腊时代所尊崇的朴素和中庸，被艺术上的铺张、崇尚奢侈和放荡、无节制所取代。以前简朴的多立斯式和爱奥尼亚式的神庙，现在让位给奢华的王宫、高贵的官邸和象征权力与财富的豪华公共建筑和纪念碑了。亚历山大城的大灯塔就是一个典型的例子。塔高 400 英尺（相当于 30 层高的摩天大楼），有 3 间小屋和 8 根圆柱，支撑着顶上的灯。

在科学上，这一时代是公元 17 世纪以前科学史上最光辉的时代。有人认为，没有这个时代一些大城市的科学家的发现，现代的许多成就也将是不可能的。亚历山大帝国崩溃后的几个世纪科学之所以异常发展的原因，一般都认为有三个，或者说，有三个引人注意的原因：一是亚历山大本人曾对科学研究的发展给予财政上的鼓励，他不仅对亚里士多德的研究给予多方面的支持，而且他组织了一个科学考察团随远征军进行科学考察；二是迦勒底和埃及科学与希腊人学问的融合，对知识研究产生了新的刺激；三是对奢华舒适生活空前的兴趣和追求，和对实际知识的要求，促使人去解决没有秩序的和不能满意的现状的问题。

“唯有伟大人物所具有的万钧之力能将历史冲开一个明显的缺口，并把人类引上崭新的道路。”（小查尔斯·亚历山大·罗宾逊所著《亚历山大大帝》）亚历山大就是这样的一个伟大人物，他所建立的帝国虽由于他的去世而崩溃了，但却开辟了一个新时代，这个新时代，并不是希腊文明的衰落阶段，而是希腊文化与近东的迦勒底文明和埃及文明融合而成的新的社会和文化。后来的罗马人正是在全面吸收希腊化文明成果的基础上才创造了罗马文明。

亚历山大帝国是一个特殊的帝国，实际上只是亚历山大建立他的帝国的一个尚未完成的过程，被人注意的不是帝国本身，而是亚历山大的远征，是他建立世界帝国的理想。一方面，他无比辉煌的军事成就鼓舞了一些想步其后尘用武力去建立世界霸权者，他的部将和继承人托勒密和塞琉古就是这样的人，近代的拿破仑也是其中的一个，他崇拜亚历山大，同时也想像亚历山大那样建立他的世界帝国。另一方面，亚历山大的大马其顿理想，他的关于世界的思想或理想，产生了深远的影响，很快就鼓舞着斯多葛哲学学派去宣扬“人类皆兄弟”的学说。这种思想后来又被圣保罗发展为一种“既非希腊人也非犹太人，既非野蛮人也非游牧民，既无限制也非全无约束”的理想世界。这有点像中国古代的“大同世界”的理想。无论中外多么不同，人的向往总有共同之处。人类至今仍在向这种大同世界前进，不过现在大多数人认为，达到这样的理想世界的途径，不是暴力，不是强权，而是和平，是互相的理解和宽容。

参考书目

1.［古希腊］希罗多德著，王以铸译：《历史》，商务印书馆，1979年。

2.［古希腊］阿利安著，李活译：《亚历山大远征记》，商务印书馆，1997年。

3.［古罗马］普鲁塔克著，陆永庭译：《希腊罗马名人传》，商务印书馆，1990年。

4.［美］小查尔斯·亚历山大·罗宾逊著：《亚历山大大帝》，新华出版社，1988年。

5.［美］詹姆斯·亨利·伯利斯坦德著，周作宇、洪成文译：《走出蒙昧》，江苏人民出版社，1988年。

6.［美］爱德华·麦克诺尔·伯恩斯、菲利普·拉尔夫著：《世界文明史》，商务印书馆，1990年。

7.［英］赫·乔·韦尔斯著，吴文藻、冰心、费孝通等译：《世界史纲》，人民出版社，1981年。

8.［英］基托著，徐卫翔、黄韬译：《希腊人》，上海人民出版社，1998年。

9.朱庭光主编：《外国历史名人传》（古代部分），中国社会科学出版社，1982年。

10.彭树智主编：《世界十大皇帝》，三秦出版社，1988年。

图书在版编目（CIP）数据

亚历山大帝国 / 夏遇南著. —北京：中国国际广播出版社，2014.1
（世界帝国史话）
ISBN 978-7-5078-3634-9

Ⅰ.①亚… Ⅱ.①夏… Ⅲ.①马其顿王朝－历史 Ⅳ.①K134

中国版本图书馆CIP数据核字（2013）第281041号

亚历山大帝国

著　　者	夏遇南
责任编辑	赵　晶
版式设计	国广设计室
责任校对	徐秀英
出版发行	中国国际广播出版社（83139469　83139489[传真]）
社　　址	北京复兴门外大街2号（国家广电总局内） 邮编：100866
网　　址	www.chirp.com.cn
经　　销	新华书店
印　　刷	北京艺堂印刷有限公司
开　　本	787 × 1092　1/16
字　　数	230千字
印　　张	19.5
版　　次	2014 年 1 月　北京第一版
印　　次	2014 年 1 月　第一次印刷
书　　号	ISBN 978-7-5078-3634-9 / K · 240
定　　价	54.00 元

CRI 中国国际广播出版社　欢迎关注本社新浪官方微博　官方网站 www.chirp.cn